U0068231

語文戲劇化教學

許璦玲 著

序

夜～籠罩了臺東的海岸線

一層薄薄的黑紗

帶點朦朧曖昧的月光

風一吹，吹過我的髮梢

吹散了朦朧的薄紗

換來清澈明亮的月光

照映在海面上

瓊玲

2011 年仲夏之夜于臺東

　　語文是人類溝通的媒介，也是獲得知識、訊息的途徑。學習語文，主要是培養孩子獨立學習、處理生活的能力，甚至可藉由它來增強國力等。而語文學習領域裡包含了聽、說、讀、寫、作等範疇，把這些領域融合戲劇的演出，讓學生置其中呈現語文教學另一種創新、創作。以語文教學作為輔助戲劇教學的教材，可引導學生閱讀理解語文教學文本後，再利用布偶劇與舞臺劇、讀者劇場化、故事劇場化、相聲與雙簧等戲劇化的具體作法，加以詮釋並讓學生主動參與改編。透過這樣戲劇性教學活動安排，可以讓學生樂於閱讀語文方面的文本並深化語文教材內容，彌補正式課程的缺點而強化語文教學戲劇化的效果。

目　次

圖　次

表　次

第一章　緒論

第一節　研究動機

　　俗話說「人生如戲，戲如人生」，戲劇豐富了心靈和生命。人自有生命以來，從牙牙學語開始就相當依賴「說話」來與他人溝通，但是在教學的場域中，許多學生不敢上臺分享經驗、公開表達看法，甚至是支支吾吾、不知所云！在國語文教學中需培養聽、說、讀、寫、作等多項能力，將它們融入戲劇的教學中，並在課堂上有效的增進學生的語文能力。

　　我服務的學校為了讓閱讀呈現更多元化，把閱讀的成果以靜態和動態的方式呈現。在動態方面，必須把所讀的書籍以戲劇的方式呈現，當時是第一次試辦，不想以「知其然，而不知其所以然」的心態來呈現。戲劇是感官活動的展現，為了更能吸引學生對戲劇的喜愛，產生更有效的戲劇教學活動，我運用分組討論的方式，平均分配章節，讓學生每個星期三的閱讀時間先作分組的分享、討論。試著讓學生練習說話，從說話當中練習書中人的口氣表達，再慢慢琢磨肢體的表現。如果說學生呈現的不太好，並不是他們的錯，而在於無法掌握表演藝術的精髓以及教材的侷限，導致空有概念而無法實施在語文教學的活動中，也無法融入表演藝術；再者，學生受外在的刺激太少，必須提供機會讓他們從自我的表現中，去培養自信與建立良好的人際關係，以及獲得豐富的體驗學習機會。

戲劇是融合多種感官運作的活動。學生可因其與生俱來的模仿天性，及藉由戲劇有趣、多變化的形式增加學習動機，強化學習動能。然而，要強化學習的動能，必須再加強把語文融入戲劇教學當中，不能只強化「讀寫」。在課堂中教師要如何有效率的增進學生的語文能力？如何強化語文帶入戲劇的能力，讓學生可以在公開表達意見時不緊張退縮，並能擁有創意寫作的好劇本？這些成為我想以建構相關理論的方式來作這方面探討的動機。

現今社會大眾憂心下一代的國語文能力低落：學生鮮少閱讀文字書、閱讀及聆聽理解力低、國字的書寫錯誤率高、文章寫作缺乏見解與流暢、在公共場合不敢侃侃而談等問題。

由於國小國語一向過度依賴坊間的現成教材，以及採取灌輸式的教學方式，以紙筆的練習及枯燥乏味的背誦為教學的方法，教師普遍居於主導的地位，較少進行以學生為主的活動，在此深感此種灌輸式的教學方式並不適合學生身心的健全發展。國小教師的角色，應該是幫助學生成為知識的主動建構者，是引導而非灌輸，是為學生搭起學習的鷹架，讓學生自己來攀爬。

根據李漢偉（2001：32～36）指出，國語教學旨在培育小學能夠順利獲得語言與文字的駕馭能力，進而充分表達內在的情意。可是多年來，國語教學並未落實上述理想，大家多鄙視語文是工具學科，而且更誤將語文賦予許多的教化與思想。李漢偉指出最大的癥結是主學習的迷失，也就是聽、說、讀、寫、作本身能力的陶養鍛鍊的迷失，取而代之的竟然是一些意識形態的灌輸與背誦，諸如倫理道德、愛國思想、民族文化的宏揚。因此，國語教學應回歸加強培養學生聽、說、讀、寫、作的教學目標。

在教學場域中，國語文的授課節數不足，五、六年級由每週十節課縮減至每週六節，扣除作文寫作時間，一學期十四課的既定課程，幾乎是以一週一課的方式進行；加上未來升學考試中，國語文

只考讀寫，在進度的壓力及考試領導教學的無奈下，教師能於課堂上進行語文戲劇化的教學實在不多。學生練習的機會少之又少，一下課就上安親班，接觸的人只侷限於同學、家人或其他人日常生活上的對談，在公開的場合發表言論機會過少，久而久之，語文的程度降低，容易只流於口語或充斥許多時下的流行用語和火星字！

　　在邁入二十一世紀之後，世界各國都致力於教育改革，以期提升國民素質、創造力以及國家競爭力。1998 年教育部依據行政院核定的「教育改革行動方案」，進行國民教育階段的課程與教學革新，以九年一貫課程的規畫與實施為首務，期使國民中小學課程能順應兒童、青少年身心發展需要，並適應時代變遷。於 2003 年元月正式公布了「國民中小學九年一貫課程綱要」。在九年一貫的課程綱要（教育部，2003）中明示現代國民應具備的十大基本能力，其中就包括「欣賞、表現與創新」、「表達、溝通與分享」的能力。也就是希望學生能培養感受、想像、鑑賞、審美、表現與創造的能力，以提高生活的品質。

　　語文戲劇教學必須「從做中學」，這樣的過程會較為活潑生動，且以學生為主體。它可以被廣泛的運用在各領域中。如果融入國語文領域，學生從小組討論、到觀摩和劇本大綱的編寫、表演、課後省思等各種活動，能同時運用到聽、說、讀、寫、作四種能力，又有別於一般上課方式，是一項很好的教學媒介。

　　《荀子・勸學》說：「不積跬步，無以至千里。」（王先謙，1983：5）此道理也可以佐證戲劇的教學如何詮釋語文的教學不能只停留在「讀寫」方面，必須全面應用融入在各種戲劇的巨觀視野。利用戲劇化教學的方式強化理解，並由戲劇化結合聽、說、讀、寫、作而使教學擴大效應。有關細節部分，將在第二、三章詳加說明。

　　然而，戲劇化教學更好跟語文教學結合的方法有很多。戲劇化的優為選擇，具體的作法有布偶劇、舞臺劇、讀者劇場、故事劇場、

相聲、雙簧、歌舞劇、廣播劇等。透過以上的戲劇化具體作法，讓學生主動建構知識、豐富想像空間。相關作法，將在第四、五、六、七章予以更深入的鋪展。

　　戲劇化的具體作法在理論建構完後，如能再配合語文相關的活動設計的教學實踐檢證，也就是透過實際討論教學中的觀察、隨機訪談及教學完施測後的結果加以驗證，由此對語文戲劇化可以增加語文成效提出更有力的證明。這雖然礙於體例，不便逸出去處理，但會在第四、五、六、七章有關教學活動設計中，略微提點方向。

第二節　研究目的與研究方法

　　人們總是在面臨存在難決的問題時才有意識地去進行研究及探索。在研究問題意識形成後，就要設法解決，而「解決問題」就是研究目的的所在。在九年一貫課程中，我們都希望學生得到的是帶得走的能力，在語文領域裡面的聽、說、讀、寫、作當中，「說」的技巧是我們日常生活中常用到的說話方式，相對的也是學生與人溝通的媒介；然而要將戲劇融入語文領域中，「演」的實踐則不啻為學生強化能力與自信的開端。從語文融入戲劇的應用中拓展更開闊的閱讀活動，讓學生對國語課本的教材有再次的詮釋；希望藉由反覆的練習當中，可增加語文的聽、說、讀、寫、作能力，期望藉由戲劇能感動柔化學生的心靈，激起學生的感官細胞和興趣，這才是語文融入戲劇的根本！

　　學習語言的目的，是要藉此作為溝通訊息的媒介；但是「所謂『溝通訊息』，除了指現實生活中與周遭人的相互溝通外，還包括從古代文獻中獲取知識，吸取經驗。換句話說，語文的功用，並不

是『並時』或『共時』的，還須顧及『異時』或『歷時』的層次。以一般常說的『聽』、『說』、『讀』、『寫』四種語文能力來說，我們所『說』所『寫』，除了給現代人來『聽』來『讀』以外，也可能會流傳後世，讓後人來『聽』來『讀』；反過來說，我們每天所『閱讀』的，除了現代人的作品外，也可從歷代相傳的作品去了解古人的知、情、意，以吸收古人智慧結晶。因此，具備閱讀傳統文獻的能力，也是學習語文的目的之一。人類的經驗得以世代傳遞，文化得以繼往開來，就是靠語文作媒介，而這正是一種『異時』的溝通。」（黃沛榮，2006：4）

還有「哲學上的目的因是說凡是出於有意的行為，都有目的的『先行意識』及其『最後達成』。而這又可分為行為本身的目的和行為者的目的兩種情況。」（周慶華，2004a：5）現今國小語文教學的任務是以培養聽、說、讀、寫、作的能力；而本研究旨在探討使用戲劇的教學，並選擇組合課程教材使其適合於戲劇活動的方式呈現，希冀能使學生在學習歷程中，以戲劇的方式演譯，增進語文教學的能力。

林基（2001）提出，西方有一句家喻戶曉的教學名言：「I heard and I forget，I see and I remember，I do and I understand，I like and that is my life.」戲劇化的教學不僅要滿足學生聽、說、讀、寫、作等的需求，更要培養學生欣賞的能力，還要讓學生有充分參與的機會，善用分工合作的學習態度與精神；戲劇教學的終極目標，是要讓學生勤於學習，樂於分享的學習旅程，充實學生的知識與技能，豐富學生的生活內容。因此，在這全國上下全面推展九年一貫課程之際，有必要藉此研究，細探「語文戲劇化教學」的內涵與精神，好讓擔任語文教學的教師們，能夠了解此一課程的內容，掌握此一課程的精髓（就是正確的教學方向），以及學習該課程的教學技巧。

　　近年來世界各國，無不積極發展經濟，提升國力，其中開發人力潛能，培養國民創造力，發展科技，是先進國家教改共同的趨勢。而臺灣近年來教育改革，其目的也是如此。因此，處於當今世界各國競爭激烈的時代裡，教師們更應該了解，在語文戲劇教學中，如何培養學生的語文程度，以符合國家未來經濟發展的需要。因此，本研究目的包括兩個部分：一為研究本身的目的（就是為解決「語文戲劇化教學」的問題）；一為我作為研究者的目的。

　　教學是指教師為學生建構經驗，以促進學生知識和行為的改變。蓋聶〔R.M.Gagne〕將教學定義為安排外在事件以引發和支持學習的內在歷程。學習是指由於經驗，學生在知識方面的改變。教育一詞有很多意義，但是總括來說教育就是改變，如果我們沒有做任何足以使任何人不同或改變的事，那麼我們就沒有教育任何人。（林清山譯，2007：5）

　　教學都不脫離經驗傳授的環節，不管是知識的經驗、規範的經驗或審美的經驗，這種傳授是一種不對等的關係，也就是高階教師對低階學生的言說的啟導，但整個教學活動還是可以有更多元的變化。語文教學方法，是指傳授語文經驗的程序或手段。（周慶華，2007：5）如果我們要了解有關語文的知識經驗或規範經驗或審美經驗，可以透過各種描述／詮釋／評價的方法來進行；而教學的本身所要傳授的語文經驗以及所要選用的方法，也就要在那些描述、詮釋、評價等搏成的情境「暗示」或「引誘」中主動去甄選慎裁，才能達到最高的教學效率。

　　教科書的編輯者的職責應該是：將課程編成有趣的教學活動，好讓學生能夠喜歡它，進而能夠達成教學目標，而一個受學生喜歡的教師應該是：能夠運用各種不同的教學法，讓學生對該科的教學產生興趣，當學生表現出樂於學習的態度，也就是老師心目中最大的精神鼓勵，而當學生表現出拒絕學習的反應，也就是老師教學需

要自我修正的警訊；一項課程是否受到學生的喜歡，除了可以經由教學中學生的行為反應觀察得知，也可從教學後經由學生的訪談、錄音、回饋單等評量方式得到部分答案。

　　戲劇教學進入語文教材的領域中，同時兼具體能、視覺及語言的表達型態，使學生在參與戲劇的表現達成整體智能的發展，並經由動作及視覺系統的支援，強化學生在語文上的表現，對學習者的記憶有強化的效力。再者透過宏觀的視野來表達語文運用在戲劇的思考創作、批判及判斷，透過戲劇詮釋來解釋及表達在聽、說、讀、寫、作等方面的總括性。以戲劇作為語文為輔助教學的教材，可引導學生在聽、說、讀、寫、作等方面的理解後，再利用戲劇化的方式來呈現的具體作法，加以詮釋並讓學生主動參與改編，彌補正式課程「單究型單向灌輸」（何三本，1997：411）的缺點而強化語文教學效果。也就是說，應以戲劇活動教學取代單向灌輸。而對這些課題進行探討，試為解決當中的理論和實踐問題，也就成了研究本身的目的所在。

　　至於研究者的目的，則不外乎要「藉著所解決的問題來遂行權力意志（包括謀取利益、樹立權威和行使教化等）和體現文化理想」。（周慶華，2004a：6）而我作為這次的研究者的目的，也是希望大家能透過我所提示語文和戲劇結合教學的觀念，來提升教學的成效。其次，在聽、說、讀、寫、作等方面也能再強化，並運用於語文戲劇教學上。我期望在這一點上建立一個可供語文教學者參考的模式，喚起大家對語文教學的重視。再次，希望可以提供教學者改進語文教學的借鏡依據，也希望能行使教化、自我回饋，活化精湛語文教學。因此，以戲劇化活潑的方式輔助教學並重新建立良好的師生情誼，也就成了我衷心所寄。因此，在進行此一研究時，希望透過對「語文教學戲劇化」的探討，有助於大家化解語文教學成效不如預期的不安和疑惑；同時也有助於教育工作者、語文教育

者、戲劇推動者，開創新的語文教學文化的視野。此外，也期望將研究產生一點新知顯現出來，提供有志從事語文教學者作參考，進而能夠在語文教學上展現新意、深化美感或昇華道德。

在研究的問題意識形成後，研究目的才能確立，而所要採行的研究方法也就有所針對。本研究主要探討語文戲劇化在語文教學上的應用，屬於理論建構而非實證研究，所採取的方法依需要有現象主義方法、語義學方法、社會學方法等。當中在文獻探討上，採取的是現象主義方法。現象學主義方法，是指探討所經驗的語文現象的方法。（周慶華，2004a：94～95）它的現象觀是指「凡是一切出現者，一切顯示於意識者，無論它的方式如何」。（趙雅博，1990：311；周慶華，2004：95）既然以個人所經驗到的部分為依循，那麼個人所能經驗到的自然有其限制。在第二章文獻探討裡，將現有的關於語文教學、語文教學戲劇化等相關論述，以我的經驗所及作個檢視，並從文獻中去發覺其所不足而可以再行致力的地方。

語義學方法，是指研究語言意義的方法。（利奇〔G. N. leech〕，1999）本研究中是要用它來界定語文戲劇化教學的意義。這在第三章中會作詳細的說明處理。

基進教學理論，基進（radical，激進）是一種空間和時間中的特殊的相對關係，旨在突破一切既有的規範（傅大為，1994）；而以它作為改善教學的策略所形成的理論，就是基進教學理論。（周慶華，2007）在本研究中要用它和社會學方法聯合來處理閱讀、聆聽與說話、識字與寫字、作文等戲劇化教學的各種問題。在第四～七章會詳加說明。

社會學方法，是指研究語文現象或以語文形式存在的事物所內蘊的社會背景的方法。大體上有兩個層面：一個是解析語文現象或以語文形式存在的事物是如何的被社會現實所促成；一個是解析語文現象或以語文形式存在的事物又是如何的反映了社會現實。這二

者都可以稱為「文本社會學」；差別只在前者可能需要用到觀察和調查等輔助的手段，而後者只需逕自去解析就行了。（周慶華，2004a：87〜94）本研究將納入此方法，在第四〜七章中運用它來處理各種戲劇化等設計相關教學活動實施後，探討此一社會現象將來在語文戲劇突破的可能性以及體認語文的價值感。再根據隨機所蒐集到的觀察日誌、訪談錄音、錄影帶、回饋單等資料轉化為文本形式；然後透過資料轉譯進行分析。在研究過程中，我要不斷和資料對話，也讓資料和理論產生對話；使龐雜的資料，透過交互對照運用、歸類和比較形成理論架構。

　　以上各種研究方法除了少數別引，其餘都是依據周慶華在《語文研究法》一書所列舉各項研究方法。書裡提到任何一種方法「只要有它所能發揮的功能，相對的就會有它所受到的侷限」（周慶華，2004a：164），因為有所侷限，所以運用各種研究方法互相搭配論述，使研究本身能更臻於完善。

第三節　研究範圍及其限制

　　本研究採取理論建構的模式。而所謂理論，是指一種有組織的知識；這種知識是由「一組通則結合成的系統，這種通則彼此相聯，並且表示變項間的關係」。（呂亞力，1991：18；周慶華，2004a：7）這種聯結的方式，就是所謂的解釋。正如荷曼斯（G.C.Homans）所說的：「所謂一個現象的理論，就是一套對此現象的解釋，只有解釋才配得上用『理論』這個名詞。」（荷曼斯，1987：18）而理論建構，講究創新。大致上從概念的設定開始（所謂『概念在通義上，原被設定為是思想的基本單位。思考活動離不開概念，透過概

念，世界方可開展於我們面前』〔周慶華，2004a：41；陶國璋，1993：
3～9〕，經由命題建立（由於概念不具有解釋的功能，所以必須有
命題的建立來說明，且命題要能陳述和測定兩種現象間的普遍關係
才算數〔周慶華，2004a：45〕），到命題的演繹（所謂『演繹，是
指由普遍命題引伸出經驗命題的過程，也就是所謂的解釋』〔同上，
11〕），及其相關條件的配置等程序而完成一套具體系且有創意的論
說。（周慶華，2004a：329）以下就本研究的「概念設定」、「命題
建立」及「命題演繹」的過程，先以圖示如下：

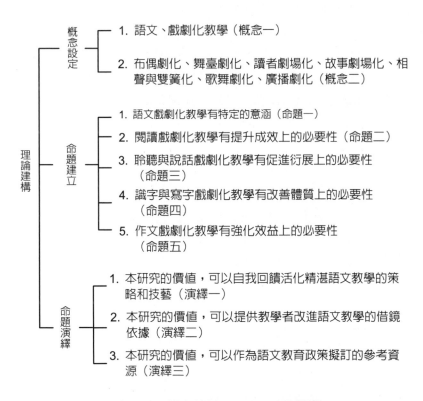

圖 1-3-1　語文戲劇化教學理論建構圖

　　根據上述的理論建構架構，可以看出本研究所要探討課題的範圍。理論建構清楚明白的揭示，在後面的章節中將會逐步析理出來。研究的成果期能自我回饋，以為活化精湛語文教學；也希望能回饋給教學者，有助於提升語文教學的品質，讓我們下一代有更多元文化的學習；最後則希望能回饋給語文教育政策的擬訂，融入戲劇化教學的提示以為改善語文教育的體質。因此，從概念可以設定的範圍來看，「語文戲劇化教學」中有許多的概念，在論述時為了條理思路，選擇「語文」、「戲劇化教學」、「布偶戲劇化」、「舞臺劇化」、「讀者劇場化」、「故事劇場化」、「相聲與雙簧化」、「歌舞劇化」、「廣播劇化」來運用。接著從命題建立可以有的範圍來看，進一步為了要能「命題完構；而這種完構，一方面得包蘊著前面所提出的相關概念；一方面還得自我侷限範域。所謂自我侷限範域，是指所要建立的命題可以無止無盡，而限於論述的時間性只好選擇迫切需要的來建立，以便接續相關演繹的進行」（周慶華，2004a：45），所以本研究在命題的建立的範圍內會將曾在前一節所提及把高年級的教科書的些許文章以布偶戲劇化、舞臺劇化、讀者劇場化、故事劇場化、相聲與雙簧化、歌舞劇化、廣播劇化的具體作法來完構。最後從命題演繹可以有的範圍來看，由於「命題的演譯可以有無限多的展演，必須有所節制；以至自我圈定範圍也就『勢必』不可避免了」。（同上 48）所以「語文戲劇化教學」的命題演繹範圍，就得從取材上與所要解決問題關涉的層面來限定。

　　在取材上，由於本研究採用戲劇活動融入語文教學的方式進行，以現行的翰林版教材為研究文本，並將隨機予以探討，再從課文中各取一篇來隨機進行實驗檢證。然而，因為國小課程的課本內容是屬於靜態的書面文字，必須轉化成動態性的立體學習活動，是最有效的語文戲劇表演。課本教材雖有侷限，但要把國語教材融入戲劇化進行教學，必須要能活化課本，運用合適教材進行學生的戲

劇活動，提供更具體更豐富的學習內容。運用國小語文教材戲劇化就是要把教材從敘述的平面，改變成活動的立體，因此只要把國語課文情節隨機表演，透過改編的方式，就能夠達到立體化的效果，自然可作為語文戲劇化的教材。

至於在所要解決問題關涉的層面：首先，語文教學是要結合戲劇的方式來進行，它和兒童劇場和創作性戲劇活動有密切關係。「兒童劇場」的目的是演出，主要對象是兒童。而「創作性戲劇活動」的目的不是演出，它是一種「遊戲」、一種藉戲劇活動或遊戲來幫助教學的方法。它是依據兒童們都喜歡在做（包括做錯）中去學習，但都不願「被教」的常理所發展出來的非常有效的教學方法。「『遊戲』是出於原始的自發性，是幼兒自我發展而成的，它只有一個目的，就是好玩和高興。而遊戲則為達成一個特定的教育目的或功能，而設計出的一種遊戲活動，而這個遊戲活動只不過是達成這個目的的一種手段而已，孩子同樣可以感到高興和滿足。」（何三本，1993：62）

其次，「語文教學」的概念釐清，語文教學包含閱讀教學、聆聽與說話教學、識字與寫字教學、作文教學。本研究以這聽、說、讀、寫、作來結合戲劇作相關活動設計的衍展。在「語文戲劇教學化」當中，閱讀戲劇化教學有提升成效上的必要性，聆聽與說話戲劇化教學有促進衍展上的必要性，識字與教學戲劇化教學有改善體質上的必要性，作文戲劇化教學有強化效益上的必要性。在「閱讀教學流程中說話教學是以『額外』強化方式介入，透過演講、辯論、舞臺劇、廣播劇、相聲、雙簧、說故事等活動安排來成就」。（周慶華，2007：65）其中以舞臺劇和說故事因為可以即興創作和增加全體成員共同參與的緣故，為本研究所主要採取的方式（兼採如相聲），其餘則可以隨機擇優選文章的某段落來應用就不太費工夫。教學是不斷地改造與創新，並從創新中建構出優質的教學。因此，

強調學生的生活經驗以及老師所吸取的知識，讓語文教學中的國語教材能結合戲劇來教學，讓語文教育具有戲劇化的教育作用。研究僅以運用聽、說、讀、寫、作章節裡面的戲劇擇優一項方便在小學教室實施的方式來進行。

　　底下是本研究在論述時所採取的方式圖：

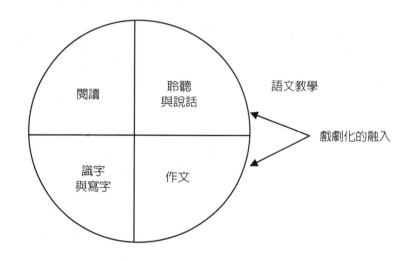

圖 1-3-2　利用戲劇化和語文教學的關係圖

　　研究的「限制」，乃伴隨著研究「範圍」而產生。在本研究的架構之外，處理不了的問題，就是研究的限制所在。如在取材上，版本眾多，基於能力、時間與版本的限制，在選擇研究的文本上就不便廣涵。在「語文教學」部分，就以國小翰林版的聽、說、讀、寫、作為研究的底本，姑且「信以為據」；其他版本的教科書文章，不是論述的重點，所以會略過去，研究可能有失偏頗。

　　還有在所要解決問題關涉的層面，既然本研究所關注的是戲劇在教學上的應用，那麼「戲劇化」的作法有很多，本研究無法予以

全數運用進行檢證，只好擇優隨機的採用教科書文章的其中段落融入戲劇的具體作法教學來驗證。至於為何如此作法，乃基於權力意志和可藉為帶出教學成效等因素而難以再「慮及其他」，這也得在此先予以交代。此外，語文教學對學習者產生的效用，還涉及到學習者的個別差異、閱讀能力、城鄉差距、社會文化差距、教育的環境等因素，但這也是本研究所無法「旁衍兼顧」的，不足處只能別為寄望，以後有機會再行開啟和彌補。也由於無法完全避免我的主觀價值，所以僅能在脈絡內完密論述及評價，以求相對的客觀性。

第二章　文獻探討

第一節　語文教學

一、關於「語文教學」稱名所代表的意義

語文教學是本論述的重點，因此針對語文教學在戲劇化的應用，先將語文教學可能涉及的問題從不同的角度去探討；並搭配相關文獻的檢視，希冀對它有多一點的掌握，並從中抉發新義。

何三本在《九年一貫語文教育理論與實務》中對「語文」在語法上說是聯合式合義複詞，是指一特定學科而言。如就其組合前的本義而言，語就是指口頭聲音，字是指書面文字。語文指語言的意思，兼包口頭語言和書面文字、文章、文學。（何三本，2002：3～4）語文在教學上有不同的特性存在，尤其在語文教材上，以文學作品為核心，而文學以語言為第一要素，戲劇也是語文教學的一種應用。

林寶山在《教學論──理論與方法》中認為「教學」二字合用最早見於《禮記・學記》篇：「君子如欲化民成俗，其必由學乎。玉不琢，不成器；人不學，不知義。是故古之王者建國君民，教學為先。」從這段文字中可知「學」是必須的，但卻要「教」來導引。（林寶山，2000：5）因此，教學必有它的規範性存在，然而，規範性也應有它的價值性、認知性、自願性，才算真正的教學。

　　王萬清在《國語科教學理論與實際》中所述,國語科的教學包含以文章的形式和內容學習為主的讀書教學,以字詞的形聲義學習為主的寫字教學,以人際溝通、聽話理解為主的說話教學,文字表達思想、情感、事實的作文教學。施教者是指實施教學的人,適當的方法是指適合學習者、能詮釋教學內容的教學方法,增進、學到是指促使學習者產生由不知到知、由了解到熟練的歷程;受教者是指學習者,有認知意義或有價值的目的的活動是指學習的材料必須經過價值判斷,評定為有利於學習者的活動,才能運用在教學活動之中。(王萬清,1997:1)

　　周慶華在《語文教學方法》中對語文主要是概念的問題有所分辨。語文是語言和文章的簡稱。而語言是指口說語和書面語,但結構語言學另指口說語和書面語(合稱為言語)相對的抽象的存在體;文章是指書面的語言作品,包括文學作品和非文學作品(如哲學作品、科學作品等)。(周慶華,2004a:1~2)它們的關係可以用一個簡圖來表示:

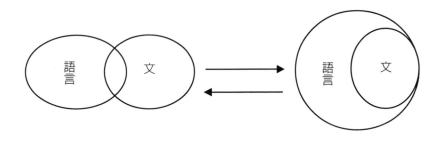

圖 2-1-1　語言與文章關係圖

(資料來源:周慶華,2004a:1)

　　語言是從使用過程中，經由參與口語和書寫活動而學來的。也就是說，時常參與對談是學生能學會口說語言的原因。語言的學習是一種創新的過程。人類發明語言以便彼此的溝通，並藉由它來學習和思考，因此語言是社會性的創新。維高斯基〔S.Vengarsgen〕所說的，我們的個人語言會向社會語言靠近，一直到最後我們把社會語言「內化」為止。這時社會語言變成我們用以學習和反思經驗的內在語言的基礎。（洪月女譯，2001：206）就有如學生要把語文（國小課本）轉化成戲劇的呈現，必需把文本的內容聽過、看過，以及試著用說的表達文本內容的情感，而獲取知識、概念，以為增進語言表達的能力及培養閱讀習慣的最佳途徑。

　　楊坤堂、李水源、吳純純、張世慧（2000）在整理（邁克巴斯特〔Myklebust〕）的理論也歸納出，人類語文能力發展的順序是由內在語言的能力，進入理解說話的能力、說話能力、閱讀能力、書寫能力，最後再傳達語言符號化的能力，也就是依循聽、說、讀、寫、作的歷程來進行，結論也跟上述兒童語言發展理論相符合。如圖所示：

經驗基礎與內在的語文系統	口語語文 1. 接受性（聽話） 2. 表達性（說話）	書寫語文 1. 接受性（閱讀） 2. 表達性（書寫）

數字 1：代表接受性語文，屬內在語文（inward directed language），強調理解

數字 2：代表表達性語文，屬外在語文（outward directed language），強調產出

圖 2-1-2　邁克巴斯特（Myklebust）的語文發展進階圖

（資料來源：楊坤堂、李水源、吳純純、張世慧，2000：16）

由此可知，兒童的語文發展是由聽說理解、說話表達、閱讀、提筆寫字再到寫作，也就是從口語語文過渡到書寫語文。因為寫字是很複雜的高階能力，所以必須以先前習得的聽、說、讀、寫為基礎；倘若先前的語文發展不成熟，將影響日後的寫作能力。由於一個正常的低年級學生至少已經累積七年的語文動力，在聽說和閱讀方面都足以運用自如，同時也有握筆寫字的能力，教師倘若巧妙安排寫作活動應是非常適宜，更可促進其寫作能力的提升。

二、語文教學和多媒體教學的探討與演進

張玉燕在《教學媒體》中對語言有獨特的見解，她認為中小學生大約有百分之五十的時間耗在「聽」這方面，我們不可低估聽覺媒體在教學上的重要性。然而，聽覺媒體的特殊應用是在為盲人或視障者而錄製的「有聲讀物」，就一般人來說，影響聽覺媒體運用效果的重要因素則為「傾聽」。也就是說，聽話是生理學的過程，而傾聽則是心理學的過程。傾聽的過程實則是溝通和學習的過程。藉聽覺的溝通和學習，由傳達訊息的人將訊息製成符碼，而接收訊息的人則解釋此符碼。傳遞訊息者是否有能力將訊息清晰而條理分明的表達，會影響到製碼的品質；而接收訊息者了解訊息的能力，會影響解碼的品質。根據研究，國民中小學的學生大約有一半的時間花在傾聽他人說話，一般正式的教育過程中，有偏重閱讀和說話能力訓練的傾向，而忽略傾聽技巧的訓練。傾聽和其他的技巧一樣，可以藉練習予以改進。語言既然可以由訊息轉化成一種符碼，也可以訓練閱讀和說話。（張玉燕，1994：203～205）

正如周慶華在《語言文化學》中提到關於語言的變遷：「通常語言被看成是一個象徵系統，它指涉了外在的事物，而有所謂『語

言是一種地圖」的說法。問題是同一種事務可能有不同語言去指涉，使得由語言所塑造（繪製）的地圖不得不出現形形色色的現象。」（周慶華，1997：63）因此，重視語言也就等於掌握了閱讀和說話教學的關鍵。

　　吳聯科在〈網際網路上國語文學習系統之建置與成效研究〉論文中說，資訊科技的突飛猛進，教學方式已逐漸由傳統的教材與教具轉而利用電腦多媒體加以輔助。透過電腦多媒體生動活潑的呈現與多樣化的功能，將可提升學習者學習的動機與效果，使教學工作達到事半功倍的功用。（吳聯科，2001）因國小課本的文章有所侷限，才一直運用傳統的教學進行板書的書寫。然而，因科技的進步，許多學校也建置了最新的電子白板（多媒體的素材）的教學平臺，教學平臺的建置可以增加資源，使教學更有效率，也可分享教材的使用，提升學生學習的樂趣，因此電子白板也可輔助教學。

　　張春榮、顏藹珠在〈電影媒體教學〉中檢視有關電影佳句，莫不著眼於人生與藝術的分際，藝術與文化的接軌。於是立足電影語言的工具性，胸懷聲色光影的藝術性，放眼特殊而相通的文化性，正可觀其精闢立論，以為借鏡。電影比人生更豐美；電影魅力四射；電影源於詩意的飽滿；電影貴於青藍冰水；電影是普世價值的陽光。當電影媒體融入語文教學，並非只是播放影片，而是有所釐清，有所取捨：自雋永對白，見其如珠妙語；自深刻獨白，見其抉幽發微的省思。自表現手法，見其原創與再造創意；自踵事增華可見其「增加法」、「延長法」、「改變法」的多元妙用。自生命教育，見人性光輝的朗照今古；自律動弔詭見人性的「人心唯危，道心唯微」。電影的教學資源，值得融入、應用、篩選、整理、推廣。（張春榮、顏藹珠，2005）

　　陳密桃、黃秀霜、陳新豐、方金雅在〈國小學童詞彙覺識能力多媒體教學之實驗方法〉中研究結果發現：（一）詞彙覺識能力多

媒體教學可增進學生的整體詞彙覺識能力及其釋詞覺識能力、構詞覺識能力；（二）詞彙覺識能力多媒體教學對學生的整體詞彙能力及其詞意能力、詞用能力的增進，具有高度效果。提出相關建議如下：（一）教師宜妥適建置多媒體詞彙覺識教學網站，藉以增進詞彙覺識的語文教學成效；（二）未來在建置詞彙覺識的網站或教學內容時，可善用此資料庫內容，考量「詞頻」並加強「一詞泛讀」的練習。（陳密桃、黃秀霜、陳新豐、方金雅，2006）

高珠容在〈資訊融入國語科教學實務分享〉中提及語文是學習、建構所有知識的根本，也是溝通情意、傳遞思想、傳承文化的重要工具，依據九年一貫新課程的精神，各學習領域應使用資訊科技為輔助學習的工具。分享教師將資訊融入國語科教學的實務經驗，期能對老師教學有所助益。在語詞解釋方面，運用影片引導學生說出內容大綱，再以造句讓學生活用新語詞；讓學生自製語詞簡報，建立以學習者為中心的合作學習氣氛，激發學生創意。在內容深究方面，藉由引導學生欣賞布袋戲偶與布袋戲，自行體會課文所描繪的內容，再寫出心得；或於課程結束前配合意境相符的歌曲教唱，培養學生運用佳詞佳句的能力。資訊不是萬能，所有的教學設計最終目的是要達成教學目標，教師在教學中的親自示範，藉以指導學生應用資訊的能力，比告訴學生千遍、萬遍有用得多。（高珠容，2004）

三、語文教學與九年一貫之間的地位和價值

在這二十一世紀的時代裡，是一個資訊爆炸、科技發達、社會快速變遷、國際關係日益密切的新時代。跨世紀的九年一貫新課程應該培養具備人本情懷、統整能力、民主素養、鄉土與國際意識，

以及能進行終身學習的健全國民。在語文教學的領域中，語文教學更加精緻化，多了聽話方面的教學，讓語文教學在聽、說、讀、寫、作的能力更加精進。學生必須掌握很好的語文能力，才能學好其他的學科。小學的語文教學最主要的任務是培養學生的聽話能力、說話能力、識字能力、閱讀能力、寫字能力和作文能力。

　　人是感情的動物，在過去的語文教學當中，只知道抄寫和背誦。在我那個年代裡，語文教學是常背解釋，背的滾瓜爛熟，很少用說話的方式來表達對課本上蘊涵的情感，就這樣忽略了說、寫、作的重要課題。古時候的農業社會，人們「日出而作，日入而息」，大都看天過日子，也許說話的機會少；但如今環境不同了，說話成了一種傳遞訊息的來源，尤其在資訊科技爆炸的時代裡，就更不言可喻。

　　羅秋昭在《國小語文科教材教法》提到我們每天受外界的刺激，在看、聽、觸、聞、感中，讓人們的思維轉動，而有表達的欲望。而一個人的表達所藉助的就是語言和文字，而語言、文字就是表達的工具。其實生活中的說話和寫字是傳達思想情感的工具，因為人是情感的動物，隨時需要表達。如下圖所示：

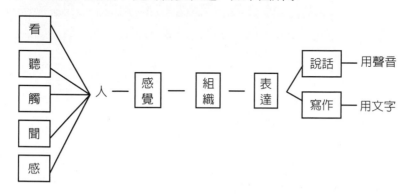

圖 2-1-3　語文教學所表達的程序圖示

（資料來源：羅秋昭，2003：29）

　　學習語文的目的在「會說」、「能寫」，語文教學中掌握「說」、「寫」的技能，才是主要的教學目標。至於平時的抄寫、背誦只是學習的手段，不是目的，要分清楚賓主關係，才不會失去依據。（羅秋昭，2003：29～30）語文的學習本來就是培養學生的聽、說、讀、寫、作的能力，養成學生學習獨立思考以及應付生活的能力，或許在語文教學的層面上，有許多的侷限，但我相信作為教師的我們一定可以培養學生對語文有著正確的認識和努力的目標。

　　羅秋昭《國小語文科教材教法》中對語文教學還有另一番見解，語文課是訓練語文法則與語文操作的課程。語文的加工有一定的法則，只有順乎法則才能使聽話的人或閱讀的人明瞭；否則就會是一堆無意義的語言。這種「詞語和信息的加工法則」，在語文教學中是很重要的工作。而學習方法是一種過程、程序，如果學習的程序合於心理學的原理，就容易收到事半功倍的效果；不然就會徒勞無功。從心理學上說，教學是認知與學習的過程，國語的教學任務就是指導學生：（一）對語文的認識；（二）學習語文的方法；（三）使用語文的技巧。所以語文教師就要針對語文的學習，教學以下四項任務：「字詞的認知與運用」、「詞語的加工法則」、「思維操作的能力」、「學習方法的指導」。（羅秋昭，2003：16～20）以表格說明如下：

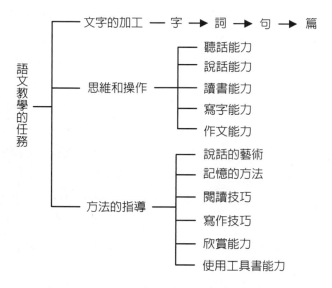

圖 2-1-4　語文教學任務的關係圖示

（資料來源：羅秋昭，2003：20）

　　學習語文，主要是培養孩子獨立學習、應付生活的能力，要達成這些目標，必須先對語文有正確的認識和輔導。就如同九年一貫課程語文領域綱要中所強調的：本國語文旨在培養學生具備良好的聽、說、讀、寫、作等基本能力，教材編輯應配合各階段能力指標，以發展學生口語及書面表達的基本能力。（教育部，2008）

四、語文教學的論述與分類

　　語文領域可說是其他學科領域創造的基礎，人們透過語文活動而得以進行思考，產生創造表現。而語文本身也是一種豐富的創造

產品,不論是聽、說、讀、寫、作等均含著相當豐富而複雜的創造過程。倘若要將語文的教材呈現出來,除了要熟讀文本之外,必要時可將文本內容進行改編,可增加語文教學的樂趣,提升和學生的互動及語文的層次。

　　語文知識的範疇包含聽、說、讀、寫、作等;而語文教學的能力結構要素,就是由聽、說、讀、寫、作組合而成。這些能力必須要有相當的智慧和思考才能呈現語文教學的價值,而能力的養成必須靠經驗的累積,才足以在語文教學中昇華道德和行使教化。

　　吳敏而在《語文學習百分百》中對聽和說有一番解釋:一個是吸收,一個是發表,兩個都是用口頭語言。讀和寫,一個是吸收資訊,一個是發表思想,但溝通的媒介是另一種語言,就是文字,我們稱它為書面語言。當然還有其他的溝通媒介,如:手語或肢體語言。(吳敏而,1998:10～11)語文的學習是學生所經驗到的一種學習,把所見、所聞、所學、所思擴展到語文領域的聽、說、讀、寫、作等多項的範疇,將會是非常有創意和精緻的語文教學資源。

溝通方式 溝通媒介	吸收	發表
口頭語言	聽	說
書面語言	讀	寫(作)
肢體語言	看	比

圖 2-1-5　語文學習表格分析圖

(資料來源:吳敏而,1998:11)

　　張智惠在〈國小聽說教學研究〉中探討聽說教學的現況,並就現行的九年一貫課程下的教材和實施的情況進行分析,以掌握國小聽說教學的實況。(張智惠,2005)在語文教學的聽說方面,最主

要是要讓學生運用聽說的技巧，也能在學習上有良好的態度，進而延伸在語文教學中轉化學生的聽說能力。

　　李錦芬在〈朗讀在國小語文教學上的應用研究〉中談到朗讀是一門藝術，它是具有「音樂性」與「戲劇性」的。（李錦芬，2006）林葳葳在《名家教你朗讀》也指出：朗讀不僅要求口齒清楚，吐字分明，也要注意抑揚頓挫，具有「音樂性」；它更要兼顧適度的肢體動作，也就是「戲劇性」。（林葳葳，1999）因此，朗讀可以歸類於語文教學中的讀法訓練。

　　戲劇與語文的學習關係密切，語文學習重點在於透過文章來發展學生的知識，因此閱讀教學研究必須強調的是學生如何獲得意義。羅森伯列特（Rosenblatt）指出：一件文學作品的意義，並非一個獨立自主的事件，而是產出於讀者與作品間傳遞交流的過程，作品未經讀者想像力的重新建築和體驗，只是一堆文字罷了，因此讀者的投入應該被重視。文本的詮釋可以透過口語的表達與非正式的象徵系統來進行。口語表達文章的反應，是透過各人詮釋意義，或者敘述其感受。倘若以非正式的象徵系統來表達對文章的反應，則可透過藝術、戲劇、音樂等方式。（引自廖品蘭，1999）因此，透過戲劇，學生必須熟悉文本，才能更深揣摩劇中人物的心境。

　　張清榮在〈把握「國語科」教學的方向〉中提到「國語科」的教學內容，應該以語文為中心訴求，為兒童奠定讀、說、寫、作的基礎，並培養兒童欣賞文學作品的興趣，啟發兒童對人性的認識、對自己的情感作最妥當的表達，能欣賞美好的事物，進而引導兒童能自我學習，無時無刻在追求學問而日漸淵博。（張清榮，1994）在過去的語文的教學當中，國語課本的教材必須兼顧許多的層面，也必須兼顧學生的程度來教學。然而，國語課本的編輯重視語文本身的主學習，也注意兒童文學欣賞的副學習，更強調心靈的陶冶、

自我學習的副學習教材。因此，老師必須做好教學的引導者，激發學生在語文教學的完美事物。

　　九年一貫課程將學生的學習分成七大領域、十大基本能力，訂定學習階段能力指標，其目的無非想讓老師的「教」與學生的「學」更彈性、更統整、更開放、更創新。語文領域的學習是所有學習的基礎，任何科目的教學也都必須透過語文當媒介。在現行語文領域所要學生達成的聽、說、讀、寫、作的基本能力下，如要強化這些能力使其永續發展，必須更加努力。

　　洪錦沛在〈語文領域教學的柔軟操〉中說，語文教學的延續，應該加入潤滑油的「語文柔軟操」，也就是透過趣味化語文故事的聽講和閱讀、語文遊戲的操作、簡易詩詞歌賦的吟唱、楹聯格語的認識，讓學生了解文字結構造型之美、詩文聯對組合之美、音韻諷誦之美。換句話說，語文教學不是只有單向的灌輸，也不是背、寫、抄的強制學習，而是在教學的嚴謹之下能更細緻化、更活潑化。欣賞、表現與創新，是九年一貫課程十大基本能力學習中最深沉的情意部分，因此課程綱要對此基本能力的說明是：「培養感受、想像、鑑賞、審美、表現與創造的能力，具有積極創新的精神，表現自我特質，提升日常生活的品質。」（教育部，2008）可見語文教學聽、說、讀、寫、作固然重要，但是啟發學生感受鑑賞我國語言文字的「變」「奇」「巧」「妙」「美」，內化對國語文欣賞認同的情操，才是永續學習意願、提升日常生活品質（或說學習品質）的最重要的工作。（洪錦沛，2004）從洪錦沛的論說當中，可知語文教學雖不能侷限於教科書，但從教科書中還是可以加以改編成趣味化、戲劇化，讓教科書能有延展語文學習的功效。

　　沈惠芳在〈語文教學新導向〉中對語文教學別有一番的見解，她認為孩子有生與俱來的好奇心和溝通的需求，教師必須在適當的時候扮演關鍵性角色，以有意義的學習材料透過聽、說、讀、寫、

作的活動,發展良好的互動模式。(沈惠芳,2005)根據這點,語文教學必須依據學生的程度差異,在教材的選擇上需慎重考慮;在能力方面也須相當的重視,應以學生為本位,作正確的引導,因為國小課本的教材有所侷限;也可搭配課外讀物來配合語文教學。老師如果能把生活的經驗也納入語文學習領域,作為語文教學的延展,成為教學的一部分,則學習不再是片段。相對的,老師和學生的教學也不再是零距離。在創新的語文教學上能作多樣的變化,也不失為語文教學是種嚴謹有效的課程。

張順誠在〈笑話在語文教學的運用〉中以為笑話可以有三種運用途徑:(一)聽寫一則笑話;(二)接力創造笑話;(三)演一齣爆笑劇。講笑話是要有好心情的,如果學生表現不好或師生相處不融洽,笑話是說不下去的。要求學生上課專心,才有機會聽笑話,聽了笑話學生上課更有興致,師生情誼更牢固。(張順誠,2007)笑話或許能讓學生展現更具體的肢體表現,用戲劇演出不失為一種語文教學的對策,更能讓學生體會笑話中的精髓,也了解笑話內容所要呈現的點在哪裡。老師先作引導,學生在旁觀察練習聽,再用語言來表達。既然是笑話的呈現,就應該讓肢體誇大但不失真,才會引起笑點,也才能達到笑話在語文教學上的應用成效。

劉莉芬在〈以認知理論探討兒童對幽默笑話觀點之研究〉中引西方哲學家維根斯坦(L.Wittgenstein)的話說,我們所使用的語言,其實是一個個「語言遊戲」,由於我們對於遊戲的玩法、規則有所了解,我們才能進行遊戲。而在維根斯坦的「語言－遊戲」說之下,語言活動呈現出多變性,語言規則是固定的,然而對規則的應用卻是豐富的;當我們要討論語言時,其實無法單就文法規則來討論,而必須落實在日常生活中,以取得豐富的意義。又引語言學家杭士基(N.Chomsky)的話說:透過語言研究,可能明瞭人類心智的內在特性。語言文字與人們認知世界的方式常有密切的關係。這其中

將語言文字作為幽默的主要表現形式，是人類獨創而珍貴的發明資產。幽默帶給人們許多能量，它可使我們發現生活中有趣的事、在遇到困難窘境時，幫助我們以另類的角度去看待問題，以輕鬆的心情去面對人生。然而，幽默感並非人皆有之，對幽默的理解、欣賞及創造力也有個別差異，過去許多針對幽默認知的研究大多以成人為主，極少有以兒童為探討對象，尤其語言文字在幽默的各種表現形式，經常是重要的組成成分。（劉莉芬，2002）換句話說，笑話和幽默也是語文教學不可或缺的領域；它們就像是遊戲中的數學遊戲，能激發學生對語言文字的興趣，以及獨特的見解和思考。

江惜美在〈小學語文教學的遊戲化〉中述說，學生沒有不愛遊戲的，就因為這個特質，我們才能將語文活動納入，使他們在潛移默化中，喜愛語文、運用所學。老師可以很清楚的看到學生玩遊戲的表情，是那麼天真可愛，所以花一些心思來設計語文遊戲，不但不會浪費時間，反而可以提高學習的興趣，是很值得的一件事。有計畫的設計符合學生年齡、興味的語文遊戲，各出版教科書的單位，也應於教學指引中設計語文遊戲供參考，讓教師靈活運用。這樣一來，可以化靜態的學習為動態的遊戲，這樣學生也才會熱愛學習，達到語文教學的生動化、活潑化。（江惜美，1996）

朱美如在〈國小一年級看圖說話提升口語表達能力之實踐〉的論文中認為，國小一年級的學生在語文教學中的口語表達呈現的結果：（一）教學配合學生口語表達發展階段，學生的口語表達能力更完整；（二）善用提問策略類型以激發學生的口語表達內容；（三）改變對話討論教學策略的排斥觀念。（朱美如，2002）

曾明祺在〈課堂表演在九年一貫語文領域教學之研究〉論文中論及課堂表演以學生為主題的特質，讓學生在活動中開展更多元的智慧，且兼顧九年一貫課程中所強調的多項基本能力的發展面向。（曾明祺，2003）

　　陳儀君在〈說故事活動對國小五年級學童口語表達能力影響之研究〉論文中談到：（一）說故事活動可以明顯提升國小五年級學童的口語表達能力；（二）口語表達能力原屬高程度的學童，在接受說故事活動後，自我介紹及說故事兩方面都有明顯的進步；（三）口語表達能力原屬中等程度的學童，在接受說故事活動後，說故事的進步情形較自我介紹顯著；（四）口語表達能力原屬低程度的學童，在接受說故事活動後，自我介紹的進步情形較說故事顯著。（陳儀君，2004）「說話」教學的確有它的特點存在，讓低成就的學生對語文的程度會有明顯的興趣，甚至提高學習的意願，漸進式的引導說話，增進對語文的表達思考。語文教學中，說話也是重要的領域，要使說話能力增進，說故事也是一種策略之一。

　　王更生在〈語文教學與培養學生的思考能力〉中特別強調，我們當前在學校從事「語文教學」的老師們，自當以孔子為典範，把培養學生的「思考能力」和「語文教學」密切結合。（王更生，2001）

　　施雅慧在〈從心做好：國語文教學紮根工作〉中指出，當教師經由個人特質和學養詮釋國語文教學歷程時，也正在將建構知識的基礎能力教給學生，甚至影響學生對萬事萬物的敏捷感受。因為國語文教學，不僅是有形的教材傳授，也是更高層次的、心靈與生命的互動陶冶。（施雅慧，2004）

五、語文教學與審美教育的相結合

　　何三本在《九年一貫語文教育理論與實施》中認為，語文教學要將文章的語言美、結構美、聲音美、意境美、心靈美、自然美、藝術美等整合起來，經由教師的精心設計，讓學生能全然知曉，唯

有如此，才能鑑賞課文。美育是整個教育體系中不可或缺少的一部分，也是語文學科重要的教育內容。語文學科實施美育，有助於學生創造力的發展，可以激發學生的道德情感，深化他們的道德意識，有助於學生智、德、體、群、美的全面發展。教師必須深刻認識美育的重要意義，確實了解美育的特殊目的和功能，提高進行美育的自覺性；應有廣泛的審美興趣，積極參加各種審美進修活動，力求掌握和通曉各種美學藝術的基本知識，不斷提升自身的審美修養；教師的語言美，應具備有創設美的氛圍條件。語文教師，不僅應是美的愛好者，更是美的體現者。你我深知，兒童時期對周遭世界的一切，都充滿著極大的好奇心，並在有意無意中進行模仿。由於教師在學生心目中的位置極為特殊，他的言談舉止、儀表行為，尤其能引起學生極大的關注。因此，一個教師應成為美的傳播者，更應該透過自己的一言一行成為美的體現者，用自己的行為榜樣給學生起示範作用。（何三本，2002：31～35）

語文教學要能創新（多媒體教學），學生能夠儘量吸取老師的經驗知識。雖已達到最基本的要求，但光吸取經驗知識是不夠的，還必須親身體驗接觸才算是完美的過程。語文領域並不是孤立的經驗知識，它必須根據經驗才能產生體驗。因此，語文教學既要達到聽、說、讀、寫、作等領域一併顧及的目的，又要以不同方式來呈現和創作，才是語文教學的最高目標。

在過去的傳統教學中，忽略了聽與說而偏重在讀與寫的訓練，讓學生不會用聲音來傳達所學訊息和接受訊息，也失去用聲音來閱讀美好的文章，違背我們人類先有聲音再有文字的自然法則。自古以來，人類出生都事先有聲音才慢慢習得文字。然而，讀書與寫字都屬於靜態的學習活動，如果再那麼有意的在教學裡面缺乏和聲音的結合，將使讀書變得相當的單調且枯燥乏味，以至於學生對語文課程興趣缺缺，喪失了讀書的樂趣，甚至也不想拿起課本讀書。在

現今的教育體系中，語文教育家都主張語文領域範疇的擴張。也就是完全實施聽、說、讀、寫、作密切結合在一起，這才是最正確、最高明的語文教學方式。可見國民教育的目的是以培養「健全國民」為最終目標，而語文學習領域則增進學生對語文的正確理解和靈活運用，內容應包括聽、說、讀、寫、作等基本能力。

　　綜合上述，可見既有的學者的研究成果中，有關期刊論文或專書部分因受篇幅限制，語文教學中的各領域探討只點到為止；學位論文部分雖可以著墨較深，但目前的語文教學焦點似乎較集中在課本上的原則性分析。雖然如此，我們還是可以依此了解語文教學在語文教育上有極大的分量和影響，使我們得以藉著別人的論述從不同角度來看語文教學所代表的意義和價值，以啟發我們新的想法和開拓我們的視野；尤其是它們所不及的全面性語文戲劇化教學的理論建構，可以由後繼者如我來接力完成。

第二節　語文教學戲劇化

一、戲劇的意涵

　　戲劇，可以簡單地分為「劇本」、「劇場」兩部分：就「劇本」來說，戲劇屬於文學的範疇，在英文中稱 drama；就演出來說，通稱為「劇場」，在英文中總稱為 theatre——包括編導的藝術、演員的表演、舞臺的景觀、服裝與造型、音樂／音效、燈光等多方面的技術與藝術。（黃美序，2007：1）

　　張曉華在《創作性戲劇原理與實務》中論及戲劇係表現動作中的人（man in action），而此動作不僅只有身體動作（physical movement），還包括思想與外在行為的心理動機。（張曉華，1996：52）戲劇是一種綜合藝術，它包含美術、音樂、舞蹈、文學等。其內涵是多元化的，且戲劇是不斷地在排演中，更可達多元化一直複習的手段。

　　戲劇教育是一全人的教育，體驗過戲劇教學法的學生都會被有變化的上課內容，尤其是配合表演演出的學習方式所吸引。在程度不齊的狀況下各自展現自己的所能，各有自己一片天空去努力成長，所以是全人的教育。（陳永菁，2002：7）

　　本研究的戲劇教學是將戲劇元素應用在語文教學活動裡，目的是活化課程，讓學習變得更有趣、更有挑戰性、更有創造性，而非舞臺表演或公開演出。而戲劇中所謂的元素，包含了三大範疇，肢體與聲音的表達應用、創作戲劇、由欣賞戲劇活動而增進審美的能力。

　　B.T.Salisbury 在《創造性兒童戲劇入門》中認為戲劇的目的是希望能幫助孩子們了解及欣賞這類由對話及動作來敘述一個故事的藝術活動。對於戲劇了解的程度可包括兩個層次：其一是直覺性的洞悉力；其二則是知識性的解析力。由於孩子們到學校中充分的參與遊戲活動，他們已經能夠憑直覺地抓住戲劇的個中要領。而個體在參與戲劇活動的經驗增加後，其對戲劇的解析力相對地增強。隨著年紀的增長，孩子們對解析周遭所發生的事物，漸感興趣。慢慢地，對孩子而言，戲劇成了極具意義的遊戲，且愈明瞭其中的原理，愈能增加這種遊戲的趣味性。這份知性的解析力能給予孩子更多的發展空間，使得他們自在的運用及設計屬於自我的戲劇方式。（林玫君譯，1994：6）

　　在教材戲劇化的意義中，根據何三本在《說話教學研究》的說法，是指在國小現行的課程中，選擇以國語、社會、生活與倫理等

科的教材，運用戲劇的方式來表達進行教學而言。而戲劇這種模式，古來就有，如果將它運用在國小教學上，似乎又跟目前的兒童劇有著密不可分的關係。（何三本，1997：401）所謂兒童戲劇形式，根據徐守濤的說法可分為兩種方式：一為傳統戲劇；一為創作性戲劇。劇本、舞臺、演員和觀眾是傳統戲劇必須有的四個要素。（徐守濤，1999）林文寶等《兒童文學》對創作性戲劇也有說明：劇本的產生打破個人創作的侷限，可以是團體成員共同討論的傑作，加上沒有場所的限制，所以舞臺可以是教室、操場，觀眾和演員可以打破界限，共同欣賞、共同演出。至於表演方式，可以由人扮演，也可以利用紙偶、布偶或其他傀儡來表演。也就是說，創作性戲劇是一種突破傳統異於正規戲劇的表達方式，由於它的限制少更可和觀眾融合為一體，此種戲劇活動最適用在教學上。（林文寶等，1996：390～401）

　　張曉華在《創作性戲劇原理與實作》的自序中提到，最早將戲劇作為教學用的運動起源於法國教育思想家盧梭（J.Rousseaus）的兩個教育理念：一為「實作中學習」（Learning by doing）；一為「由戲劇實作中學習」（Learnling by dramatic doing）。經由美國教育思想家杜威（J.Dewey）在實作學習理論中引用戲劇作為實驗。到英國教育學家庫克（C.Cook）首先將戲劇具體的運用於藝術課程教學，使戲劇性值得教學方法在英、美蓬勃發展。1930 年美國戲劇教育先鋒瓦德（W.Ward）提出了「創作性戲劇術」教學（Creative Dramatics），使戲劇直接應用在校園及教室中。（張曉華，2003：9）創作性戲劇教學是由教師靈活運用戲劇、劇場、創作與教育等多項技術整合的方法，引導學生自發性的學習意願，以想像的創作力，去付諸實際的行動。並提供約制與合作的自由空間，使參與者均有表達的機會，自發性的學習，以為學生未來人生所需奠定基礎。（同上，38）

　　N.Morgan & J.Saxton《戲劇教學──啟動多彩的心》中說，戲劇在兩種架構上完成：表現的架構（外在的表現）與意涵的架構（內在的了解）。然而，學生和老師可以受活動外在的表現所感染，而缺乏個別注意力，卻可能補充表現力：也就是表達思想和感情的內在世界，當內在意義取自外在表現形式時，戲劇全部的力量才能真正的被理解，二者相互依存。（鄭黛瓊譯，1999：35）

　　黃郇媖在〈來玩遊戲之一：淺談兒童戲劇內涵〉中表示，兒童劇是以兒童為本位的戲劇，並非以戲劇演出為目的，它運用戲劇的元素和劇場技術作為活動媒介。依兒童在活動中投入的角色分類，可分為兒童為參與者的「參與性戲劇活動」和兒童為欣賞者的「表演性戲劇活動」，這二類活動對兒童語文學習和閱讀能力的培養具有正面的功效。（黃郇媖，2005a）

　　兒童戲劇不是一個學科，而是一門藝術。黃郇媖在〈來玩遊戲之二：兒童戲劇在學習活動上的運用〉中作如此表示，就是把兒童戲劇中「戲劇的元素」（聲音、肢體動作、表情動作、觀察模仿、節奏、音律、色彩造型、角色扮演、劇本劇情等都是戲劇的基本元素）作為學習活動的中介，以戲劇活動作為教學策略，讓學生在學習過程中，自己建構知識、統整經驗並與他人完成互動。（黃郇媖，2005b）

　　張曉華在〈表演藝術戲劇教學在國民教育十大基本能力上的教育功能〉中以為，表演藝術戲劇教學課程依係「藝術教育法」、國民中小學九年一貫「課程總綱綱要」及「課程暫行綱要」等法規的規範，置於「藝術與人文」領域的表演藝術學習。然而，自 2000 起實施至今，仍有不少教師將國民中小學的戲劇教學，誤作為專業藝術展演來施教，卻未了解戲劇教學的主要目標，是在達到國民教育十大基本能力，以致使教學偏離了正確的方向，殊為可惜。因此，教師應對戲劇表演藝術教育的功能，在國民教育十大基本能力上有正確的認知，才能掌握正確的施教方向，不至偏離教育的目標。（張曉華，2004）

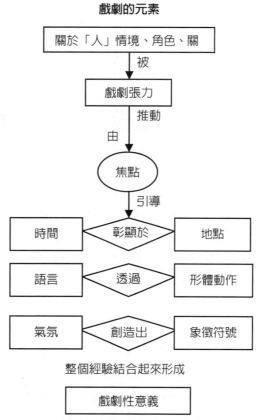

圖 2-2-1 戲劇的元素

（資料來源：黃婉萍、陳玉蘭，2005）

　　上圖是一份戲劇元素的骨架，說明了所有戲劇都為人類真實行為的模式。也就是說，戲劇原本就是一種「模仿」，就像小孩子玩「扮家家酒」一樣，學大人們的日常生活的某些事件。其實，人類

的許多的行為都是從模仿中學習得來，俗話說「做到老學到老」，我們永遠在「實際做的經驗」中不斷去學習新的東西，所以戲劇起源於「模仿」應該不會有什麼多大的問題。

何三本在《說話教學研究》中指出，教材戲劇化的目的，並不是教戲劇，而是藉戲劇化為手段，引發孩子對功課感到興趣，達到「寓教於樂」的目的。（何三本，1997：401～405）

歸結上述各學者的論述，戲劇在不同的目的下，它的功能也會隨著不同。創作性戲劇教學的產生就是因應現實教育環境需求──以活潑生動的教學取代單調枯燥的教學方式而產生的。實施創作性戲劇的教學，更能提供參與者在語言的表達、情感、肢體動作的表現，並將知識、經驗和社會互動加以統整，使個人在活動中展現出無窮的創意進而深化美感經驗。近年來，在教改的呼聲中揚棄填鴨式知識單向灌輸講課的方式，創作性戲劇活動在教學上符合這樣的需求，所以有關創作性戲劇的論述就非常多。

二、戲劇教學的論述與分類

在國民中小學課堂內學習戲劇主要的一種教學方法是「創作性戲劇」（Creative Drama），這是由教師領導學生，以創作性活動作戲劇方面的各種學習。由於戲劇是一種綜合藝術，所以在創作性戲劇的學習中學習到相關統整的藝術，如：音樂、舞蹈與視覺藝術，或其他課程的內涵等。（張曉華，2002：24）

張曉華在《創作性戲劇教學原理與實作》中認為創作性戲劇續學活動一般常見的項目有：（一）想像；（二）肢體動作；（三）身心放鬆；（四）戲劇性遊戲；（五）默劇；（六）即興表演；（七）角色扮演；（八）說故事；（九）偶劇與面具；（十）戲劇扮演。這些

教學活動並不是演技的專業訓練，而是在遊戲中以觀察、模仿、想像進行戲劇的創作，並在其過程中使學生有趣味化時做的戲劇表演學習。（張曉華，2003：39）為了讓戲劇融入於語文教學應用中，就以相關的創作性戲劇的教學活動作深入的探討和了解。

　　吳美如、吳宗立在〈戲劇活動融入國小語文領域教學之行動研究〉中指出：（一）戲劇活動內容和呈現方式應符合學生的需求，才能激發學生的興趣與能力；（二）將戲劇活動融入語文領域的教學中，能有效增進學生語文能力；（三）在創意表演的戲劇活動中，能增進學生學習動機；（四）戲劇活動對學生學習能力的提升，具有積極正面的效果；（五）戲劇活動能培養學生互相尊重與欣賞的態度，並體認團結合作的重要。（吳美如、吳宗立，2004）

　　粘鳳茹在〈走入藝術與人文領域中的創造性戲劇活動：以戲胞班為例〉中也指出，九年一貫藝術與人文領域，首次將戲劇教育正式列入國民教育課程的學習。在戲劇的表演中，可幫助孩子增進表達能力與學會解決問題的方式，也將創造性戲劇走入教室，將有更多的發展空間，也能提供學生豐富且多元的學習情境。（粘鳳茹，2005）

　　李翠玲在《戲劇性活動融入語文領域之研究——以低年級為例》論文中採用行動研究法，把戲劇性活動融入語文領域教學，研究結果發現：（一）學生經由虛擬的情境中體驗，是兒童生活經驗的再經驗；（二）在教學活動中，學生參與戲劇活動，增進國語文的學習效果；（三）學生能從角色扮演的過程獲得豐富的情意學習與情境認知訊息；（四）教學者能從戲劇活動過程中得到極大的成就感，卻也面臨極大的壓力，如時間不足、班級常規的管理；（五）創作性戲劇活動倘若沒有課前的計畫與充足的條件配合，此特性極易被誤用與誤解且發生變質。（李翠玲，2002）

　　黃美序在《戲劇的味道》中描述「教學劇場」（DIE）和「教育劇場」（TIE）的不同點：根據施羅爾和其他學者專家的解釋，

DIE 是中、小學校內的教學性活動；TIE 雖然也可以用來輔助校園
內的教學，但不限於教學，最常見的是用來模擬真實的家庭、社會、
文化中兩難的切身情境，以尋求解決難題的方案。簡單地說，DIE
純粹是學校中輔助教學的一種方法，而 TIE 的功能則廣大得多，並
且在實踐時有「工作坊」的特質。（黃美序，2009：231～235）它
們的差異，如下表所示：

表 2-2-1　教學劇場與教育劇場的差異

	教學劇場（DIE）	教育劇場（TIE）
共通性	老師只「引導」或「誘導」，而不「教導」學生。	
	內容以一般教程處理，由單元系列組成。各單元接設定教學目標，並非需有連續性和進階性。	
	著重學習過程而非結果。換句話說，學習行為是在戲劇活動的過程中進行。結束時倘若有成果展示的機會，也只是附加價值，而非重點。	
	偏重戲劇的教學功能而非娛樂功能。換句話說，戲劇成為學習創作的工具，或用以加強文學、歷史、語言等學科的了解與學習效果。	
	活動結束後，都必須有問答及檢討時段，以檢視學生所學得的內容、目標達成率、個別感受、及反應……等。	
相異性	都在學校的教室內進行。	不一定在教室內進行。也可以在公園、社區活動中心、教堂。廟宇、藝廊、圖書館、博物館、古蹟地等。
	由一位教師擔任「教師／引導者」，主持並掌控活動的進行。它通常是學校編制內修過戲劇課程的教師，或外聘教學資格的教師。	由多位「演員／教師」（由劇團演員兼具教師資格者、或有戲劇教學經驗的教師擔任）分組主持。
	學生應全數全程參與活動。在引導者的引導下，選擇一中心主題，按部就班，集體創作一段或數段情境，包含動作、對白、衝突、及解決衝突的方法，並串聯成完整的劇情。如作觀摩演出，所需時日較長。	由「演員／教師」先演出預先製作好的一場戲，宛如小型兒童劇場的演出，邀請學生參與特定的項目或片段，整個活動可在二至三小時內結束。

	活動結束時，多半會形成完整的一齣戲，達成某種結局或結論。	僅提出多種結局的可能性及後果，而不選擇作出明確的結局／結論。也就是有多種、或開放的結局。

（資料來源：黃美序，2009）

　　周漢光在〈角色扮演在中文教學上的應用〉中表示，角色扮演就是教材改編成戲劇，由學生演出，以體會作品中人物的性格、情感及行為；於活動結束後加以分析討論，加深學生對課文的認識，學得語文技能及文學欣賞的能力並獲得情意上的教育，具有良好的教學效果，這是角色扮演教學法的優點。但角色扮演教學法也不是那麼完美無缺，它有時間需求、場地及角色數目上的限制，這是它的侷限。雖然如此，它還是中文教學上常用的一種教學。（周漢光，1996）

　　從上面的論述，可見大家都肯定角色扮演、戲劇扮演在語文、情緒、輔導等教學上的極大功效。但它們仍有其侷限性，往往為了演出一部完整的戲要花費許多的人力、物力及時間的籌畫、布置及演練，弄得師生忙成一團。因此，許多教師怕為了要戲劇演出，使得原本就不太夠的授課時數更顯得捉襟見肘，擔心如何才能跟上學科進度、掌控活動中的班級常規等問題；更顧忌本身在戲劇表演上的專業性的能力不足，所以運用戲劇活動在教學上有時便會躊躇不前。其實，在創作性戲劇教學活動中更有簡易方便實施的方法，就是利用說故事的活動來提高學習效果，就可免去演員表演的壓力以提高語文教學的效果。

三、語文和戲劇教學的關係

　　《莊子‧養生主》說：「吾生也有涯，而知也無涯。」（陳鼓應，2004：102）這暗示人的生命是有限的，要用有限的生命去學無限的東西，就須要靠閱讀。多閱讀可增進在語文教學領域的聽、說、

讀、寫、作等多項範疇，在這個資訊爆炸的時代裡，唯有掌握對語文方面的提升，增進腦部智慧的脈動，才能接受各方面的挑戰和競爭。有鑑於此，閱讀已成為顯學。也就是說，閱讀可增進語文能力並提升到戲劇教學的互動性和活潑性。

吳美秀在《應用讀者劇場在幼兒語文教學之行動之行動研究——以口語表達為例》的論文中說：（一）透過戲劇性暖身運動是帶領幼兒進入讀者劇場的重要媒介；（二）讀者劇場以多元活動項目實施能活化教學，有助幼兒口語的發展；（三）讀者劇場幼兒故事劇本應以圖畫式故事劇本為宜；（四）活化讀者劇場故事劇本創作是啟發口說語言最佳時機；（五）設計良好品質的學習情境，並營造溫暖的和支持的氣氛。其次，讀者劇場教學研究對幼兒口語表達的影響，（一）讀者劇場應用在幼兒語文領域對整體幼兒口說語言能力有提升作用；（二）讀者劇場應用在語文教學，對於語文能力好的幼兒表現佳且能提供幫助，對於語文程度居中和較弱的幼兒的口語表達能力均獲得提升，至於口說語言影響的層面有個別差異；（三）合作朗讀的方式，以幫助幼兒降低在眾人前朗讀或口頭發表時緊張。（吳美秀，2008）

李翠玲在《戲劇活動融入語文領域教學之研究——以低年級為例》研究結果發現：（一）學生經由表演的虛擬的情境中體驗學習，是兒童生活經驗的再經驗；（二）在教學活動中，學生充分參與戲劇活動，以不同的學習形式，增進國語文的學習效果；（三）學生能從角色扮演的過程獲得豐富的情意學習與情境認知訊息；（四）研究者能從戲劇活動過程中得到極大的成就感，卻也面臨極大的壓力，因為必須去挑戰自我內在的能力瓶頸，且和周遭既定的大環境（如時間的不足、班級常規的管理）抗衡；（五）創作性戲劇活動的彈性大、範疇廣，是其可被活用於開放教育的特性，但倘若沒有課前的計畫與充分的條件配合，此特性極易被誤用與誤解且發生質變。（李翠玲，2002）

　　林柔蘭在《表演藝術融入語文教學之行動研究》中也發現：
（一）教師在語文教學最常實施有關於表演藝術活動，僅限於說
故事，至於其他戲劇扮演、即興表演、唸兒歌、故事戲劇等表演
藝術活動較少實施；（二）教師通常在實施語文教學活動當中，無
法融入表演藝術，其主要原因在於無法掌握表演藝術的精髓及缺
乏教材，以致產生空有概念，無法實施的困境，因而導致所有教
學活動侷限於傳統式教學法；（三）經過一連串的行動研究，發現
在語文課程融入表演藝術活動，能使學生語文興趣高昂，並使其
語文能力普遍提升；（四）教師在教學活動中宜站在領導者的角
色，充分了解表演藝術的教學特質，方能使教學產生最大效應；
（五）教師宜充分發揮創意來設計與應用表演藝術活動；（六）不
同特質的學生要用不同的技巧來引導，並重視同儕間的互動學
習；（七）溝通理念，親師合作，讓家長了解表演藝術、語文的教
育價值。（林柔蘭，2002）

　　洪雪香在《相聲在國小語文輔助教材之研究》中說，相聲在教
學上的應用，不僅在扮演重要的輔助教材，能夠提升聽、說、讀、
寫的能力，符合九年一貫強調基本能力指標的目標，它在各領域的
應用也是隨處可見，尤其是可以展現各領域的統整表現，所以相聲
在國小階段的應用相當的適切。相聲的確可以提升教師專業教學技
能、提高學生學習快樂指數，肯定它確實可以成為輔助國小語文教
學的利器，最後也闡述相聲保持傳統藝術文化瑰寶的真實意涵。（洪
雪香，2004）

　　黃國倫在《讀者劇場融入國民小學六年級國語文課程教學之研
究》論文中，以二十六位六年級的學生為研究對象，採用行動研究
法透過觀察、訪談、問卷與文件分析等方式進行資料蒐集與分析，
以了解讀者劇場融入國語文教學的流程與困難，並由學生的看法分
析問題因應之道，研究結果發現：有58%的同學喜歡用讀者劇場來

學習國語文，有 75%的學生認為可以更了解課文結構，有 70%的學生認為可以更了解課文內容。讀者劇場最有趣的地方是朗讀劇本；其次是製作劇本大綱；最後是創造臺詞。（黃國倫，2005）

　　熊勤玉在《讀者劇場應用在國小中年級國語文課程之行動研究》論文中，以四年級的學生為研究對象，採用行動研究法，研究目的在探討讀者戲場融入國小四年級國語文領域的教學方法與策略，根據研究結果呈現，學生在聲音表情及聽說讀寫各方面都有進步，在表達能立即思考辨正上的能力都有提升。（熊勤玉，2006）

　　林虹眉在《教室即舞臺──讀者劇場融入國小低年級國語文教學之行動研究》論文中，以國小二年級兒童為研究對象，採用行動研究法來探討讀者劇場融入國小低年級國語文教學歷程及讀者劇場活動對兒童寫作能力的影響，以及在歷程中所發生的種種問題和解決方法，結果顯示：教師需要營造高品質的學習環境，歷程中建立公平與融洽的小組合作模式，教學活動著重在聲音與表情的詮釋，並在歷程中逐步減少教學的鷹架作用；在寫作方面，讀者劇場融入國語課，對兒童寫作能力的提升有正面幫助，而合作編寫劇本的方式，可減少兒童寫作的焦慮。（林虹眉，2007）

　　綜覽現有的研究成果及相關文獻，我發現大家對讀者劇場的研究興趣高於故事劇場、室內劇場的研究。其實，以目前的趨勢來看，英語納入國小課程後，大家為了擁有更好的英文能力，積極鼓勵老師和學生參加各種檢定，而在學校以及坊間也到處擺著一些英文書目和補習班的英文檢定資料。相對的，要如何提升我國的語文能力的補習班可就寥寥無幾，以致目前學校使用戲劇來表演的題材，大部分都是英文戲劇較多。此外，關於戲劇在語文領域上的應用研究，發現有幾個問題：

（一）他們都採用行動研究法，這種方法對於他們所面臨教學的困境和問題解決可以有所改善，但卻難以將成果經驗類化到其他人的身上。

（二）語文領域的教學長時期的都使用一種教學方式──讀者劇場作為提升說話的能力，缺少變化，不符合學生喜歡變化、新鮮的天性。

（三）九年一貫中的語文領域裡，要有能帶得走的能力，也就是對戲劇的理解要能更深入。

根據這些問題，個人提供一些建議：利用說話的方式來增加閱讀理解，除了讀者劇場外，故事劇場、舞臺劇、相聲（臺灣劇場新品種）、雙簧、布偶劇、歌舞劇、廣播劇都是不錯的方式。能靈活運用此方式，將使教學更活潑。戲劇化的教學方式本身就具有知識、經驗和社會統整的功能，所以教學者可統整其他的領域以解決授課時數不足的問題，並因此擴大學習範圍。

其實，教學的課本雖有侷限，但可利用時間隨機抽取有關優秀的文學作品來融入於戲劇當中，它們都可作為戲劇演出的材料，符合學生喜歡演出文學故事的天性。由於語言和文化的關係密切，從表面上來看語言是文化的別一解釋，而實質上語言和文化是同一的。換句話說，文化在不說它是文化時，本身就是語言。（周慶華，1997：4）透過說話教學的方式認識傳統文化，將有助於文化精神的互動和心靈智慧的增長，使學生在傳統文化的浸潤下，才能成為有涵養、有見識、有氣度的文化人。

在課堂中將文學作品戲劇化（以隨機方式教學），提供學生有趣又有效的方式去探索世界及了解自己。在表演戲劇中藉著扮演不同的角色可以有不同的角度去檢驗人生，並在文學作品中獲得國際觀和歷史觀。（漢格〔R.B.Heing〕2001：4）在有限的時間下進行語文教學活動時，教師的選材應用就得有所斟酌，因為有關戲劇化

的教材,都以課內的語文教材為範圍,要能隨機取材在課堂上運用,就必須要有足夠的時間和智慧。

簡瑞貞在《低年級閱讀教學探究——以教科書課文內容進行閱讀教學的行動研究》論文中,採用行動研究法,以語文教科書的內容為教學的材料,探究國小低年級語文教學的有效策略,發現如下:(一)學生的學習認知發展為基礎,在閱讀中透過經驗、表演、問答、動作等策略理解課文內容;(二)透過教學策略的運用,以語文教科書為主的閱讀教學卻能培養學生的閱讀能力;(三)在教學中運用問題引導或同儕討論等策略解決或修正學生在閱讀理解上的問題,確實能提升學生在閱讀能力及閱讀思考上的表現。(簡瑞貞,2002)

張憲庭在〈兒童戲劇在九年一貫課程中的應用〉中,從兒童戲劇的基本概念、教學方法與活動設計等三個層面進行探討,提供教師從事教學時作參考,分別論及:(一)兒童劇的基本概念:1、兒童劇的意義:只要根據兒童身心發展理論,內容適合兒童發展需要都可稱為兒童戲劇;2、兒童戲劇的種類:依演員及觀眾分類,可分為兒童劇、歌劇、歌舞劇、舞劇、啞劇、假面劇以及偶劇等;3、兒童劇的功能;娛樂、欣賞藝術、體驗生活。(二)運用兒童劇的教學方法:1、創作性戲劇教學法:暖身、解說、計畫、排練、扮演、評論、演出、總結;2、教育戲劇法:內容敘述、思考想像、師生討論、整理紀錄、遊戲活動。(三)兒童戲劇教學活動設計:以語文領域的某個單元作創作性的戲劇教學。(張憲庭,2005)

根據九年一貫藝術與人文課程綱要實施要點,對表演藝術教材的內容及範圍的界定為:表演譯述包含觀察、想像、模仿、創意等肢體與聲音的表達、聯想創意(編寫劇情、即興創作、角色扮演、綜合表現等)、戲劇(含話劇、兒童歌舞、皮影戲、鄉土戲曲、說故事劇場等)欣賞。(教育部,2008)也就是說,戲劇教學的走向以學習過程為中心的創作性戲劇或在教室內實施教學的戲劇活

動。而整個課程的重點就在透過戲劇活動的創作過程中，讓學生能學習到探索與創作、審美與思辨、文化與理解等不同層面的藝術內涵。換句話說，戲劇活動要與語文教學融合，必須把握在教材的使用上是否有利於學生上課使用，而不致浪費時間。教材的取向能把握由淺而深，由遊戲漸進至戲劇的表演為原則，最好能把課本內容作即興創作，會有新的見解和詮釋。

　　創作性戲劇則強調以即興表演的方式，先賦予學生一個戲劇情境，學生透過參與戲劇行動，而自發的根據個人的生活經驗與感受產生對話與動作，因為語言與動作都是學生自發原創的，因此沒有做作不自然的問題；透過這種即興創作的過程，除了可將戲劇轉化為戲劇的文字外，更能激發學生的思考與原創的能力（如下圖所示）：

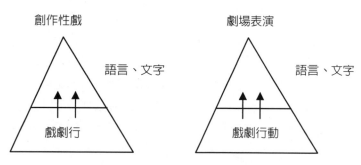

圖 2-2-2　創作性戲劇與劇場的差異

（資料來源：劉天課等，2002）

　　在課程設計上以遊戲為出發點，隨年齡的增加而逐漸增加表演的比重。換句話說，年紀越小的低年級階段，活動設計就越接近幼兒扮家家酒的戲劇形式；隨著年紀越長就越加重戲劇表演的成分；到了國中階段就可以逐漸接近劇場的表演形式。此種理念，則以即興表演為本，由淺而深，由遊戲到劇場表演的課程設計為原則（如下圖所示）：

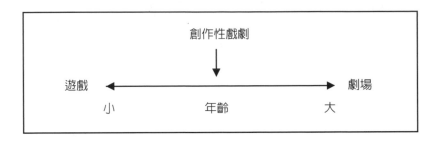

圖 2-2-3　創作性戲劇的課程設計原則

（資料來源：劉天課等，2002）

　　創作性戲劇活動的規畫上,則以能滿足學生多方面的發展需要為原則,如創造思考的能力、語言表達的能力、社會技能的運用及肢體語言的開發。戲劇要與語文相輔相成使它成為說服性的建構,就必須使創作性的戲劇呈現風姿綽約,也能兼具內涵,以贏得學生的青睞。如果要使創作性戲劇能夠廣泛被老師採用,就必須要能配合其他領域課程共同實施,才能增加老師實施戲劇教學的意願。戲劇教學在國小實施的確有它的不易,套句俗話說「與其給他魚吃,不如教他如何釣魚」以見培養能力的重要。但戲劇教育對國內老師而言畢竟是全新的經驗,在連魚長得什麼樣子都不清楚的情況下,先給老師們足夠的魚吃,讓他們更了解魚的特性還是推展戲劇教育的首要步驟。因此,廣開創作性戲劇課程,提供研習機會、出版或翻譯相關書籍,提供老師足夠的基本知識及能力還是非常必要的。（陳仁富,2002：229~243）

　　總括來說,語文和戲劇是相輔相成,語文又必須融入於戲劇教學當中,運用不易,在文獻和論述的探討中又甚少見到,很多的研究都以行動研究法來研究,則受限於取樣範圍,研究成果難以類

化。再者，它們所引用的教材不是現有的限制性教材如國小課本，就是取材較有名氣的作家作單一的探討，很難行使教化。

因此，在有限的時間下進行語文戲劇教學時，教師的選材應用就得有所斟酌。

第三章　語文戲劇化教學的界定

第一節　語文

　　現今的臺灣語文包含許多，有閩南語、客語、原住民語。而這些語文也會因環境的不同而有所區分，語法也會有它不同的涵義存在。就以原住民族來說，已有十四個種族，在這十四個種族裡，就有十四種語言，而這語言也有地方性的差別，口說就很難區分，更何況原住民的聲調那就更不言可喻了。我個人因只研究語文中的國語文，所以其他的語文就不再作深入的探討。

一、中國語文的特質

　　中國文字是表形的符號，有別於西方表音的符號。中國造字的基礎在「仰觀天文，俯察地理，畫成其物，隨體詰詘」，這是象形文的開始。然而，在文字創造過程中，國字每一字都是一個符號，這個符號同時是表示聲音，同時也表示意義，所以有形、音、義的統一性。語文指的就是語言和文字。語言的形式是聲音，文字的形式是符號，從外在的形式上看它們是很不同的東西；但是就語文的本質看，二者都是傳遞思想和情感的工具。中國文字就字形結構上說，方塊字的書寫的確有它的困難處。但就詞組的結構上說，中文就比英文簡易多了。各國的語言都有它的規律性，有規律才可以學

習，才可以溝通。語法的不同產生不同的意義。例如：「好東西」和「東西好」意義不同，所以語法上有它的邏輯性。學生要掌握語文的規律性，才能使語文成為人們溝通的媒介。然而，人類思維有一定的模式，合於思維的邏輯性，才能聽懂或看懂，否則會失去它作為人類溝通的橋樑功能。（羅秋昭，1999：25～28）

二、「語文」本身的特性

「語文」在語法上是聯合式合義複詞，是指一特定學科而言。如就其組合前的本義，語是指口頭聲音，字是指書面文字。可是現今人對於語文的理解，已有四種不同的說法：（一）語文指語言、文字；（二）語文指語言、文學；（三）語文指語言、文章；（四）語文指語言的意思，兼包口頭語言和書面文字、文章、文學。

四者之中，以最後一種說法比較合乎語文學科的涵義，應包含下列特性：（一）工具性：是語文學科的基本屬性。人類在運用聽、說、讀、寫、作，以進行表達思想感情，有利於學習、工作、生活，在在都必須仰賴語言文字為利器。（二）基礎性：小學教育是基礎教育的第一個階段，而語文教育是基礎教育的基礎，數學、歷史、自然、地理等無一不是以先認識語言文字為基礎。（三）知識性：語文學科的範圍，小到字母、字、詞、句、章、篇，所構成的文學作品，這些作品上自詩經、楚辭、漢賦、古詩、律詩、絕句、宋詞、元曲、傳奇、小說、古今中外文學名著等的閱讀及賞析，都蘊含了人生、社會無盡藏的知識。（四）交際性：交際的過程，離不開語言的理解與表達，聽、說、讀、寫、作是語文教育的核心。而聽、說、讀、寫、作的直接目的就是教學生掌握語文交際的工具和手段。（五）思想性：語文教材是經過嚴格挑選的典範文章，讀這些作品，

可以了解作者的思想感情、社會萬象、國家、歷史與生活常識，明確人生方向，判斷是非的能力，幫助建立道德信念。（六）文學性：語文教材以文學作品為核心，文學以語言為第一要素，舉凡兒歌、童詩、童話、戲劇、議論文、抒情文、說明文，無一非文學作品。（七）藝術性：所有文學作品，都是運用語言文字的藝術。名家名篇，除具有真、善、美的本質外，所反映出來的錯綜複雜人生，更充滿豐富藝術感染力和吸引力。（何三本，2002：3～4）

　　周慶華在《語文教學方法》中對語文主要概念的問題有所分辨。語文是語言和文章的簡稱。而語言是指口說語和書面語，但結構語言學另指口說語和書面語（合稱為言語）相對的抽象的存在體；文章是指書面的語言作品，包括文學作品和非文學作品（如哲學作品、科學作品等）。（周慶華，2007：1～2）這跟上述的取義是相應的。

三、語文在教材上的特色

　　語文是一切學習的基礎，應該在小學階段完成奠基工作，而且基礎越寬廣深固，將來的成就越是不可限量。語文教學內容，應該以語文為中心訴求，為兒童奠定聽、說、讀、寫、作的基礎，並培養兒童欣賞文學作品的興趣，啟發兒童對人性的認識、對自己的情感作最妥當的表達，能欣賞美好的事物，進而引導兒童能自我學習，無時無刻在追求學問而日漸淵博。

　　張清榮在〈把握「國語科」的教學的方向〉中提到有關語文教材的重點：（一）為「口頭發表」紮根基，就是以「說話」為主的導引方式，練習完整的句子來訴說；（二）為「讀說寫作」立標竿，能啟發兒童學習作文的組織結構，能寫出頭頭是道、條理井然、結

構綿密，又能言之有物的佳作。（張清榮，1994）國小課本因教材有所侷限，可以在課外作兒童文學的延伸，加強在聽、說、讀、寫、作的範疇。既然要有這方面的強化，就必須讓兒童具有「能力」及「興趣」，而談到能力就必須能觸類旁通，讓學習的觸角延伸更廣泛；至於興趣方面，指的是教師的教學過程要生動、活潑，不可照本宣科，太過單向灌輸會讓學生覺得索然無味，應該全面性的探討延伸，可以用戲劇的方式呈現，更能將平面化的課文作立體化的表演，必會使課文教學顯得趣味盎然。因此，「能力」和「興趣」是相輔相成的。既然教語文的課程不能太呆板，相對的教語文就必須要有情感的陶冶，才能把好的文章呈現出人的情感來。最後，就是「美感」的表現，美好的事物能啟發學生鑑賞、體會、感悟的心靈，可配合音樂、肢體動作，呈現出對文章的美感，可以和精神相契合。

　　倪寶元在《語言學與語文教育》中對語文教師和語言工作者在推行語言規範的時候，要清醒認識到，語言是歷史的產物，它每時每刻都在發展演變，語言規範的標準也在不斷地變化，人的語言規範工作是重要的，但對語言的發展演變來說，重要的是語言自身內部的發展規律。其實，世界上每一種語言自身都具有自我調整的功能，它本身就是一種神奇的自我調整的裝置。（倪寶元，1995：14）

四、國語文在九年一貫的基本領域及目標

　　現在九年一貫語文學習領域暫行綱要，已將原來「國語」改為「語文學習領域」，包含本國語文（國語文、閩南語、客家語、原住民語）及英語。分段能力指標包含注音符號的應用能力、聆聽能力、說話能力、識字及寫字能力、閱讀能力、作文能力。

　　根據教育部九年一貫最新頒布的語文學習領域（國語文）中指出：

（一）基本理念

1、培養學生正確理解和靈活應用本國語言文字的能力。以使學生具備良好的聽、說、讀、寫、作等基本能力，並能使用語文，充分表達情意，陶冶性情，啟發心智，解決問題。

2、培養學生有效應用華語文，從事思考、理解、推理、協調、討論、欣賞、創作，以擴充生活經驗，拓展多元視野，面對國際思潮。

3、激發學生廣泛閱讀的興趣，提升欣賞文學作品的能力，以體認本國文化精髓。

4、引導學生學習利用工具書，結合資訊網路，藉以增進語文學習的廣度和深度，培養學生自學的能力。（教育部，2008）

（二）課程目標

表 3-1-1　國民中小學九年一貫課程目標

課程目標 基本能力	國語文
1、了解自我與發展潛能	應用語言文字，激發個人潛能，拓展學習空間。
2、欣賞、表現與創新	培養語文創作的興趣，並提升欣賞評析文學作品的能力。
3、生涯規畫與終身學習	具備語文學習的自學能力，奠定生涯，規畫與終身學習的基礎。
4、表達、溝通與分享	運用語言文字表達情意，分享經驗，溝通見解。
5、尊重、關懷與團隊合作	透過語文互動，因應環境，適當應對進退。
6、文化學習與國際了解	透過語文學習體認本國及外國的文化習俗。
7、規畫、組織與實踐	運用語言文字研擬計畫，並有效執行。

8、運用科技與資訊	結合語文、科技與資訊，提升學習效果，擴充學習領域。
9、主動探索與研究	培養探索語文的興趣，並養成主動學習語文的態度。
10、獨立思考與解決問題	運用語文獨立思考，解決問題。

（資料來源：教育部，2008）

五、語文教學的三個層面——知識、技能、情意

　　因應教育部頒布九年一貫新課程的語文領域，語文的教學不能只停留在讓學生寫字、讀書的學習知識上，而要把培養學生的觀察力、思維力、自學的能力貫穿在語文學習的領域中，才能達到「知識、技能、情意」三方面。如下表：

表 3-1-2　語文教學的三個層面

	課程內容	具體項目
主學習 認知、技能 （顯著課程）	1、依據課程標準 2、教材學 3、語文相關教材	1、認識字、詞、句型 2、閱讀課文內容 3、說、讀、寫、作的操作能力
副學習 技巧、方法 （暗喻課程）	1、語文的特性 2、非語文形式的相關知識與技能	1、語文的節奏 2、語文的思維的訓練 3、語文與文化的關係 4、使用工具書的技能
輔學習 觀念、理想 （潛在課程）	1、理念 2、態度 3、價值觀	1、教師的語文能力及對語文的興趣 2、教師的態度及價值觀

（資料來源：羅秋昭，1999：21）

　　從上表中發現，語文教學這三個層面中：顯著課程是指依課程標準，教導教科書上的知識，主要學習生字、新詞、課文內容，和訓練讀、說、寫、作的能力；暗喻課程是指教學語文的規律，就是非形式的結構，包括語文的節奏、語文與文化的關係；潛在課程是指語文理念、態度和價值觀，就是教師對語文的興趣和教師的價值觀等。（羅秋昭，1999：20～21）

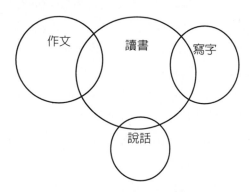

圖 2-1-3　讀說寫作關係圖

（資料來源：羅秋昭，1992：32）

　　國語教學的內容在指導學生聽、說、讀、寫、作的能力。從上圖中可知，過去這幾項課程分別在不同的時段教學，在課表上也列出「讀書」、「說話」、「寫字」「作文」四項來分別教學。

六、語文在教學上的方法和價值

　　語文教學中，模仿是人類語言文明源源不斷之母。也就是說，在前面第二章的文獻探討中，曾經提及人類的各項學習，尤其在語

文方面，都是由模仿學習而來。然而，教育及學習本身就是一種模仿，模仿是一種選擇性的示範學習。語文教學模仿和創造是一種很不錯的結合，可以使語文教學更強化、更精緻。

以目前國小的語文教學狀況來說，聽、說、讀、寫、作是語文教學的範疇。何三本在《九年一貫語文教育理論與實務》中提及，今日課堂上的語文教育，仍然是先從聲音著手，明白或懂得擅用聲音來閱讀。讀文教學，對於聆聽教學也有很大的助益。在語文課堂上，教師要訓練學生聽別人發言，能理解其主要內容；辨別正確或錯誤，是非曲直；範文閱讀，能提升口語表達的品質，充實聲音語言的詞彙，使口語更為優美；教師應在課堂上訓練學生的提問與回答；在小組中發言討論，並隨時訓練聽、說的優美風度。（何三本，2001：39～40）

九年一貫國語文課程目標在培養學生具備良好的聽、說、讀、寫、作等正確理解和靈活運用本國文語文的基本能力，並能使用語文充分表達情意。（教育部，2008）由於國語文的學習是其他學科學習的基礎，教師就必須作有效的引導，讓學生認為刻板的國語課本變得較活潑化、取材也能生活化。不要太強調字音字形與注釋的反覆練習與背誦，容易阻礙學生欣賞文學的另一塊園地和機會，也會間接影響學生的學習意願。

施雅慧在〈國語文教學紮根工作〉中說明，為了提升國語文教學在地位的價值上的思考教學，可以從幾個角度來思考：（一）增量更應先重質：教師應重新檢視教學的歷程，找出課程設計中不足的部分，審慎規畫適合學生能力的教學內容與進度；（二）身教可豐富言教：教師的經驗和價值觀能影響學生的智慧增長、理性啟發、感性陶冶；（三）閱讀可以潛移默化：教師應營造可以安心閱讀的情境，並鼓勵學生大量閱讀優良讀物，以達到認知、情意與生活能力得到提升；（四）日記提供交流和省思：教師與學生的文字交流可以傳達情感、拉近距離，以生活經驗為主較能貼近自己；（五）

寓教於樂隨時教學：指導閱讀班及讀報，可以介紹有關媒體報導，可增加公開語言的表達，這是一種潛在課程的學習，也是善用國語文教學時間的具體表現；（六）全方位的國語文表達；成功的語文表達經驗，可以增加學習國語文的興趣，儘量利用小組討論發表看法，製作活潑的學習單有助於學習的興趣；（七）發現心靈的美感空間：藉由文字的描述、語言的表達，學生可以試著將心靈的美感空間形諸紙墨；（八）找到孩子珍貴的特質：這可以根據學生的特質和強勢智慧，找到表達的機會與舞臺，讓國語文成為改善生活品質的工具及與他人良性互動的媒介，將來能「言之有物」、「說之成理」；（九）觸發予充分感動；國語文的教學，要能觸發學生靈感的泉源，體會人文的價值，換句話說，教師可利用教學空檔，耐心的引導學生體會具象中所蘊涵的感動因子，它將會如同一把學習之鑰，開啟學生主動學習國語文的動機和興趣。（施雅慧，2004）

　　隨著「教學創新、九年一貫」新課程的到來，現代教師應時時檢討自己的教法，做到教學師生互動，吸收教材教法新資訊；讓我們的教學在傳統中求創新，在互動中求進步。在多元語文教學中求變化，更要重視基礎的學習，千萬別迷失在瞬息萬變的改革及五光十色的電腦教學中，而忽略了基礎的語文學習能力的培養。語文的學習除了一步一腳印的紮穩根基，絕無捷徑，共同重視在語文領域的根基上，培育二十一世紀活潑快樂、能創造思考、知書達禮、具備語文能力的學生。

第二節　語文戲劇化

　　如第一章第一節所引俗話「戲如人生，人生如戲」，可見人生的經驗是創作與欣賞戲劇的泉源；而它也道出了人生就像一齣戲，

戲劇的多樣化，讓人生充滿了戲劇化的產生。然而，要讓語文呈現戲劇的展演，就必須讓語文這塊園地有創意，利用口語、肢體的方式，表達出內心的情緒與感受，嘗試讓學生把戲劇融入於語文的課程裡面，讓「演戲的是瘋子，看戲的是傻子」發揮的淋漓盡致。

一、語文轉化為戲劇的意義和價值

「語文戲劇」其意義，就是如何把語文這區塊運用到戲劇的領域，使其發揮創意的功能。然而，在前面第一章所敘述的內容裡，語文涵蓋口說語和書面語（文字或文章），而戲劇因為佔有的範圍極廣，藝術的層次多，牽涉的領域也甚多，因此本研究就以語文在戲劇所延伸的領域作探討。

所謂好的戲劇就有好的劇本，而劇本所呈現的就是好文學，在這個探討裡面，就以好的文學作分析，以學生較熟悉、較為了解的作品當例子來說明。好劇本也是好文學。俗語說：「熟讀唐詩三百首，不會作詩也會吟。」我們也應該可以說：「熟讀劇本三百齣，不會做戲也會看。」閱讀劇本應該是培養戲劇欣賞能力的方便法門之一，也是培養我們走進劇場去欣賞演出的興趣與能力的捷徑。「劇本為一劇之本」，這句話雖不是什麼大道理，還是有玄機的。

文字語言為「劇本之本」，我們可以說文字是為編劇、讀者服務。許多人反對「文以載道」。但是我相信古今中外許多「有心」的藝術家的作品多少都會載一點「道」——就是他們對生命、生活的關懷。例如：《白蛇傳》的作者有的是歌頌許仙和白素真的愛情，有的是讚揚母子親情的力量……文以載道沒有什麼不好。就戲劇藝術來說，最重要的是「如何載」才能「寓教於樂」，不失娛樂的本色，讓觀眾樂意接受「道」。（黃美序，2007：60）

　　戲劇中的文字或語言藝術應該包括兩個層次：「讀的文字」和「演出時講的語言」。下面所敘述的都限於文學性的文字來述說。文字語言和我們人體的肢體是有相互的關聯存在，可以使教學更為生動化，也可以立即傳達最快的訊息。但是語言文字也有肢體無法和戲劇結合。也就是說，有些有名、生動的句子就無法用肢體呈現出來，這就很難去了解文字語言的奧妙。

　　所謂的「純文字性趣味」，指作家利用文字的變化（包含文字傳達的意義）所呈現的趣味。例如：文學作品裡的《白娘娘》中的「做人難、人難做、難做人」，將三個字顛倒來去所呈現的意趣，比直接說「做人太難了」有味道多了。（黃美序，2007：67）戲劇文字的趣味有時候來自人物說話的立場和語態。老生常談或苦口良藥都不易令人感興趣。所以有人說：第一個拿花比女人的是天才，第二個跟著說便是庸才，第三個再模仿第二個則是無才。文學和藝術都讚賞「創新」、「創意」。（同上，81）

　　文字語言會受到時間、地域因素的限制。即使再使用同一語言的地區，五十年前的語言不一定能為五十年後的人完全了解、體會；甲地人也不一定能完全欣賞乙地人的某些用語。例如許多笑話只有「當時、當地的同輩」才能欣賞，就是最好的證明。（黃美序，2007：81）換句話說，在轉化的過程中或許語言文字有許多的不變（有點面貌改變，但質是不變）原因，所以有些作品能萬古流芳。也就是說，要有優美而具創意的文字，才能產生感人的力量，喚起豐富的聯想和意境。

　　在戲劇方面來說，它的功能約有：（一）娛樂審美；（二）情緒宣洩；（三）意志激發；（四）道德教化；（五）政治宣傳；（六）文化傳承。戲劇的功能遠超過語文的領域，語文的轉化有侷限性，並非每個作品都適合在戲劇中呈現。戲劇是屬於綜合藝術，可以發揮的空間很大，不會因為場地而有所限制。而能讓戲劇發揮的很好，

演員功不可沒，他們必須具有相當的魅力，可供仿效和揣摩的演技。例如：賴聲川的《暗戀桃花源》就是一個很好的例子。

　　戲劇的題材都是描寫人類意志的一種鬥爭。從希臘時代起直到現代為止，一共創造了四種形式。（趙如林，1991：1～20）這幾種形式，就它們跟人物意志對抗的勢力性質而有所區別，這種分類顯然有很高的「化約」性，還有許多無關「人類意志的鬥爭」的戲劇都會被排除掉（也就無所繫屬），以現代戲劇創作的主要傾向應屬第四型，依劇作題材或性質而區分為悲劇、喜劇、滑稽劇（鬧劇）、荒誕劇等等。當中悲劇和喜劇各具「統攝性」（也就是其他類型都可以依它們的性質相近，分繫在悲劇和喜劇這兩大類型底下。如荒誕劇歸入悲劇範疇，而滑稽劇歸入喜劇範疇）。（周慶華，2004b：244～245）

　　悲劇是偉大詩人（劇作家）運用創造性想像創作出來的藝術品，它明顯是人為的和理想的。悲劇確實常常表現我們在現實生活中見到那種痛苦和災難，但這二者絕不完全一樣。單是痛苦和災難，並不足以構成悲劇。沉船失事並不能使遇害者成為悲劇人物，一般的失戀也絕不能跟羅密歐的痛苦相提並論。純粹的痛苦和災難只有經過藝術的媒介「過濾」之後，才可成為悲劇。悲劇使我們生活採取「距離化」的觀點。所有偉大悲劇裡都有一種超自然的氣氛，一種非凡的光輝，使它們和現實的人生迥然不同。（朱光潛，1987：245～247）喜劇喚起人類惡作劇的本能，並使這種本能得到一種替代性的滿足。在喜劇中，一些人物常常受到其他人物和突變機遇的捉弄，他們往往陷入窘境、困境萬端而不能自拔；然而觀眾對當時的情況卻洞若觀火，並因此而感到愉快和滿足。這種現象的原因不僅可以追溯到惡作劇，而且跟一些曖昧難解的感情有關，例如：性虐待狂患者和觀淫癖患者在觀看他人的窘境時所體會到的那種快感。（福勒〔R.Fowler〕，1987：43）雖然如此，比較兩種戲劇的類型，還是悲劇較有可看性（或說較能給人深刻的啟發）；而悲劇

所受的評價一向也高於喜劇。這當不只是像亞里斯多德（Aristotle）所說的悲劇可以使人的哀憐和恐懼的情緒得到淨化或洗滌（那麼消極）而已（亞里斯多德，1986），它還像尼采（F.W.Nietzsche）所說的能讓人重新肯定生命的悲劇精神而積極的對人生世界充滿樂觀的希望。（尼采，2000）反觀中國的悲劇（非西方希臘式的悲劇）（劉燕萍，1996），不論是精衛填海式的（跟邪惡勢力抗衡到底，如關漢卿《竇娥冤》），還是孔雀東南飛式的（以寧為玉碎而不為瓦全的精神跟現實抗爭，如小說《嬌紅記》和電影《梁山伯與祝英臺》），或是愚公移山式的（一代接著一代跟現實搏鬥，如紀君樣《趙氏孤兒》），都以追求「團圓旨趣」為歸宿（熊元義，1998：221～223）；這是作者自居高明或道德使命感的促使而為人間不平「補憾」的結果（不論是在生前得到補償還是在死後得到補償，人間有的不平都無從逸出去像西方人那樣改向造物主控訴或尋求補救，這是任何一個傳統的中國人「共有的認知」；而作者特能編綴「曲折離奇」的情節以享讀者罷了），實際的苦難還是得勞當事人自我「寬慰化解」而無法別無寄望。不過，這種大團圓的結局，還是可以聊為喚起人對「天理」一點信心，而不致妄自絕望。因此，如果繼起者還要再寫作悲劇，那麼就有中西方兩種悲劇型態可以依循。（周慶華，2004b：244～247）

二、語文戲劇化與多媒體創作

　　中國堪稱戲劇之邦。在王國維《王國維戲曲論文集——宋元戲曲考及其他》一書中指出，所謂「真戲曲」必須具備：（一）由敘事體變為代言體；（二）必合言語、動作、歌唱以演一故事。他認為中國戲劇是一種講究唱、唸、做、打，把歌唱、唸白、舞蹈化的

形體動作和武術翻跌技藝冶於一爐的綜合藝術。而西方戲劇有話劇、舞劇、歌唱、動作為各自的主要表現手段。以此嚴格區分出中國戲劇和西方戲劇的差異。（王國維，1993：19）

　　黃美序採用西方的分法，將戲劇分為：悲劇、喜劇、悲喜劇……等等，並指出我國傳統論戲劇或戲曲的文字極少涉及表演、導演及其他舞臺藝術，而西方則很多。從形式和構成元素來說劇本和劇場，劇本遠比劇場容易簡單，也就比較可掌握。在編寫或閱讀劇本時，我們面對的，只是語言這單一文本；但演出或分析演出時，除了演員說出來的臺詞（語言）外，還得考慮到演員的肢體語言、服裝、道具、布景、燈光等的劇場因素。（黃美序，2007：6）

　　由於文學創作和文學接受「都有傳播欲求，以至所謂的『文學傳播』就得包括『文學創作成果的傳播』和『文學接受成果的傳播』等。（周慶華，2004c：322）大體上說，語言傳播是一個「意義化」的過程（鄭貞銘主編，1989：107～158），但對於這種傳播意義的行為或活動，則是見仁見智各有不同的認定。（周慶華，1997：58）而傳播或整體傳播機制也會視「情況」或「需要」而決定傳播的目的及其傳播方式。（周慶華，2002：249～350）有關傳播所要藉助的媒體，在於「媒體／媒介，就是一種能夠讓傳播發生的中間動力。更明確地說，它是一種可以延伸傳播管道、範圍或速度的科技發展。廣義來看，言語、書寫、姿勢、臉部表情、衣著、演出及舞蹈種種，全部都可以視為傳播的媒體；每一種媒體都能夠在傳播管道中傳送符碼。但這種用法已經越來越少見了；現在已經開始用它來指技術性的媒體，特別是大眾傳播媒體。有時候會用這種詞條來指傳播工具（例如印刷的或廣播的媒體）；但通常指的是實現這些傳播目的的技術形式（例如收音機、電視、報紙、書籍、相片、影片、錄音等。按：當今還有 CD、VCD、DVD、網際網路等）。」（歐蘇利文〔T.O' Sullivan〕等 1997：228）因為有媒體的助力，才使我們得以接受到文

學。而從創作的角度來看，它除了一般性傳播實踐，更可運用媒體進行所謂「二度的轉換」以展現生機。（周慶華，2004c：324）由此看來，「單一文本」的觀念，可透過戲劇化的演出結合多媒體的創作朝向「多重文本」去騁馳思維，並可拉近和現代人的距離。根據下圖，將可了解單一文本如何進行「二度的轉換」的過程：

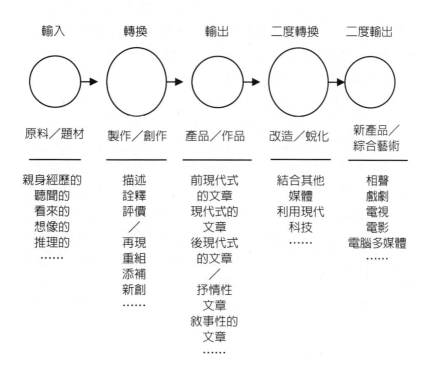

圖 3-2-1　創作比擬工廠生產圖

（資料來源：周慶華，2004c：325）

　　戲劇的「演出」和小說的道出有明顯不同（周慶華，2001：195〜196）：「故事有的講出來，有的寫出來，這些叫做敘述的故事，戲劇（包括電影視、電影）故事則是表演出來的；或者戲劇的故事是由演員在舞臺上，當著觀眾表演一個故事，這與口述或是筆述是不相同的。並不是所有的故事，都由演員在舞臺上表演出來，只有某些限制下的故事能夠表演出來，才可稱為『戲劇的故事』。」（姚一葦，1997：17）而戲劇是演員直接把事件呈現出來，所以受到種種限制，包括：（一）時間的限制：小說的故事本身長度沒有限制；戲劇演出的時間是有一定的，故事所經歷的時間也有一定的限制。（二）空間的限制：小說的敘事方式在場地的變更上完全沒有限制；但戲劇在舞臺所能呈現的空間有限，不能像小說那樣自由的變化場地。（三）表現媒介的限制：小說表現的媒介為語言，而在表現尚可自由採用全知觀點、限制觀點和旁知觀點並有彈性隨意加入寫作者的觀感、發表意見；但戲劇的表現媒介為演員，必須謹守旁知觀點而讓事件直接在舞臺上呈現。（四）情緒效果的限制：小說的故事可供閱讀的。讀者在讀小說時，沒有時間、場地閱讀順序的限制；但劇本本身要讓觀眾產生一定的情緒效果，中間不能刪減、中斷。（五）幻覺程度的限制：小說是敘述的，只要讓讀者激發想像就行了，可以不受限制；戲劇受舞臺的限制，如果在舞臺上無法呈現而要勉強呈現，那麼效果會大大折扣。戲劇的故事受到上述時間、空間、表現媒介、情緒效果和幻覺程度的限制，也就是劇場的限制。因為戲劇與演出的人、演出的場地和看演出的人是緊密結合在一起的，所以戲劇故事必須適合演出（表演），也就是只有適合上述五種限制的故事，才是戲劇故事；不適合上述限制的故事，或許可以成為文學故事，但不是戲劇的故事。（同上，18〜20）上述的說明，讓我們在文本戲劇化邊寫實有個參考的依據。

　　一般人看戲，也喜歡藉著戲劇劇情去了解創作者的想法和感情。一個成功的劇本必定有引人入勝的內容和優美的文字，文字和內容相得益彰，密不可分。黃美序說：「情節是戲劇的靈魂。」（黃美序，2007：30）受科技資訊發達的影響，中國傳統戲劇的演出也跟著改變，不再只限於展演空間的表現，會對原有單一文本加以重新詮釋。

三、語文戲劇化介入語文教學

　　語文戲劇化可用於閱讀、聆聽說話、識字與寫字以及作文的教學，而把這些教學具體結合上布偶劇、舞臺劇、讀者劇場、故事劇場、相聲與雙簧、歌舞劇與廣播劇的創新運用會有不錯的效果。而語文教學可以限定它指語文經驗的傳授。這種傳授是一個不對等的發言關係；也就是高階（教師）對低階（學生）的言說的啟導，它的可能性是由那一有形無形的階序所保障的。（周慶華，2007：5）語文教學也可在它的知識經驗、規範經驗、審美經驗中呈現出特有的描述、詮釋和評價。然而，在語文戲劇中或許有少掉的部分，像人物的心理刻畫、背景的描述、氛圍的營造等，這都是語文所擅長的，我們在接受時可以把些許的空白、片段作些填補的以「參與」創作。而戲劇在時間的侷限當中，不能有片段、不能有空白點，就不能像接受語文那樣（這是語文戲劇化後所流失掉的）。不過，戲劇因為有許多媒體的運用可以給人多感官的刺激，有具體情境的模擬營造可以讓人「身歷其境」和有演員的演技可以觀摩等為純語文本身所缺乏的成分，所以它的功能仍然相當可觀；如能在語文教學當中引進範例，再引導學習者仿效創新，這一切的好處都可以重歷和得到轉化利用。換句話說，語文戲劇化一定可以活潑教學和提升

成效，這是必要肯定的。而語文戲劇化這般介入語文教學，也才能看出它可以有的普遍價值（否則只能在劇場或其他表演場所演練，效應有限）。

第三節　語文戲劇化教學

根據前節所述，語文教學有需要跟戲劇結合來活潑化與提升成效，因為利用戲劇化結合多媒體的演出、可將文學作品方便的、具體的情境以及演員演戲所扮演的生動角色等帶出，這些特性對學習者的參與上會比較熱絡。

一、語文戲劇化教學的重要性

好的文學作品不僅反映生活，還能提供閱讀者素材去充實語言與學習經驗的多樣化，進而造就想像和邏輯的能力。它介紹讀者透過文字語言去了解體會書中人物的情感、衝突、嘆息和疑惑，藉此明白這世界存在著許多不同的價值觀。當讀者和文字相衝擊後所產生的新經驗就變成為讀者生命中的一部分，而這樣的新經驗可以連續不斷的產生。正如教師在閱讀教學的現場中多介紹好的文學作品及增加鼓勵孩子回應文學作品的教學技巧，這些回應包括：（一）故事、日記、新聞或書信等的寫作性質；（二）對話、討論等的口頭性質；（三）肢體活動、視覺藝術、音樂或戲劇等其他方式。在上述的方式中又有以文學作品戲劇化在課程中最能提供學生探索世界和了解自己有效又有趣的方式。也就是說，在戲劇的表演中，

學生在扮演故事角色時，被鼓勵成從不同角度去檢驗人生。並在不同的文化和時空中獲得了國際觀和歷史觀。再加上戲劇是一種集體的藝術，學生可以由此學習到正向的社會互動、合作學習和團體問題的解決能力。（漢格〔R.B.Heinig〕，2001：3～4）

　　戲劇這種模式是自古就有的，倘若是經由系統的戲劇表演將更能使我國豐富的文化資產傳承久遠。「既然係具有如此多種語文教育效果，而且它經常能引發學生濃厚的學習興趣，所以戲劇是一項很好的教學工具，值得我們去探究與採用；但是本人教學有多年的經驗，大部分的教師和學生，都認為教室裡的戲劇，是要精心設計出來的，因此儘量避免需要耗時準備的戲劇教學，造成教師普遍放棄戲劇教學。」（陳麗慧，2001）因為不了解而拋棄戲劇這樣好的教學方式是非常可惜的。其實戲劇有許多種表現的形式，戲劇的演出也不全是費時費力的。戲劇化的優為選擇，就是要說明戲劇在國小語文教學中是方便操作且有效果的。

　　戲劇應用在國小教學上，它和目前的兒童劇場有著密切的關係。就兒童戲劇而言，它可分為傳統戲劇和創造性戲劇兩種：傳統戲劇包含話劇、舞劇、歌舞劇、默劇、偶劇、廣播劇和電視劇等的形式，它必需在劇本、舞臺、演員和觀眾這戲劇四要素的完備下，由導演精心設計安排讓演員在特定的舞臺上表演劇中的故事，供觀眾欣賞。而創造性戲劇就是將創造性活動融入戲劇活動中，將劇本、舞臺、演員和觀眾融為一體。它又可分為家庭劇場的親子遊戲、幼兒創造性肢體活動、創造性戲劇活動及兒童劇場，其中以創造性戲劇活動最適合運用在教學上。（林文寶等，1996：390～401）由此看來，傳統戲劇的要求規定十分嚴謹，在國小教學上實施有它的限制，因此不適合運用在國小教學現場上。而創造性戲劇因為沒有傳統戲劇的包袱限制，所以在國小教學應用上有比較多的發展空

間。在語文教學上，要應用戲劇的呈現的確有它的時間條件限制，因此只選擇適合國小教學課程中運用。

本研究是以語文教學結合戲劇化來作檢證，因此只有創造性戲劇活動在我的研究中是方便運用的。附帶一提，此處所講的「創作性戲劇活動」就是張曉華在《創作性戲劇教學原理與實作》中所講的「創作性戲劇活動」。至於為何以「創作性戲劇活動」取代「創作性戲劇活動」的名稱，張曉華在他的書裡有詳細說明，本處不再贅述；而所要說明的是接下來我都會採用「創作性戲劇活動」的名稱避免混淆。

二、語文戲劇化教學的展開方向

在國小語文教學中包含聆聽教學、說話教學、識字及寫字教學、閱讀教學、寫作教學等等，本研究以聽、說、讀、寫、作來結合戲劇以為檢證。而戲劇有布偶劇與舞臺劇、讀者劇場和故事劇場、相聲與雙簧、歌舞劇與廣播劇，這都可融入於語文教學當中，強化語文戲劇化的成效。除非有時間上的限制，不然隨機選取幾項來演出，會有不錯的效果。

廣播劇有器材使用上的限制，更無法帶所有學生進到錄音室裡演出，因此只能在教室裡簡易運用；只是教材的選定得注意，隨機教學是可以作介紹或引起動機，但不可強求。相聲是在「特定的文化背景下產生的口語滑稽的基礎上所形成的一種具有個人技藝的性質的獨立的表演樣式。」（葉怡均，2007：11）因為這是以個人的技藝來取勝的表演，可以參與演出的人很少，而本研究是要讓每個學生都有參與演出的機會（可利用晨讀時間來讓學生練習）。雙簧是相聲的別支：「『雙簧』被稱為相聲的變體，雙簧表演通常演員

還是以對口相聲的型態出現，然後把『相』與『聲』拆開來，兩名演員其中一個坐在前面，另一個蹲在椅子後面，後者負責出聲音、前者則得配上形、做的動作，藉此鬧笑話取樂。」（同上，39）雙簧和相聲它們都可以增加個人口語表達的能力，但在演出時都有人數的限制，所以在雙簧這方面就暫時不作深入的探討，隨機教學即可。從相聲戲劇化衍生出帶表演性質的相聲劇，「這是臺灣劇場的新品種」。（馮翊剛等，1998：3）對於相聲和相聲劇的分別，葉怡均提出區分的標準：「（一）相聲以語言帶動表演、戲劇用事件堆砌出高潮。（二）相聲演員以本人面對觀眾、戲劇演員以劇中的角色出現。（三）相聲裡，演員與觀眾是共時空的，而戲劇往往將場景設定在特定的時空。（四）一段相聲裡，演員不用換妝就可靈活地穿梭於不同的人物之間；但是一齣戲裡，即使飾演同一個人物，都可能會因應情節而改變造型。（五）在表演型態上，相聲結構簡單、元素很少、規模小、靠演員都可完成；戲劇結構複雜、運用元素多、規模大、必須結合不同的專業來完成。」（葉怡均，2007：41～43）對於相聲劇，馮翊剛進一步提出他的看法，他認為相聲劇必須有明確的「戲劇動作」，也就是說相聲劇都具備動作的要件，它具有喜劇、相聲形式、演故事、演員扮演角色及保留高度自覺、明確的時空觀和核心議題等特色，採集體即興創作的方式來完成作品的。（馮翊剛等，1998：17～19）這種「集體即興創作」的方式讓全體成員都可參加，可使每個學生因為有了參與演出的機會而提高學習意願。相聲劇它是以喜劇的形式為表達方式，符合學生喜歡搞笑的天性，能引發生學習的興趣。相聲劇是以演故事的型態出現，因此學生扮演故事裡的角色，他需要設法去理解故事情節、詮釋故事中人物的情感、想法，這就會增加學生在這方面的興趣和能力。再加上相聲劇採即興創作的方式，無形中就會培養學生創意的能力。「天生有創意的人並不多，多半靠鍛鍊，它養成一種思考模式，總是在

追求一般人雖然想不到卻可以理解的角度，和『情理之內，意料之外』的創意異曲同工。」（葉怡均，2007：62）在這樣創作的過程中學生就必須不斷動腦思考、這會激發學生創意和想像力，再加上「即興」也就是在短時間內須完成，這會讓學生的反應變得更快、更敏銳。因此，相聲劇這種採集體即興創作的方式很適合我的研究需求。

　　說故事是一種有助學生想像、組織情節的良好口語活動。它能為聽故事者帶來娛樂和認知，使說故事者善用情感、語言和動作。而且說故事只需要安靜的場所，沒有演員的壓力與舞臺的技術上的規範，所以常為一般教師或領導者樂於課堂及活動中採用。創作性戲劇的說故事訓練是在提供每位參與者運用想像、組織的表現機會，以聲音、動作與學生們共享有趣的故事，以增進自我表達、語言交流、豐富字（詞）彙的學習機會。（張曉華，2007：254）由此可知創作性戲劇的說故事方式可以讓學生學習到語言表達技巧。而劇場性的說故事活動又可分為讀者劇場、故事劇場與室內劇場等三種型式。雖然三者都屬於正式劇場的演出型式，但由於其應用的方式十分簡單，劇場技術要求的層級不高，很適合於一般非專業性演出活動所採用，對學生演員口語表達，劇場效果的掌握，及簡單演出的條件的搭配都具有相當的趣味性。（張曉華，2007：260）劇場性的說故事活動有助於學生的口語表達，配合演出的趣味性大大的提高了學生學習的興趣。劇場性的說故事活動中的讀者劇場這種派有表演性質的說故事活動，對師生而言沒有布景、服裝和背臺詞的壓力限制方便操作使用，在這樣的活動中學生又可經歷了聽、說、讀、寫、作的過程，所以語文教學結合戲劇會很受學生歡迎。

　　學生的天性是活潑好動的，倘若在國小語文教學上都以讀者劇場活動方式來進行，同一種方式用久了缺少變化，學生參與學習的興趣就會降低。最好的方式以多種的編組方式下教學，學生自然會

用愉快的心情分析文章內容，對於較難的辭彙，他們反而更能理解與詮釋。換句話說，戲劇教學不可太過單一化，必須全面多元的進行才能吸引學生的興趣。

　　舞臺劇就是演故事。演故事在劇場外的過程中，是「表演」而不是「口述」。這種表演一般稱為戲劇；而戲劇有人認為它是綜合藝術，不能再受敘述體的制約，這就會使原故事「孳生」出許多故事來。受西方的影響，現在所談的戲劇幾乎都指來自西方的戲劇。戲劇有許多不同的類型：依據表現方式區分為話劇、歌舞劇、歌劇、舞劇、默劇、假面劇、偶戲等等；依據情緒性質區分悲劇、喜劇、通俗劇（悲喜劇）、混合式戲劇等等；依據輔助媒介的特徵可區分舞臺劇、廣播劇、電視劇、電影等。（周慶華，2007：67～69）根據輔助媒介的特徵，戲劇中的廣播劇、電視劇、電影受限於器材和能力在國小教室中是難以進行的方式，只有舞臺劇可以方便操作運用。而根據表現的方式，只有話劇是「以演員的對話為主要表演方式的戲劇」。（張曉華，2007：67）其餘則是以音樂、歌唱、舞蹈、肢體動作或偶戲來進行的戲劇，對於教學時間有所限制的情況下這些方式就顯得費時費力。

三、語文戲劇化教學可預見的效果

　　戲劇化的教學方式，是要以演戲的方式來表達，因為這種方式需要學生運用思考、創作、判斷等能力，無形中就會增加其語文能力。透過角色的扮演，體會作者所創造的情境及所要表達的感情，增加了文學欣賞能力。這種活潑、靈動有趣的教學方式能使學生因而提高學習意願，並在表演的過程中使學生從不同的觀點、角度來看待現實人生的種種問題。在上述的論述中可以發現有些戲劇在教

學現場上容易實施不會造成師生很大的負擔而又有效果的形式演示。教學是一門藝術也是一種學問，雖然戲劇在教學上有很大的效果，但倘若老是用同一種戲劇模式去進行，用久了也會失去新鮮和趣味感而減少教學成效。

語文戲劇教學的確有它的挑戰性、刺激性和活潑性，為了讓語文在戲劇有所成效，就必須讓學生在虛擬的情境中體驗學習，讓生活經驗再經驗，等這經驗融入教學中，又是一種即興創作的另類表演。在教學的活動中，學生應充分參與戲劇活動，以不同的戲劇教學學習形式，可增進國語文的學習效果。此外，學生也能從角色扮演的過程中獲得豐富的情意學習成長與情境認知訊息傳達。在教學的過程中，教師或許能從戲劇的活動過程中得到極大的成就感，卻也面臨極大的壓力，因為必須挑戰自我內在的能力瓶頸，而且還必須和周遭既定的大環境（如時間的不足、班級常規的管理等）抗衡。換句話說，創作性戲劇活動的彈性大、範疇廣，可被活用於開放教育以顯效果，但倘若無課前的計畫與充分的條件配合，此效果極易被誤用與誤解且發生質變。

戲劇因為有多媒體的運用可以給人多感官的刺激，能營造具體情境中讓人有「身歷其境」的感受，所帶進的範例中有演員的演技可以觀摩（這是純語文本身所缺乏的成分）。此外，可以期待學習者藉機會磨練演技，給同儕觀摩學習。還有在改編劇本上，本身就是再創作；而為了再創作，就必須對文本作深入了解，才會有圓滿的改編形式；同時因為該再創作多為集體合作而成，整個過程也有助於同儕情誼的增進。換句話說，這比單一的文本教學只進行一次的理解可觀。

第四章　閱讀戲劇化教學

第一節　從閱讀教學到閱讀戲劇化教學

　　根據第三章所述，語文教學與戲劇結合能呈現教學的活潑化、趣味化。語文教學方法是「貫通」於各種語文經驗的教學中，所以可以稱為「基礎性」的語文教學方法。它包括讀／說／寫／作等細項的教學方法；而以現有的基層的制式教育為準據（教育部，2003），則有閱讀教學方法、聆聽教學方法、說話教學方法、注音符號教學方法、識字與寫字教學方法和寫作教學方法（我個人因研究取材自高年級，因此注音符號教學不在研究範圍）。現在就先談起閱讀教學的方法部分。

　　閱讀，是從書面語言中獲得意義的一種心理過程。書面語言，包括印出的語言文字，或跟它相關聯的圖解、圖表乃至圖片，或是從網路下載的資料等。我們透過視覺系統，接收外界書面資料的信息，在大腦裡進行加工，理解書面語言的意義和內容，這就是閱讀。（何三本，2001：132）

　　根據史密斯（N.B.Smith）、哈李斯（A.J.Harries）等人的研究，閱讀可分為七種類型：（一）複述性閱讀，透過字、詞感知，將內容介紹說出來；（二）理解性閱讀，深入到字裡行間，解釋字、詞、段的意義；（三）評價性閱讀，建立在理解的基礎上，提出補充意見；（四）創造性閱讀，透過理解，產生自己的新見解、新觀點；（五）發展性閱讀，是帶有研究的閱讀；（六）消遣性閱讀，為調解生活、

消除疲勞所作的閱讀;(七)功能性閱讀,為工作需要、為教學需要而去尋找某種必要的知識,其閱讀方式是採取瀏覽、略讀、跳讀等方式。這種功能性的閱讀,任何人在生活上、工作上,都可能遇到的。(引自何三本,2001:132)

　　閱讀,是一種十分複雜的心理活動,是人類大腦的高級功能。視覺感官將感覺到的信息,傳送到大腦枕葉視覺區、聽覺區和額葉動覺區等中樞神經系統。再經由這些神經系統的綜合作用,迅速轉化為語音表象及文字符號。這是一種多層次的文字符號辨認過程,就是從辨認字→詞→句子→段落→篇章→語法→修辭的加工處理。憑已有的知識經驗,辨認、矯正、記憶、聯想、重組、儲存、分析、綜合、比較、概括、理解聲音、文字符號所要表達的意義。

　　閱讀教學的方法,同樣是為了便於教學各種語文經驗;同時它在安排教學活動時通常都要讓閱讀教學本身居於「核心」地位(其他幾項才能「環繞」它而一體成形)。(周慶華,2007:47)閱讀教學要如何與戲劇相結合,這要考量的層面相當的廣,同時也要考慮到閱讀與戲劇結合的整體性。如第三章第三節所述,戲劇在語文教學的多媒體感官刺激間接影響的呈現具有六種好處:(一)能營造具體情境;(二)有讓人「身歷其境」的感受;(三)所帶進的範例中有演員的演技可以觀摩;(四)期待學習者藉機會磨練演技,給同儕觀摩學習;(五)在改編劇本上,本身就是再創作;而為了再創作,就必須對文本作深入了解;(六)創作多為集體合作而成,整個過程也有助於同儕情誼的增進。

　　語文教學涵蓋聽、說、讀、寫、作等範疇,而這些範疇以閱讀為領航。「所謂的國語文能力,是指能夠自由運用文字的能力,我稱它為『語言操作能力』。其所代表的不單純只是使用文字的能力,而是能不能正確地解讀文章、了解文章的脈絡、並能用文章表達主見。」(樋口裕一,2006:18)樋口裕一更進一步強調大量閱讀的

重要，他認為飽覽群書後所累積的國語文能力，才是所有學科學習的基礎。因為沒有足夠的閱讀理解能力，學生將學不到正確的知識，更無法提升學習力。（同上，18～19）「閱讀教學是小學語文教學中特別重要的一個環節，肩負著培養學生感受、理解、欣賞、評價的能力，引導學生領悟文章表達方法，培養學生學習作能力的責任。」（劉少朋，2009）周慶華進一步指出在基礎性的語文教學方法中，閱讀教學方法是位居所有教學活動的核心地位。（周慶華，2007：47）由上述學者們的說法，可知閱讀教學方法的重要性。

　　由於閱讀是學生接受新知的必備能力。但在目前閱讀教學中，教師大都只讓學生背誦課文或自由看課外書籍，從事毫無目標的閱讀，很少注意到閱讀興趣和引發學生的閱讀動機，去進行有意義、趣味化的學習。（徐守濤，1999）長久以來閱讀教學活動往往變為識字造句等閱讀技巧的練習和課文大意的熟練，大部分的教師所採取的方式是讓學生自由看書、未能在閱讀課進行讀物的導讀活動或和同學一起討論分享詮釋讀物的觀感。（郭聰貴，2001：1）現在的閱讀教學中都強調增加學生閱讀機會以大量閱讀來提升學生的語感。教學現場的教師在有限的時間內為了增加閱讀量以達到規定的閱讀數量，一般的閱讀教學活動都是以教師教學為主，很少會去進行不一樣的閱讀教學活動，讓學生有主動學習探索、討論的機會；大多數的方式都是請學生閱讀一本書後填寫學習單、書寫閱讀心得等偏向靜態的方式。「書本是語言的集合體。語言既然是多樣性的，那麼被寫下來的文字當然也可以作多重的解釋。」（樋口裕一，2006：116）而這種方式，因為每個人的理解能力和領悟力有個別差異的存在，這就使閱讀教學效果產生變數，確實值得省思。在閱讀教學指導中，教材戲劇化可以開展多方面的理解，正好可補足這方面的欠缺。也就是說，以戲劇化呈現教材的方式是提高閱讀教學質量的一條有效途徑。

　　閱讀教學要在有實質的展演下呈現，那閱讀教學的方法就只是一個如何讓閱讀教學更精實有效的後設反省形式而已。然而，從閱讀教學的另一個層面來探討，也就是以閱讀教學到閱讀的理路來說，應該是以創新的立場來著眼，應該容許、甚至鼓勵奇特或基進的閱讀法，不設一定的規範。這時就是一邊約略的教學；一邊跟學習者一起尋找或發明新的閱讀法。這種從閱讀教學到閱讀理路，不預設閱讀的進程，也不預期閱讀的成效，只要有「創見」從中孳生就可以了。但它在制式教育裡，因為受限於特定的教材、教法和評量方法而難以全面展開；只能在輔助教學中運用。而比較前後兩種理路，後一種理路不妨逐漸提高它的比例，才可望看到文化的更新。（周慶華，2007：49）那閱讀教學就該以那種層次呈現，才具有效果且具體化。語文教學也就是傳授語文經驗，而語文經驗包含了知識經驗、規範經驗、審美經驗，是一種不對等的發言關係。也就是說，語文教學的方法是一種傳授語文經驗的程序或手段。總括這些概念的出現，是為了因應實際的語文教學究竟要教些什麼以及要怎麼有效的教學等問題（教什麼／怎麼教）。如圖 4-1-1 所示：

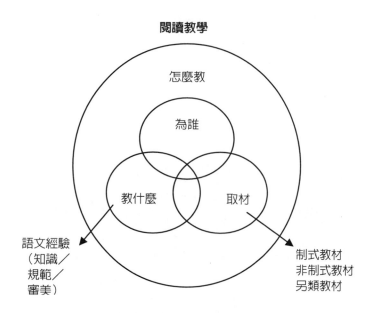

閱讀教學

圖 4-1-1　閱讀教學概念圖（一）

（資料來源：周慶華，2011：67）

　　在「閱讀的性質」方面，閱讀縱然可以有不同的界定（包括容許「閱讀是解釋」〔挖掘閱讀客體所蘊涵的特定意義〕、「閱讀是溝通」〔閱讀主體和閱讀客體的互動〕、「閱讀是改寫」〔閱讀主題依自己的需求對閱讀客體進行任意的增刪〕、「閱讀是構造」〔對閱讀客體的語義轉換或再編碼〕和「閱讀是顯現價值」〔把閱讀客體所蘊涵的價值呈現出來〕（王先霈等主編，1999：149～151）等不同說詞的個別或綜合的存在），但有關它總難以脫離一個「理解」的過程還是得比照一般閱讀理論書姑且予以堅持（周慶華，2003：2～4）；否則所論就會失去一個可以或必要的準據。在這裡的圖示中，就約略把閱讀視為是以「理解」為中介所展開的接受行動。以語文經驗的閱讀理解來延伸，如圖 4-1-2 所示：

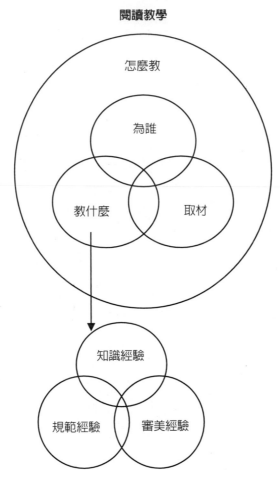

圖 4-1-2　閱讀教學概念圖（二）

　　洪蘭曾指出，語言是本能，閱讀是習慣，所以必須從小培養這
個習慣，一個正常的孩子生活在社會中，沒有人教，自己會學會說
話，一個正常的孩子，生活在社會中，沒有人教閱讀，他便是文盲。
（洪蘭，2006：54～56）由此可知，閱讀是需要學習的；而且這樣

的學習需要策略加以輔助，以便能事半功倍得到更多你所預期的成效。閱讀最基本的工夫是從本身的經驗出發，設想學習者的狀況，然後按部就班的去引導學習者重歷自己的閱讀過程。這現象稱為「經驗的異己再現」。其可分為：（一）完全再現；（二）局部再現；（三）不見再現。傳統式的閱讀教學為一種由局部到整體或由表層到深層的教學模式，而基進式的閱讀教學則為一種突破規範且著重在創造的教學模式。（周慶華，2007：49）無論教學者選擇哪一種教學方式，都得備有廣博的語文經驗、創新文化的洞見和實踐願力、熟練閱讀教學的技巧、擅於營造良好的學習環境等能耐與涵養，才能勝任愉快。

　　換句話說，閱讀教學是一種「經驗的異己再現」（見前），它的「先覺覺後覺」性質的假設，已經保證了它的必要性。即使不然，閱讀教學也可以當它是一種經驗的交流而使得它有相對的存在價值。由於閱讀行為的社會特徵和閱讀活動的社會化過程都不是一個初次閱讀或閱讀未深的人所能察覺，以至由有經驗的人給予引導而廣開閱讀的眼界，也就能夠減少獨自摸索的時間。在這種情況下，閱讀教學也無不可以成立。（周慶華，2007：52）而就「閱讀教學的目的和策略」來說，閱讀教學的目的，（比照本脈絡分辨）可以再分閱讀教學本身的目的和閱讀教學者的目的。前者，在於引導學習者進入語文經驗所完結的文化領域並參與文化創造的行列；後者，在於藉機謀取利益、樹立權威和行使教化等。而為達上述的目的，則可以採行傳統式教學和基進式教學等策略。傳統式教學為一種由局部到整體或由表層到深層的教學模式（陳弘昌，1999；林國樑等，1983；楊九俊，1994；李海林，2000）；而基進式的閱讀教學則為一種突破規範且著重在創造的教學模式（周慶華，1998；2003）。

　　天下絕沒有不食桑葉而吐絲的蠶，也沒有不採花而釀蜜的蜂，更沒有不讀書而能治學的人，由此可見培養閱讀的重要。而在課程

綱要本國語領域的「教學原則」中也談到：「語文教學以閱讀為核心，兼顧聆聽、說話、作文、寫字等各項教學活動的密切關聯。」（教育部，2003）更凸顯教學的必要性。因此，提高學生閱讀能力的養成閱讀習慣，並樂於閱讀，最後讓閱讀成為學生終身學習的生活利器。然而，閱讀既已有良好的基礎，為了讓閱讀更鮮活起來，應讓閱讀教學與戲劇相結合，讓閱讀的理解能力延伸而出，擴大閱讀的效應；而讓閱讀經驗延伸，也可以以多媒體的方式呈現閱讀在戲劇的教學效應。例如：請學生表演悲壯的感覺，這時學生所詮釋的效果就會有明顯的不同，這可以在同儕之間相互學習觀摩和培養演員的演技。以即興創作五分鐘，也可以有創意的詮釋出來。那為何要與戲劇結合？原因是戲劇是屬於集體的創作，讓團體的閱讀經驗極大化，可產生「無中生有，製造差異」的創意境界。也就是說，閱讀的極大化可以帶領學生跨越時空限制、穿梭古今，開拓人生視野、帶來希望。

不過，陽明大學教授洪蘭提出：一個人要「無中生有」非常困難，至少要有一點點的根據，才能捕風捉影，而這一點點的東西就是背景知識。（齊若蘭，2003）

背景知識好像存款，存款越多，想做的事越可能達成；背景知識越多，聯想越多，往往能激發新意，使讀者從想像和經驗中衍生豐富的意義。就像《侏儸紀公園》的麥可‧克萊頓（Michael Crichton），他畢業於哈佛大學醫學院，又在加州聖地牙哥的沙克研究所做過研究員，具備了豐富的生物科技背景，因此寫出來的小說具有真實性，生動而扣人心絃，吸引讀者，他的成功可以說是源於背景知識的豐富。

背景知識記載於讀物（閱讀材料）中，後人透過閱讀可以知天文識地理，可以博古通今，可以深刻認識不同時代、不同社會、不同國家的歷史演進、寶貴的人生經驗、民俗風情……等，可以說已進入另一個時間、空間、文化，精神上已跨越環境限制，穿梭於古

今。也就是說，閱讀的最高境界在於它與戲劇結合的創意中有可能讓學生產出「無中生有，製造差異」的效果。

閱讀教學與戲劇結合的呈現，如圖 4-1-3 所示：

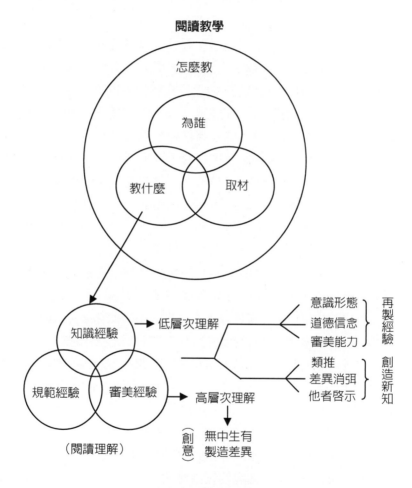

圖 4-1-3　閱讀教學概念圖（三）

　　「文本詮釋所得具備的條件」的回答設定，也有一個容易後設認知的對象可以考慮，就是「先備經驗和方法意識」。這是說如果沒有先備經驗和方法意識，那麼自覺性的文本詮釋是不可想像的。因此，先設定它，也就有方便再論述下去的好處。一般所說的先備經驗和方法意識，在哲學詮釋學那裡有「貼切」的說明。它以一個包含「前有」、「前見」和「前設」等層次範疇的前結構來具體化該先備經驗和方法意識。當中「前有」，指人不會生活在真空中，在他有自我意識或反省意識前，他已置身於他的世界，因此他不是從虛無開始了解和詮釋的，他的文化背景、傳統觀念、風俗習慣以及他所從屬的民族的心理結構等等都會影響和形成他的東西；「前見」，指在前有這一存在視域中包含了許多的可能性，究竟先詮釋那些可能性，怎樣去詮釋，必然要有一個特定的角度和觀點作為入手處；「前設」，指在詮釋某事物時，總是對它預先已有一個假設或觀念，然後才把它詮釋「作為」某物。（布雷契〔J.Bleicher〕，1999；帕瑪〔H.G.Gadamer〕，1992；張汝倫，1998）這經由海德格（M.Heidegger）和伽達瑪（H.G.Gadamer）等人開啟後（海德格，1993；伽達瑪，2007）幾乎已經成為一種「共識」了。縱是如此，它在「實質指稱」上，還是籠統了一點，不如把它如數切開，一為先備經驗，而當作「既有的或先行存在的意識形態、道德信念和審美能力等等」的總稱；一為方法意識，而當作「類推、差異消弭和他者啟示等等」的命名。它們可以順勢來分別的舉證限定。（周慶華，2009：49～50）

　　所謂意識型態，為一套思想體系或觀念體系。（賽爾維爾〔J.Servier〕，1989；麥克里蘭〔D.McLellan〕，1991；威肯特〔A.Vincent〕，1999）而它的較深層次，是一種具有統攝性的世界觀；正是這種世界觀塑造了文化的特色，也制約了文本詮釋的行為。（周慶華，2003：104～108）

　　所謂道德信念，為成就個體人格的行為尺度或規範的意志。(蕭全政主編，1999；黃建中，1990；黃慧英，1988) 它由世界觀繁衍而來 (周慶華，2007：182～188)，在某種程度上也會一併制約文本詮釋行為。

　　所謂審美能力，為體驗感發趣味的本事。(康德〔I.Kant〕，1986；克羅齊〔P.Croce〕，1987；丹托〔A.C.Danto〕，2008；姚一葦，1993；張法，2004) 它也由世界觀繁衍而來，在沒有例外的情況下幾乎全程比重的制約著文本詮釋的行為。至於類推、差異消弭和他者啟示等方法意識，則為「方法選擇」的問題，它在「全然」自覺的狀態下，以已知推得未知、透過各種途徑把差異消除於無形和接受他人或他靈的啟發而重新認知等策略來進行文本詮釋，可以稱為「後結構」。正是這後結構的「從中運作」，使得「發現新知」成為可能(相對的，先備經驗該一前結構的作用只能「再製經驗」)。(周慶華，2009：53)

　　以上的先備經驗和方法意識，彼此仍有「內在的關係」。也就是說，有先備經驗墊底，才能發展出方法意識；反過來，方法意識的發展成功，又會回過頭促進先備經驗的累增積厚，雙雙形成一種「辯證關係」。而這自然就可以畫一簡圖來表示這一文本詮釋所得具備的條件在「先備經驗和方法意識」上的設定狀況(這無妨稱為文本詮釋的基本條件)：

表 4-1-1　閱讀基礎的概念架構

```
低層次理解 ──→
                    先備經驗      意識型態  ┐
                    （前結構）    道德信念  ├ 再製經驗 ┐
閱讀                            審美能力  ┘          │
（文本                                              ├ 辯證關係
的詮釋）                                             │
                    方法意識      類推      ┐          │
高層次理解 ──→      （後結構）    差異消弭  ├ 發現新知 ┘
                                他者啟示  ┘
```

再製經驗／發現新知都是為了影響他人或支配他人
為逐行權力意志和寄寓文化理想

（資料來源：周慶華，2009：55）

　　所謂閱讀教學，就是閱讀指導。根據周一貫的定義：（一）閱讀教學是師生雙邊互動的活動；（二）閱讀教學是學生理解和運用語言文字的重要途徑；（三）閱讀教學是提高閱讀能力的主要載體；（四）閱讀教學是養成良好閱讀習慣的重要保證。（周一貫，2001：8～11）張惠如也指出「閱讀教學是情操陶冶的深化，提升寫作能力之鑰」、「閱讀教學是引導學生不斷充實精神生活，完善自我人格，提升人生境界的活動」、「閱讀教學是語文課程的文化實踐」。（張惠如，2007）

　　哲學解釋是關於理解的學說。在伽達瑪看來，理解不是主體對客體的一種認知活動，而是理解者與理解對象之間的一種「視野融合」。以此觀點來觀照閱讀教學，我們就會發現，閱讀教學實際上就是學生、教師、教科書編者、文本，在交流與溝通中，生成文本

意義與教學意義的過程，也是學生、教師、教科書編者、文本間多重對話、思想碰撞和心靈交流的動態過程。（曹明海，2007：147）

　　大陸學者金元浦的文學解釋理論，他認為閱讀教學是學生、文本、作者、教師、教科書及其編著者（或教材編著）之間多層、多向的對話交流關係，是一種多重視野融合。並強調在閱讀教學中，教師具有教師的主體性，他要求發揮其主觀能動作用；教科書具有教科書的主體性，它具有它內在的真理要求。在教師理解教科書的視野融合時，一個創新的意義將得以實現，於是一個具有誘惑力的世界在師生面前展開。（引自曹明海，2007：146）

　　由上述可知，閱讀教學是教師以自身的專業素養、知識能力、精神境界、價值觀念等，去理解、重組、改寫或在創造教科書，再依學生心理發展程度、閱讀認知能力、興趣、習慣、需求，給予閱讀方面適切的協助、引導、點發，進而提高理解、思考、問題解決能力的歷程，叫閱讀教學。（曹明海，2007：401～404）

　　在二十一世紀知識、資訊爆炸的時代，一個人擁有良好的語文能力是他能獨立自學的重要關鍵所在。因此，有鑑於語文對於整個國家社會的重要性，世界各國莫不致力於語文教育的提倡並強調「閱讀」的重要性。也就是說，讓閱讀教學要更有創意，需融入於戲劇教學裡，讓閱讀教學更有活力，從閱讀教學到閱讀戲劇化教學中理解到閱讀的全面性，開拓更寬廣的視野；也刺激到戲劇感官的發展，激起學生對戲劇的興趣，發揮的淋漓盡致、創意無限，製造戲劇上的「無中生有、製造差異」。

第二節　閱讀戲劇化教學的時機及其方向

　　喜歡閱讀的人都知道，看書是因為喜歡閱讀，不是因為看書對我們有好處；樂趣來自我們閱讀的方式和內容使我們思考和感受。靠著閱讀文學來體驗自己過去所不知或不熟悉的想法及經驗。而歸結閱讀的基本樂趣在於加入與他人溝通的行動，文學的樂趣就是對話的樂趣——讀者與文本之間的對談、讀者與其他讀者對於哪些文本的對談。（諾德曼〔P.Nodelman〕，2000：35～39）閱讀優秀文學作品是所有語文教育的重要基礎，更是人格培養與啟蒙最重要的過程；而讀者經由閱讀所獲得的，就不僅只有實用的目的或功能，還有文學所具有的迷人的魅力。也正因為它具有超越於具體實際的目的或功能，所以許多國家的語文教材中文學作品有相當的比例，更鼓勵多閱讀文學作品，因為注重文化的文明國家都重視文學作品的閱讀。（國立編譯館，2003：1）

　　閱讀既然有迷人的魅力存在，相對的，把這迷人的魅力融入在戲劇中，會使文學的呈現更具有臨場的刺激感官效應，也使文本的表達在肢體的表演上充滿著戲劇化、活潑化及樂趣存在，更能讓語文教學有著創新、創意再創新知。

　　然而，依據教育學家的看法，兒童時期（相當於國小就學階段）是遊戲的時期，兒童生活是遊戲的生活，閱讀兒童也僅是一種遊戲項目而已。遊戲的目的在求愉悅，遊戲的動機在於有趣味；能達成此目的的作品，才能使兒童感覺愉悅有興味，如此才能使兒童自動自發地去閱讀。（林守為，1988：11）也就是說，兒童的腦部活動力很強的時候，他們所思考的範圍較為廣闊，機動性相對的提高，

可以說在建構新的視野呈現，孩童的遊戲可以激發另一種戲劇的產生，能改善學生說寫的溝通能力，及語言外的表達能力。換句話說，語文戲劇的課程是活力的泉源，能幫助學生發展集中精神、解決問題以及同儕之間群體互助的演技觀摩。

根據中外心理學家調查研究中兒童所喜歡的讀物具有哪些特點：

（一）蓋茲（A.Gates）的研究

　　1、奇特：事前未料到的結果。2、動作：描寫或敘述活動的動機。3、動物以動物為故事的主題。4、詼諧：兒童認為可笑的。5、對話：文章中有對話。6、情節：曲折多變。

（二）鄧恩（Dunn）的研究

　　1、驚奇。2、文章中有動物。3、有對話。4、其中事物為兒童所能了解的。5、有詩意的。6、有動作的。7、富於想像的。

（三）葉可玉的研究

　　1、親切與熟悉的：指兒童身歷其境感到親切的事物，對熟悉人物的敘述。2、生動的：指富有情感的感人行為、有力的表現、具有真實的事實與動作的表現等等描述。3、動物的：指動物的行為動作、動物的特性、動物的生活故事，以及動物的擬人故事等等。4、驚異的：指一個故事，事先沒有料想到的變化或結局，使兒童感到驚奇。5、情節的：指內容奇特，曲折多變的。6、俠義的：指愛國志士、救國救民的偉人的生平事蹟與豐功偉業，以及英雄烈士的故事。7、對話式的：用談話方式敘述故事。8、幽默的：指兒童認為可笑的，讀後情不自禁地發自內心的愉快。（引自林守為，1988：11～13）

由上述學者的調查中發現，他們提出的共有的特點：驚奇性、滑稽性，就猶如我國文學作品中人們所熟悉的《西遊記》中的人物以及所呈現的肢體動作表現；很明顯的，我國傳統的文學作品中，

因為作品獨特而用在閱讀教學上的研究就不多見。正如陳正治所說的，在西方從是古代童話整理、改寫，較有成就的有貝洛爾、格林兄弟，他們所改寫的童話像貝洛爾的〈睡美人〉、〈小紅帽〉等，喬考柏斯的〈三隻小豬〉、〈傑克與巨人〉和格林兄弟的《格林童話》都是膾炙人口，風行世界的童話故事。（林文寶，1994：255）按照前述學者的說法，我國古代典籍中是蘊藏著豐富的童話材料，但因為缺乏提倡，也就缺少像貝洛爾、格林兄弟等整理古代童話事業的人，而使得我們原有豐富的童話材料埋沒，這是十分可惜的事。

閱讀教學在語文教學的選材方面也有所依據，這也可以放寬視野而有「制式的選材依據」、「非制式的選材依據」和「另類的選材依據」等幾種情況的考量設定。閱讀教學者所需要具備的廣博的語文經驗以及創新文化的洞見和實踐願力等條件，得部分表現在閱讀教學的教材選擇上。而教材的選擇，原可以有很大的彈性，但如果以目前的基層教育來說，那麼它就得以部頒的《國民中小學九年一貫課程綱要》為依據，是以滿足下列五大基本理念、十大課程目標、十大基本能力和七大議題等為充要條件：

（一）五大基本理念

　　1、人本情懷。

　　2、統整能力。

　　3、民主素養。

　　4、鄉土和國家意識。

　　5、終身學習。

（二）十大課程目標

　　（人與自己方面）

　　1、增進自我了解和發展個人潛能。

　　2、培養欣賞、表現審美及創作能力。

　　3、提升生涯規畫和終身學習能力。

（人與社會方面）

4、培養表達、溝通和分享的知能。

5、發展尊重他人、關懷社會和增進團隊合作。

6、促進文化學習和國際了解。

7、增進規畫、組織和實踐的知能。

（人與自然環境方面）

8、運用科技和資訊的能力。

9、激發主動探索和研究的精神。

10、培養獨立思考和解決問題的能力。

（三）十大基本能力

1、了解自我和發展潛能。

2、欣賞、表現和創新。

3、生涯規畫和終身學習。

4、表達、溝通和分享。

5、尊重、關懷和團隊合作。

6、文化學習和國際了解。

7、規畫、組織和實踐。

8、運用科技和資訊。

9、主動探索和研究。

10、獨立思考和解決問題。

（四）七大議題

1、資訊教育。

2、環境教育。

3、兩性教育。

4、人權教育。

5、生涯發展教育。

6、家政教育。

7、海洋教育

（教育部，2010）

　　另有各階段能力指標，也得參照。雖然那些能力指標都以「能怎麼樣」、「能怎麼樣」在作範限而夾帶濃重的「萬金油情結」（萬金油什麼痛都能擦、甚至吃也行；但教學豈能這樣短視近利而強求速效呢），但只要是制式的教材就不得不在那個框框「討活計」。至於非制式的選材，則可以不受部頒的課程綱要的限制，但它仍有符合典範或典律的約定要求。換句話說，非制式的選材是要進入一個更大的範圍，而這個範圍則有特定社群或歷史性的生活團體所公認的典籍為「指標性」的選擇對象。這種選材依據，明顯是為了晉身為該社群或歷史性的生活團體的一分子以及複製或加工該社群或歷史性的生活團體所形塑的文化。它跟帶有特定意識形態的制式的選材依據可以「合謀」，但終究得獨立開來才能顯現原先強調非制式的「自主性」。最後，另類的選材又比制式／非制式的選材更進一層，專門以創新文化和帶領風潮為考慮；以至它的依據就大不同於前二者。這種選材的依據，全受基進觀念的影響（傅大為，1991；1994）；一方面則鼓勵再創基進性的作品作為新教材。而這可以視為選材的最新蕲向或合該為最新趨勢。雖然如此，上述三類可以運用教材，它們彼此有些難以割捨的「交集」還是不能忽略（也就是三類教材在「相異」的以外仍然會有「相同」的部分）；而這就再有一個「分合運用」的觀念可以形塑：

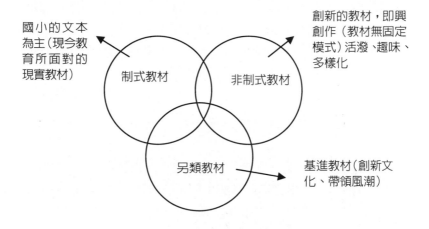

國小的文本為主（現今教育所面對的現實教材）

創新的教材，即興創作（教材無固定模式）活潑、趣味、多樣化

制式教材　　非制式教材

另類教材

基進教材（創新文化、帶領風潮）

圖 4-2-2　閱讀教學的選材依據

（資料來源：周慶華，2007：56）

　　「合」時，強調各自可以提煉出共有的創新性；「分」時，漸次擺脫「凡庸化」或「常熟化」的制式教材。後者，在現實上可以制式教材為主，非制式教材和另類教材為輔；而在理想上則以非制式教材奠基，另類教材領航。（周慶華，2007：53～56）

　　制式的教材是較為固定，以國小語文教材的文本為主要教學，學生要以戲劇的方式呈現較難轉化為想要表達的概念，如果要把制式化的教材文本生動化、活潑化，必須以非制式的教材隨機的表演創作，才能引導學生對語文戲劇產生興趣。而所謂的非制式教材就以平常的生活經驗為主要發揮，較能理解出學生所要表達的觀念，例如：一則新聞、笑話、漫畫、時事、片段的圖畫書及班上的些許趣聞……等，這都可以作隨機的即興創作。況且，即興的創作可以是分組進行較能有同儕之間演技的相互觀摩，非制式教材的即興表演精髓就是一種轉化。換句話說，在這即興表演當中就是一種創

新，而創新並不是重新排列組合，而是轉化，讓語文教材融入戲劇化能再製新知，擴大閱讀的效應並結合戲劇的發揮。

我們在國小閱讀教學課程中以非制式的教材為閱讀教材，並以戲劇化的方式進行教學，將可達成下列的效果：

（一）對非制式的文本有感情（文學作品）

了解是欣賞的預備，欣賞是了解的成熟。也就是說，了解和欣賞是相互補充的。（朱光潛，1983：54）當我們對原有的文學有充分的認識、了解，我們才能加以詮釋並更深一層的欣賞。文學作品的美，異於其他藝術品，具有形式和意義。審美的機趣是滿足人的情緒的安撫、抒解、激勵。構設高明的文學作品，特別容易顯現這種審美效果：從中獲取純粹的感情品質；就是所謂的「化境」或者美感的經驗、美的感情或價值感情。（王夢鷗，1976：249～251）所以從閱讀非制式作品的文學中可以讓閱讀者得到這種審美心理的認同，進而對文學產生感情。

（二）檢討閱讀教材

現行國小語文教材須以教育部頒布的《國民中小學九年一貫課程綱要》為依據，並要能滿足五大基本理念、十大課程目標和十大基本能力和七大議題為主要條件。在那樣的條件限制下所選出的制式教材顯得什麼都可以，但缺乏自己的主題性，不夠活潑、靈活，無法展現學生在戲劇的整體演技而有些許的約束和拘謹；對照現行的語文閱讀教材，非制式的教材就具有較高的自主性，可彌補制式教材「學究型單向灌輸」（何三本，1997：411）的缺點而強化語文教學效果。

（三）可以當作典範

　　有些非制式的教材有待我們去探討及運用，然而選擇以非制式的教材為補充教材並透過戲劇化的方式獲得學生的認同後，可以回饋給教材編審機制重新檢討制式的語文閱讀教材的內容和方向。再者這個方法獲得成功認可後，更可作為輔導教材的典範。

　　雖然優良的作品能透過戲劇化的演出達到很好的效果，但也有些許的外在因素無法以戲劇的成效而呈現在現今的社會上，那是因為制式的語文教材而有所牽絆。但戲劇化在每間教室教學的效果並不一樣，只有透過閱讀教學的推廣，才有普遍效應。當非制式的教材作為制式教材的輔助時，能達到增加學生的閱讀樂趣、強化學生閱讀理解的目標後，倘若能全面來做就能擴大它的範圍。

　　既然教材有這方面的不同和選擇，相對的在閱讀的選材方面就有不同的文體類型：

　　1、抒情類

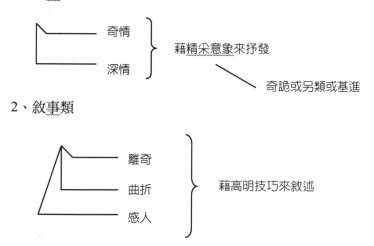

　　2、敘事類

3、說理類

```
          ┌─── 高度可信
          │                    ┐
          │                    ├── 藉綿密邏輯來說
          └─── 深具啓發性        ┘
```

　　抒情／敘事／說理的差別例：如同樣再表達一個「無力抗拒強權凌駕的悲哀」這樣的感懷，我們可以構設「懦弱的人在面對別人的欺壓時，不是沒有能耐反彈而甘願受辱，就是別為尋求補償以便得到心理的平衡」這類在相當程度直接表露「看法」的哲學語言，也可以構設像魯迅《阿Q正傳》裡的主角阿Q「在形式上打敗了，被人揪住黃辮子，在壁上碰了四五個響頭，閒人這才心滿意足的得勝的走了。阿Q站了一刻，心裡想：『我總算被兒子打了，現在世界真不像樣……』於是也心滿意足的得勝的走了」那樣蘊涵「在精神上求取勝利」的敘事性文學語言或構設像夏宇〈甜蜜的復仇〉「把你的影子加點鹽／醃起來／風乾／／老的時候／下酒」那樣蘊涵「在精神上完成報仇」的抒情性的文學語言（二者都是人間的悲劇）。（周慶華，2004c，p：96）

　　在這選材比較差別的例子中，可以很明確的了解，國小語文閱讀選材的文體以敘事性的較為合適。也就是說，學生較能發揮戲劇的演技技巧，也很清楚了解文本的敘事涵意而融入於戲劇的展演，呈現出不同的學習效果。例如：〈小紅帽〉的故事是學生耳熟能詳的敘事性故事，為了讓故事具有創意，我就嘗試讓學生改編故事後，如何詮釋小紅帽戰勝大野狼這一幕，小組即興創作表演十分鐘，果然出乎意料的特別，男同學演小紅帽真的別有一番滋味，很有喜感、有趣。女同學演大野狼也具有母老虎的架勢，因為女生通常比男生兇，因此演起大野狼較能發揮演技。他們甚至把電玩人物加入於小紅帽的劇情，讓故事的主角不是只有小紅帽和大野狼（原

則上這兩位是主角），配角的呈現可以輔助故事的衍展性，更具有技巧性的演技考驗，讓非制式的敘事性的故事能以戲劇效果呈現，也讓學生享受演戲的成就感，衍生出另類有趣的小紅帽故事。

今日要使臺灣的兒童語文能力提升，就要透過不斷閱讀，唯有閱讀才能產生對話，有了對話才能有所激盪、才能產生火花；學生在對話中才能了解自己的不足而設法將它補足。在制式的教材當中必須補足這方面的欠缺，可用戲劇化的方式補足原先短少的部分，再者由於戲劇化的表演必須透過肢體、動作和語言的表達方式，利用這種方式延伸出去可使原本語意不明顯的地方再行擴充；學生在閱讀文本後再藉由這樣戲劇化活潑生動演故事的方式，便可擴充文本的經驗。

既然非制式的教材能輔助制式教材的不足空白之處，那應該以何種時機如何運用制式的文本教材帶入布偶劇和舞臺劇？舞臺劇就是演故事。演故事在劇場化的過程中，是「表演」而不是「口述」。「美國人本教育學家布朗曾說：『缺乏感性的教學活動，不會產生知性的學習；缺乏心智活動的教學，也不可能激起學生的感情。』」（林秀兒，2008：80）我個人因此以研究翰林版五上國語課本第三課〈放生的故事〉為例來融入在舞臺劇化和布偶劇化中的具體作法。舞臺劇化是為了讓學生在這樣教學活動中「透過和作品的互動，理解了作品，體驗了作品，才會建構出自己對作品的詮釋。而且有了自己對作品的整體理解、感動和想像，才會讓書本有活力起來，讓閱讀文學充滿趣味。」（同上，33）有所感動，提高學習興趣而使學習有效果。

當以舞臺劇的型式來詮釋演出〈放生的故事〉時，要先作好課程設計，設定教學目標，可以利用四節課的時間實施教學活動，以教室進行整個教學活動演出的場所，設計一系列教學活動並編寫教學流程。在實際教學前必須替學生做前測（每人一張原文〈放生的

故事〉），了解他們對〈放生的故事〉的閱讀理解程度和舞臺劇的表演型式，作為教學的參考依據；在進行教學時，由教學者帶著學生所製作的布偶站上講臺，以舞動布偶模仿著〈放生的故事〉中老人和客人之間對話的語調、聲音：邯鄲之民以正月之旦獻鳩於簡子，簡子大悅，厚賞之。客問其故。簡子曰：「正月放生，示有恩也。」客曰：「民知君之欲放之，故競而捕之，死者眾矣；君如欲生之，不若禁民勿捕。捕而放之，恩過不相補矣。」簡子曰：「然。」（《列子‧說符篇》）隨後在電子白板上放映有關這篇原文的電子書教學動畫，引起他們的好奇心想進一步探究的動機，進而引發他們對〈放生的故事〉深入閱讀的興趣。因為學生閱讀〈放生的故事〉的學習動機已在這個戲劇演出中開啟了，所以接下來的概覽課文他們很快的就能進入狀況。

　　雖然〈放生的故事〉白話語譯本對現代人而言以比原文容易閱讀，但對高年級的學生仍然有許多不明白的地方，所以請每位學生就〈放生的故事〉的讀本提出一個不懂的語詞來進行討論、解說。由於「詞」是最有意義的、最小單位符號，在講解字義時，從詞入手較容易了解字義。（羅秋昭，1999：116）可見在語詞教學的這個部分要掌握由詞入字的原則，教有意義的文字，學生才容易吸收了解和應用。因為研討生字新詞最終的目的還是在應用，能應用所學的字詞到生活中。（何三本，1997：438）為了要使學生能夠留下深刻的印象和體認，使他們能說會用，可採用角色扮演、默劇等戲劇表演的方法來作具象化、立體化的說明和解釋。（同上，438～439）經由這樣具象化立體化生動活潑有趣的解說，可使學生避開死記、重複抄寫枯燥無味的學習活動，學生必然留下深刻記憶。

　　「閱讀教學的過程是：透過文字→認識文章內容→從內容去揣摩作者的思想和旨意。認識文章外在的形式，只是讀書的手段，了解課文內在的精神，才是讀書的目的。所以語文教學不但在學會文

字的運用，同時學習文章中的知識和精神、觀念。內容深究就是加強這方面的學習」（羅秋昭，1999：131）所以在語詞教學完後便進行到最重要的部分文章深究。先由學生針對〈放生的故事〉裡提出問題討論，針對學生的問題，倘若有不完整的回答讓教師加以補充說明。再由教師提出預設的問題，以提問和討論的方式，讓學生以這文本進行深究。例如：「獵人為什麼要拜見趙簡子和夫人？」「獵人為什麼說：『恭敬不如從命』？」「王老爹為什麼說趙簡子的愛心會害死更多的鳩鳥？」等等。讓學生對〈放生的故事〉的內容產生反應進而掌握故事情節裡所要傳達的意涵。提出問題的方法有很多種，但為了培養學生思維的能力，不合問學生只能回答「是不是」、「好不好」、「對不對」等封閉性的問題。我進一步必須在〈放生的故事〉裡找出情節的空白、矛盾或者有疑點的地方，擴大學生學習的範圍，探索〈放生的故事〉以外的知識：文本的詮釋，突破知識記憶的水準，提升到認知和思考較高的層次，讓學生去討論、思考。例如：「上天都有『好生之德』，『好生之德』是什麼意思？」「保護動物的好方法有哪些？」「為什麼王老爹要說：『放生之事值得三思』？」等等。由學生討論，請學生回答，倘若沒有回答出完整的答案，則由教師加以補充。有關情意擴展的部分，可以由淺顯的地方著手，例如：「你是否有保護動物的經驗？」「你是否有養過寵物？如何尊重生命？愛護動物？」等等。

　　當學生透過這樣深刻的內容討論，並充分發表自己的經驗和想法後，就以舞臺劇和布偶劇的型式讓學生把〈放生的故事〉表演出來，就是要學生能從中體會與感受。因為這文本經過改編，所以不妨就以〈小紅帽〉的故事來當輔助的教材改編一番，讓學生在角色的扮演裡，創造性的即興演出，享受舞臺劇和布偶劇的教學，增進全班學生的合作精神。至於要如何把這文本教材運用到布偶劇與舞臺劇的教學方法，會再下一節詳述說明。

　　我們所知的經典作品（例如：格林童話的作品）豐富多元，語言精緻、內容有深度、有趣味。因此，閱讀非制式的文本不僅可以開拓閱讀者的視野，更會帶給讀者不同的激盪與啟發。有價值的是必須加以延伸才會有意義。例如；我所教班級所演的〈小紅帽〉，經過改編一度詮釋讓學生容易閱讀發揮創意，但因在詮釋過程中會使原本〈小紅帽〉的意義減少，我們就需要再以戲劇化二度詮釋的方式，補足原本欠缺短少的部分和擴充它不明顯的地方。這樣才能讓學生深刻感受、體驗到文學作品不同凡響的地方。（詳見第三章第二節所述的創作比擬工廠的二度轉換論點）

　　戲劇化的教學方式，是要學生以演戲的方式來表達，因為這種方式提供生動、有趣的學習情境讓學生印象深刻。這種活潑、靈活的教學方式能使學生產生自發性參與學習的動力因而提高學習意願，對學生而言能使學習產生效果。根據溫妮弗列德‧瓦德的說法，採用戲劇方法應用在教學上的理由就在於：「『趣味』，就是為了它有趣！在教室的課堂裡，有比戲劇更有趣的嗎？」（張曉華，2007：56）也就是說，教材戲劇化的目的，在於提供趣味性的學習過程，讓學生感到有興趣而使教學產生效果。演戲先要有劇本才有演出的依據，在編寫劇本時第一個要點要有主題，主題是一齣戲的理念、觀點、整體的概念與動作的意義，有了主題，故事情節或人物便可依此發展或表達出來。如將所改編的〈小紅帽〉戲劇化，並非是複述裡面的情節，因為複述只是再製經驗，只有消弭差異才能創造新知。為了創造新知，以〈小紅帽〉故事為藍本在情節空白處或情節不足的地方加以改編。改編後的劇本就要加以排練，所謂「工欲善其事，必先利其器」，學生為演出劇中的人物，必須熟練地使用媒介物，而表演者的媒介物就是他的聲音、姿態、表情和動作。所以必須「熟練身體的動作，清晰語音的表達，融入感覺與認知等技能才能有好的表演。」（同上，68）

　　戲劇可以反映人生的各種情況，戲劇化的教學就是在快樂的學習情境中，學生在沒有表演的壓力下有學習的意願和興趣並學會面對人生中種種問題與情境。

　　也就是說，〈小紅帽〉的故事意涵可擴大閱讀的經驗，可以增加閱讀理解；而為了演出，學生必須深入了解改編後的臺詞，研究對話練習以清晰明確的語音來對話，讓學生有深刻的印象，無形中就會增加學生的語言表達能力。舊經驗越多越能創造新知，但對現實人生來說，不是每一種經驗都有機會或必須去親身體驗的，為減少經驗的不足，利用戲劇演出方式是增加替代經驗的方法，包括：釐清、投射、情緒的宣洩和洞察力等。就如〈小紅帽〉的故事來說，可以以「我」來看待，檢視自己的舊日經驗。在閱讀的世界裡，讀者可以自由創造出介於內在和外在的世界之間的想像空間。在那想像世界裡，讀者就是主角，可以把想法加進去，讓它醞釀醱酵，因此兒童就不必實際經驗所有的人生。但是從閱讀再到戲劇化演出中，學生可以捕捉到小紅帽在面臨恐懼、害怕、孤獨的感覺，進而了解自己強化所得到的某些人生體悟。學生在參與表演當中針對劇本、情節、人物可以表達自己的想法和意見，增進思考判斷能力；為了演出就需依照情節加以模仿、探索各種表情和動作，必須自己創造，再加上〈小紅帽〉在改編的過程中，小紅帽戰勝大野狼的過程中有許多虛幻的情節讓學生富有馳騁於幻想世界的體驗，在無形中造就學生無限的想像力。角色扮演中，學生在求知欲和好奇心的驅使下會學著找尋相關資料，也學會嘗試解決困難問題的方式，這就可以增進學生解決問題的能力。而這種能力就是樋口裕一所說的：「真正的閱讀，絕不是汲取零零碎碎的資訊，而是完整的吸收『知識的全貌』。」（樋口裕一，2006：39）在戲劇表演活動中，學生體驗到色彩、聲音、姿態、動作表情的美感。最後在輕鬆、快樂、

有趣的氣氛薰陶下參與藝術演出，同學間相互欣賞並對他人的表演提出自己的見解，提高了審美的能力。

　　「閱讀的世界應該不是平面的二度空間，而是立體的三度空間。」（錢伯斯〔A.Chamber〕，2001：25）也就是說，我們要用戲劇化的方式才能打破平面的閱讀視野而是閱讀的範圍擴大，更具有巨觀的視野。前章第一節中所述，非制式的教材的文本具有相當的魅力可以引發學生閱讀的興趣，當學生有了興趣後，以戲劇化的方式可作進一步的探討。傳統制式的討論活動是由教師事先計畫好提問的問題，由學生回答，再由教師去評鑑，這種一問一答封閉式的討論方式無法讓學生深入思考分享個人觀感。在戲劇化演出中小組同學間就必須不斷的討論、對話。這種討論和對話是一種較開放性的學習活動，可以增加學生思考和觀察能力的機會。為了演出小組同學們就必須相互討論釐清故事發展的先後次序、角色分配、故事主角的詮釋。由於閱讀者對故事有不同的感受和體認，就會有不同的詮釋方向等。學生也能在討論演出過程中以學到的知識去和同學討論，學到「用新知換取新知，這就是正確活用知識的方法。」（樋口裕一，2006：59）當學生對經典的文學作品充滿閱讀興趣後，利用戲劇化生動活潑的演出方式，學生有主動參與的機會，就可以拉近學生與閱讀的距離，更可增加學生多方閱讀理解的能力。

第三節　布偶劇與舞臺劇的運用教學

　　戲劇活動要運用在教學上，必須了解戲劇活動課程最主要的目的不是展演，而是整個實施的過程，是利用戲劇形式刺激學生當下的反應，觀眾就是在上課時其他同學的回應，這一部分在教學上絕

對不可忽略，觀眾的回應是表演教學最實際的學習回饋。在場地方面，雖然戲劇的定義強調是在舞臺上，不過在教學活動中，只要是一個可以表演的空間，都可以視為舞臺。因為戲劇課程大都在班級教室或表演教室實施，不必刻意強調舞臺，而是充分運用每一個空間。如果教學需要在操場，那操場就是戲劇活動的舞臺。教學引導者在空間處理方面必須把握的原則是安全，與能夠刺激思考的情境。（廖順約，2006：48～49）既然是戲劇的運用教學，就必須考慮到戲劇在舞臺上所呈現的效果而達到教學的目標，也讓戲劇豐富了學生的心靈。

　　劇場的演出是整體的表現。導演、演員、舞臺、服裝、燈光、音樂等缺一不可。在舞臺的設計：導演和演員所運用的舞臺環境，必須依賴舞臺設計來呈現。舞臺設計最主要的目的是把劇本的情調、氣氛、主題、風格、年代、地點和社會經濟背景，以視覺的方式表達出來。最主要的目的是幫助了解戲劇中時代背景和地點，並表達藝術的特質。（廖順約，2006：53）如我所教班級所呈現的〈放生的故事〉是在教室表演，因此舞臺就以講臺為主要的焦點。在服裝設計方面：舞臺設計是關注在舞臺的環境，服裝設計的目的和舞臺設計相同，也是為了幫助觀眾了解劇中的時代意義、解釋劇本和表達藝術特質。在視覺呈現上，服裝和舞臺設計的配合，更能表達戲劇的風格。（廖順約，2006：53）〈放生的故事〉是古代的作品，或許在服裝的設計會有很多的不便。其實，學生的創意是不容小覷的，他們利用洗澡的圍巾當袍，整體的呈現就很有樣子。在燈光設計方面：燈光設計在舞臺上最容易看到，卻最不容易發覺，因為沒有燈光舞臺將一片黑暗，但燈光沒有實體不佔舞臺空間，所以最不容發現。它的功能也是協助觀眾理解，表達劇本價值。目前專業舞臺在戲劇氛圍的創造上，燈光因素佔相當重要的位置。（廖順約，2006：54）如果是在教室的燈光呈現，可以在書局買有顏色的亮光

紙,具有透光作用,黏貼在燈管下,就別有一番感覺,不會花費很多的成本,一舉兩得非常具有燈光效果。

　　就以如何進行編劇的創作性戲劇活動於舞臺劇和布偶劇中,在前面(第二節)教師已和學生就〈放生的故事〉的內容深入討論過,接下來針對在閱讀教學中如何應用於布偶劇和舞臺劇來說明應用教學範圍,如圖示 4-3-1:

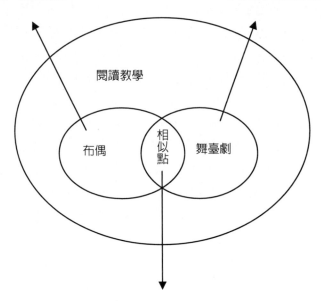

引起學生的學生動機,可掌控布偶在肢體的展演呈現,創意無限。

發揮肢體空間最大,表情、肢體、語調的呈現具有魅力的衍展性。

閱讀教學

布偶

相似點

舞臺劇

在聽、說、讀、寫、作創意、理解空間最大

圖 4-3-1　布偶劇和舞臺劇在閱讀教學的運用範圍

　　先就舞臺劇來說，說指導學生分六小組計畫討論以即興創作方式直接表演。表演一個場景之後，再撰寫其對話與動作內容。在「一般劇本中有劇名、幕（場）、時間、佈景（地點）、人物對話及情況敘述等項目。」（張曉華，2007：355）劇本的上面還要註記動作要點的敘述，這包括在表演時演出者「說話的方式、語氣、表情、姿態、動作、小道具之應用以及其他角色相對應的配合動作或反應等要項。」（同上，412）如〈放生的故事〉中開場時趙簡子是直接坐著或者是走動想事情？在什麼時間接詞、問話？趙簡子和老百姓對話的臉部表情，要如何適切的呈現。些許的肢體動作要如何表現？是否使用哪些道具（小道具的安排與使用可讓演員的表演更切合環境、人物特質、情況等需要，並且還有象徵與強調的作用）？（同上，413）除了主要角色在說話時有肢體動作和臉部表情的表演，同時間在舞臺上其他的演員也要作適切的反應。關於音樂和音效的使用時機、音量大小都能增加戲劇演出的張力。這些都要註記在臺詞旁以利演出。

　　「演故事終究是要在舞臺上實踐的；它的所有組成的成分以及該成分的性質，都得接受舞臺和觀眾的考驗，於是而有結構的問題。這種結構，無非是要達到最高的戲劇效果；而這可能因不同的考慮而有不同的結構方式。」（周慶華，2007：70）關於「舞臺的型式與表演區位的特性是依觀眾與表演區的關係所形成的，大致可歸納為四類：其型式為觀眾從一個方向觀賞的鏡框式舞臺；觀眾設於三個方向的伸展舞臺；觀眾席環繞在舞臺四週的環形劇場即視情境調整與舞臺關係的彈性舞臺，如工型舞臺或 L 型舞臺。」（張曉華，2007：407）因此，如我所教班級以講臺（講臺和地板有層次感，也較能顯示舞臺的感覺）當舞臺來表演，當學生走上舞臺，所有目光都會聚集在表演者的身上，這就是展示學生膽識和表演才華的機會。正如徐守濤所說的：「戲劇是最自然的語言和膽識訓練，站在臺上說話，不是每個人都能應付裕如的，但在戲劇教育中，演

出者必須站出來，在眾人面前表演、說話，無形中，它就是一種訓練，一種機會，讓兒童走上舞臺。在舞臺上，說話需要膽量、智慧，更需要條理、技巧。」（引自何三本，1997：133）

當學生在進行舞臺劇演出分組時，我讓每組成員的男女人數須平均分配好，避免造成男女分組的情況產生。也讓每組成員參與演出的機會均等。至於製作有關舞臺劇時所需要的物品，如剪刀、紙張、顏料……等等，都儘量提供學生使用。關於趙簡子、趙夫人、婢女、老百姓、鳩鳥……要如何做造形，都由學生自己動手設計。以正面支持的話語鼓勵學生創作。「任何戲劇，必須都是人生或歷史事件的濃縮。」（同上，400）再加上學生上課時間有限，演出的時間必須縮短，限定每組演出時間是十分鐘。所以要把〈放生的故事〉故事的精華加以濃縮擇要演出（較有戲劇效果的衍生），才能在規定的時間內完成。透過我們這樣舞臺劇的演出方式，可使學生體會學習從〈放生的故事〉單一文本進行「二度的轉換」的過程。

當學生在舞臺上演出時，其他同學必須在臺下安靜觀看。在欣賞完各組同學演出之後，請學生填寫〈放生的故事〉舞臺劇學習單，針對同學的表演提出肯定正向的心得分享。並請同學發表〈放生的故事〉舞臺劇化演出的心得和想法。最後，由教師進行結論。「結論是創作性戲劇活動的最後部分，是對戲劇活動過程作回憶、分享、回饋與意見的綜合，讓參與者能對整個活動有綜合性的認知、理解和肯定……原則上，在作結論的時候，是不需要再作延伸性的討論，教師或領導者只要適時作簡短的回應就可以了。」（張曉華，2008：85～86）對於學生在舞臺劇整個活動中，教師都以正面肯定的話語和態度來回應鼓勵學生的表演。至於缺點的部分，教師不宜用批評性的用語來評論個人的好與壞，應以團體的表現為目標，進而以如何做會做得更好的具體可行建議提供給學生參考。學生在這

樣溫馨、肯定的氣氛中，對於整個舞臺劇的活動形式將充滿愉悅的學習心情，進而期待下一次演出的機會。

再以布偶劇來說，現代偶戲在臺灣發展已經二十多年，教育部近年舉辦的創意偶戲大賽，包含棒偶（執頭偶、撐竿偶、杖頭偶）、光影戲（光影偶及投影機所運用的光影面具）、物品劇場以及懸絲偶等。偶戲的表現形式，也從早期的手套布偶發展到今日各類型的多元化偶。教育部近年舉辦的全國學生創意偶戲大賽也帶動了偶戲的風潮，各縣市教育處也將偶戲製作、演出列為研習之一。在目前國中小的藝術與人文課程當中，也舉辦針對教師、故事媽媽、說故事老師及對偶有興趣的偶戲研習進修的課程，課程中著重的是各種戲偶的演出形式介紹、製作、操作及演出呈現，讓教師能夠透過實作及實際操作後學習到偶戲的製作及演出過程，進而再將此精神運用於教學當中，讓偶戲運用在教學上更多元、活潑而達到寓教於樂效果。臺灣現代偶戲發展目前正值一片燦爛光景。

偶戲要好看，除了製作精美的偶戲人物之外，偶的操作技巧非常重要。將偶當作為演出的「主體」來看待，也就是依據偶在文本中人物特質而去塑造它的造型、特性等製作一個獨一無二的人物，進而嘗試不同的操作方式與思考角度。偶的造型及姿態所代表的意義以及偶與偶之間的互動及關聯性等，都是我們所要學習的。偶的種類很多，有棒偶、手指偶、布偶、紙偶、布袋戲偶等，父母或老師在說故事時，如果能配合故事內容，製作偶的道具，透過布偶的對話，作為說故事的輔助道具，可以使故事的講述更為生動有趣，成為更吸引孩子或成人注意力的有利武器。通常小朋友對於一個操控的人物「偶」出現在面前時，會十分的驚奇，又因為「偶」是故事中的人物，講述時，「偶」就出現在小朋友的面前，既有聲音又不停的在眼前轉動。這時的「偶」如故事書人物跳出了圖畫書一般，立體鮮活的呈現在孩子眼前。（何三本，1997：302-303）那種捕捉

不到，控制不得的人物，變成這般神氣活現可觸摸到、可掌控得到的是一種興奮的感受。

學校中常用的偶戲又稱為傀儡表演的戲，是人在後面操縱。這些傀儡戲也可分為由成人操縱和兒童操縱兩種。在學校中我們通常以學校經費能負擔的起、及學生能接受的偶為主，來讓學生操作、學習。各種傀儡戲可分為：（一）木偶戲：這是一種大型木偶，高達兩尺，由成人在後臺上牽動拉線，讓木偶在前臺表演。（二）布袋戲：是中國式的布偶，又名掌中戲，利用手上的三隻手指操縱，隨著故事的情節內容由操縱者說出對話，演出故事。（三）布偶：是目前流行於各幼稚園中的絨布偶，造型活潑而多樣化，色彩鮮明，深受兒童喜愛。（四）皮影戲：皮影戲是流行於中國民間的一種地方戲，在臺灣南部較流行。（五）紙影戲：製作與皮影戲相同，目前流行於國小的一種偶戲，因為成本較低、容易組裝深受兒童喜愛。（六）手偶：是利用雙手表演的偶戲，演出者在白手套上繪出各種造型的玩偶，然後利用雙手，配合故事，敘述演出。（七）手影：用手掌、手指在燈光前，以投影方式在牆上設計出不同的動物或人的形象，以娛樂兒童的遊戲。（徐守濤，1996：402-403）在此敘述有關偶戲的介定，因個人是用於語文教學的教室場所，因此以布偶戲較能在學生發揮戲劇效應。

布偶劇和舞臺劇為何應用於閱讀教學上，是因為布偶劇和舞臺劇在創意的空間最大，也就是說在創意的理解上，思考與理解的創意空間最大，可以發揮較具創意的想像空間，也能製造在單一文本上差異性的展演。換句話說，布偶劇和舞臺劇的演出在聽、說、讀、寫、作中閱讀的創意理解空間是最大的。

九年一貫教育改革，將課程劃分為七大學習領域，並將表演藝術納入「藝術與人文」的領域中（教育部，1998），至此戲劇教育正式進入中小學的殿堂。藝術與人文的戲劇教育並非是專業人才教

育課程的設計，而是學校一般通識課程，其課程教學設計與教材發展都是運用戲劇的特質作為教學媒介。戲劇不僅是個科目，也是一種學習方法與學習的工作。透過說話、動作等日常生活中自我表現活動的應用，此戲劇不以一般所謂的「演戲文化」為出發點，而是從為了培養學生語言、肢體、創意等能力，讓學科間互相聯繫，也讓學生的學習更加的完善。

在語文教學中的閱讀教學領域裡，可以很明確的了解在布偶劇和舞臺劇的演出必須要有其方法，無論哪一種方法，戲劇都可以巧妙的與語文教學結合在一起，透過適當的教學活動設計，讓學生有機會以戲劇活動的方式運用文字語言來進行創作，學生便在過程中建構了語文的知識。

在語文教學方法具體的範圍中，可以圖式來表示：

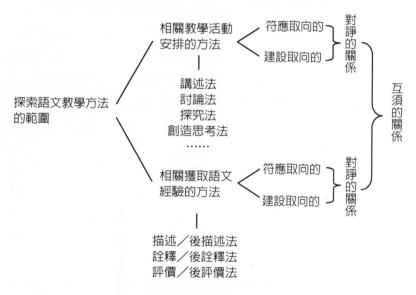

圖 4-3-2　探索語文教學方法的範圍

（資料來源：周慶華，2007：44）

在閱讀教學活動中，如要以方法來討論布偶劇和舞臺劇，因為是在教室討論，所以以討論法較為合適。在討論法部分，它是一種由團體成員共同參與的活動，著重在雙向或多向的互動學習。這種互動學習，基本上以小組討論為主；而小組討論大約有下列六種類型：（一）腦力激盪法：目的在激發學習者創造力。小組設一主持人主持問題討論，綜合成員意見（但不加以評論）至另一活動時段中加以討論。（二）菲立普 66：這是由美國麻西根州立大學教授菲力普（J.D.phillips）所提倡的方法。成員恰好六個人；小組形成後在一分鐘內選出主持人和助理，然後由教學者在一分鐘內指示所要討論的問題（學習者不必事前準備），而學習者針對所要討論的問題在六分鐘內獲得一致的解決策略。（三）導生討論小組：用在有學習困難的學習者的補救教學裡。教學者必須挑選足夠勝任的學習者來擔任導生的角色。（四）任務小組：最簡單的小團體討論形態。團體內的每個成員都被教學者指定去共同參與任務。（五）角色扮演：屬於過程取向的小組教學技巧。由教學者告知劇情，而學習者討論扮演角色。（六）討論會：使用在可以從不同角度去討論的主題或問題。參與討論會的人數約二～三人，而出席討論會的可以是有所學習者（黃政傑主編，1999：53～54；黃光雄主編，2000：270～291；林寶山，2000：118～131）

教學媒體，隨處可見。二十一世紀來臨，我們的世紀被稱為是一個媒體與科技的時代。作為資訊和娛樂的重要傳輸管道，大眾傳播可以說日日夜夜都圍繞著我們。科技，特別是數位的傳播，充塞了我們的工作和遊戲的世界。媒體與科技不只改變了我們的作息和休閒世界，也改變了教育的世界。在學校和學校之外的生活中兒童和成人都因為透過媒體與科技的學習而受惠。例如推銷員將公司的產品製成錄音帶，以便在開車路程中，反覆聽讀以了解產品的特色；學生利用閃式卡練習乘法的知能（一面是算式一面是答案，當

操作越快時代表答題者越熟練了）；一位學生正在拍攝原住民的紀錄片……這都是媒體上的運用，是不是和我們的生活都相當的貼近？而又該如何運用多媒體來提升我們的閱讀教學？以下便是我要討論的。

　　閱讀教學中一般說的兒童讀物，是指書籍、雜誌與報紙。（張清榮，1991：39）兒童讀物是幫助兒童心智正面成長的優良讀物，不只是文字出版品，還包括聲音、影像、圖畫等出版媒體。林武憲（1993：73）認為兒童讀物隨著時代不斷地進步，其包含的範圍也越來越廣，而將兒童讀物歸納成報紙、雜誌、圖書、有聲讀物、卡片讀物、電影、錄影帶等六大類。對於「兒童讀物」一詞的解釋，廣義的說法是指凡適合兒童閱讀的、欣賞的、參考的或應用的書報、雜誌，甚至幻燈片、電影片、電視劇、電子書都是；而狹義的是僅供兒童課外閱讀的書報與雜誌。（林文寶等，1996：9）從以上的分類來看，有聲讀物、電影、錄影帶、幻燈片及電子書等都已跳脫傳統兒童讀物的樣式，而與現代傳播媒介相結合，因此教師對閱讀的指導也從紙本延伸至資訊科技。教學媒體與學習科技可成為學生在學習過程中相當有效的工具。教師可取的媒體形式急遽增加，品質也大幅提升。身為教師的我們，必須準備為學生挑選最佳的學習工具，使學生處於多元的環境中，追求不同的學習目標。但是教師資訊素養並非人人都能對此科技產物駕輕就熟，或是學校資訊設備不足等各因素。導致在閱讀教學方面，往往落入以往陳舊的教學模式，使閱讀教學的方法仍不脫規定的學習單、撰寫心得等讓孩子望之卻步的方法，弄得學生叫苦連天，老師也怨聲載道。這到底是哪裡出了問題？無疑的，閱讀教學的方式需要我們再次深入探討。

　　學習是人類能創造文明的最大原因，先民將口耳相傳的真人講述方式，不斷地改良，進步為文字記載的簡冊、包含插圖的教

科書，再到錄影、音帶的視聽媒體，以及近年來綜合文字、圖形、語音、視訊的電腦多媒體；在教學的活動上，也由親子相傳，到私人的聚眾講學，再進化為有系統的學校教育。歷經幾千年的傳承、中西觀念的交流及無數學者的規畫、研究，今日我們終能享有優良的學習環境、有分工教學的教師、還有形形色色的教學器具，以輔助我們教育的進行，達到有效傳播知識的目的。（楊家興，2000：3）因此，知識的取得並不是只是書籍的流傳而已，更最要的是書籍與學習者之間的催化劑，為師者便是這當中的催化劑；而催化劑使用的強、中、弱（所選定的媒材）就得看老師選用何種方式讓學習者了解。古人說「知己知彼，百戰百勝」，所以教師要教學時應事前了解學生的起始行為、了解學生所感興趣的教材形式，對症下藥學生必能收穫良多。知識的傳輸對學習者記憶保存遺忘的快慢，依次是符號、聲音、動畫、電視、展示、參觀、現場演示、戲劇經驗、構思經驗，最後是直接或刻意的經驗，可見教學媒介的重要性。視聽教育的應用在第二次世界大戰中已非常普遍，戰後到七○年代更是視聽教育研究的黃金時期。這些研究的重點是比較使用多種知覺來進行「多管道學習（multiple channel learning）」是否較一種知覺的「單管道學習」來得有效；研究顯示利用人類不同知覺管道來學習，會分別產生不同的編碼符號，保存在不同的記憶區中，使學習的內容能更容易記憶，也保存得更長久。此外，使用多種視聽媒體來呈現知識，還可以維持學習者的興趣，對學習的效果有加分的作用。（楊家興，2000：16）在跳脫文字符號的學習之外，其他的可替代學習方式都需要教學者再次學習其他可結合的專業訊息及操作方式；因此並非每一位老師都願意如此付出或是有這方面專業的知識，所以教學媒體的運用也就因人而異參差不齊了。如圖 3-3 所示，多媒體在閱讀教學上的應用：

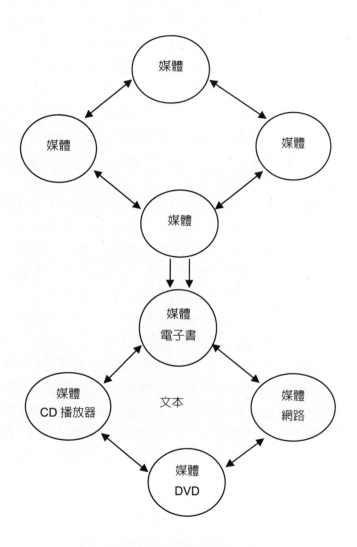

圖 4-3-3　多媒體在閱讀教學上的應用

　　教學媒體的種類繁多，凡是能利用來傳播教學資訊的軟硬體設備都屬於教學媒體的範疇。教學媒體的分類端看使用者的角色而定，可依功能、形式、感覺器官、是否為硬體設備等來區分，一般大多數的人是以放映性與非放映性兩大類作區分：（一）放映性媒體：如投影機、實物投影機、幻燈片、錄音機、CD 播放機、DVD 影音光碟機、電腦多媒體、遠距學習系統等。（二）非放映性媒體：報紙、雜誌、地圖、圖片、圖表、實物、標本、模型、布偶、皮影戲等。（沈中偉，2005：145-146）

　　在整個教學過程中，資訊科技並非教學活動的主軸，而是擔任支援工作（輔助工具）。沒有資訊科技，教師的教學活動照樣可以順利進行，但是有了資訊科技支援教學活動後，教師可以更快速地進行教學準備。就以〈放生的故事〉來說，因為這故事牽涉到保護自然生態的生物，可搭配資訊媒體 Google 地球的軟體搜尋在地球上哪些自然生態的生物地區，這剛好搭配到電子白板的物件輔助教材來作設計，可更深動的互動教學，藉由軟體的操作訓練學生主動尋找資料的習慣，再遇上無法自行解決的問題時，需要主動尋求老師、同學或輔助教材的協助。研究結果發現學童有較寬廣的空間從事合作學習、創造力培養；也較能激發智慧展現克服困難的精神。而布偶劇和舞臺劇的應用教學，正好可以結合多媒體來進行，能夠給學習者多元的刺激和仿效機會而開啟他們閱讀的寬廣視野。

第四節　相關教學活動的設計

　　這學期我所服務的學校學校安排了許多和閱讀相關的戲劇活動以及邀請劇團來校表演，對學生來說助益良多，可以增廣見聞，

也了解閱讀並不是單靠靜態就能融會貫通，必須融入動態閱讀才能擁有巨觀的視野。本校在 2010 年 9 月 29 日辦理「閱讀與戲劇」的研習，邀請龍山國小林芠彤老師分享如何利用動態的方式引導進入戲劇情境，這可讓我有機會嶄露頭角。林芠彤老師請我上臺即興表演「化妝」，說實在話我一點都不緊張，因為今年的暑碩班課程裡周慶華教授教我們如何把語文領域帶入戲劇的創作，也加上本人有些許的天賦，一上臺我把主任和同事當作一面鏡子，在他們面前我用肢體、表情吸引著他們的目光，最後一個動作我放下長髮撥動、甩甩就走下臺，整個過程沒有口白，只用肢體動作以清楚、簡單俐落的呈現就引起熱烈的掌聲。原來人生就是戲，演不完的戲，要讓一齣戲在舞臺上發光發亮就必須有創意、有效果。

　　然而，在科技進步的刺激下，於本章第三節中曾敘及多媒體的教材應用，多媒體的應用視為教法的另一種上了妝的色彩，那麼一個上了妝的演員如何能引起觀眾的注意；如何使單調、枯燥、呆板的「老師講學生聽」的教法給予再次的上妝，使教學的方式生動、活潑，讓學生在直接參與的學習過程中，滿足學習興趣，提高學習效果，且讓學生獲得直接的經驗，幫助個體成長與適應的能力？將教材以說、演的方式呈現，可將抽象的語文符號具體化，這樣的表演可以人人是演員，也可以人人是觀眾。表演的內容是教材內容，不用再額外增加學習分量，教師也不會增加負擔，即興表演時間應以不超過十分鐘為限。這樣在課程中加入說、演，對老師的教學時數也較不會造成威脅。如果學生只是純粹的搞笑而沒有內容，久了這樣的動作非但不會吸引同學的注意，反而會有不好的效果。因此，故事提供了說、演的精髓，在說、演中所鋪陳的故事有助於老師從而進行有關心靈、社會、以及道德方面的重要教導，而說、演則能夠幫助學生在故事的意向中持續思考這些問題，並與故事所創造出的情境建立更密切的連結。

　　此外，在學習的過程主要是學習內容的習得，老師可以藉由說、演故事演出過程讓學生習得課程中的專業知識。例如當學生被老師要求想像、創作，並表演出一個公眾的議題——地震的防禦及災害、新流感的知識及預防等，在決定角色時，我們都會預設立場決定誰表演什麼角色，但是以學生來說，他們可不這麼想。學生將會對特定的情況合宜地創造並發展角色，並且在為這角色及情節的過程中將會有所體驗，這樣的體驗可能是馬上產生、也可能一直隱藏在學生的思維中，等到有那麼一天遇到相同的情境或類似的問題時，便能加以運用於生活中。而如何在表演的過程中去除明星的概念，強調團隊合作以及合作關係，讓表演者能截長補短，而不是針對少數人給予極大的挑戰，多數人卻感到缺乏挑戰性。如此一來就為比較擅長於肢體表達但拙於言詞的孩子們，提供了更寬廣的機會平臺。教育是發掘學生的長處，因此為師者不得不處處仔細觀察學生的能力及其所能達到的目標前進。

　　如果能在教材中加入戲劇化的教學，不僅深為學生們喜好，而且在國小七大領域的教學中具有聯絡學習的功能：

（一）能夠增加學生語文能力：把教材內容編入臺詞，學生因為演出，必須了解臺詞，兒童興趣盎然，練習的過程中不斷的對話，不僅可增加印象，無形中增進學生語文的能力。

（二）能夠幫助學生訓練記憶力：說、演的練習中，學生必須背誦臺詞，反覆練習，同時由親自的參與表演，自然幫助了記憶語文詞句的能力。

（三）能夠培養學生想像力：學生為了表演，必須依照情節模仿探索各種表情與動作，甚至自己創作，無形中啟發了學生的想像力。

（四）能夠增進學生的經驗：　說、演的練習中，必須把教材故事中主角的喜怒哀樂，在故事的情節中出現。學生在表演模

　　仿中，體會、觀察、比較人生的各種情境，也因而增加了
　　生活的經驗。

（五）能夠培養學生良好的社會行為：表演非一人所能獨自完
　　　成，需要集體的合作與巧思。由於是學生親自參與，更確
　　　實體會分工合作的重要性，且能舉一反三了解人與人、人
　　　與事、人與物的互動關係，隨機適應養成良好的社會行為。

（六）能夠訓練學生技藝的能力：在演出當中，學生必須設計、
　　　製作簡單的道具，景物以及音效、化妝等工作，因而會增
　　　進了美勞、音樂技藝的能力。

（七）能夠活潑學生學習的心態與動作：在演出的時候，兒童必
　　　須盡情的演出，運用全身的動作與表情，增強了敏銳的反
　　　應、靈活的動作等自我訓練。

（八）能夠培養兒童欣賞的能力：演出的過程當中，是將語文、
　　　音樂、美術、體育等學科綜合的一起表演，學生在快樂的
　　　氣氛中自然薰陶，享受生活情趣，養成欣賞的能力。（陳杭
　　　生，1986：14）

　　　關於閱讀，我相信「一個故事，處理多次，效果相乘」，故事
與遊戲孩子覺得特別好玩。我們還將故事演出來，或配合情節為故
事配背景音樂。這是透過肢體動作、人際及音樂等智能管道處理故
事。我發覺一個故事經過多元的智能管道處理多次，學習效果加
成，孩子有多元的學習，也玩得很開心。（田耐青，2007：16）「教
育戲劇」基本上是由任課老師，在課堂內所靈活運用的一種學習與
教學方法。教育戲劇不以表演為取向，重視教學過程中學生透過
說、演活動的歷程。因此，基本上應當落實在課堂中（第二章已詳
細敘述）。（張曉華，2004：16）說、演故事中的語言包括臺詞及表
示劇情的語言節奏，為了開發聲音的表情，如哼哼唱唱、喀搭聲、
嗡嗡聲、口哨聲等，或是用不同的重音、速度、強弱等來說話，都

是以增進聲音的表現性為主。臺詞的運用可由擔任角色者發揮，語言節奏的運用可表達人物的個性或劇情，增加戲劇的音樂性。戲劇能改變兒童氣質，有劇本就有文學。說、演是一門綜合藝術，結合了語文、音樂、美術、舞蹈等。創意是逼出來的，在沒有錢、沒有人的情況下，只能運用人的資源，那就是創意。再沒有比創意更好、更珍貴的東西了，尤其是運用在兒童戲劇上。

　　課程教材的編寫與教學倘若未能與學生生活經驗結合，學生的學習將會面臨問題。「理想課程」（ideal curriculum）和「經驗課程」（experiential curriculum）在實踐上是有落差的。學生生活經驗在教學上的重要性，以三方面來加以述敘：（一）理解的學習：「學習是經由經驗介入，而在個人的知識或行為方面產生較為持久性改變。」也就是說，教學者和學習者的經驗納入學習活動中，學習者產生的經驗改變較持久。學校現行的教材應注意是否連結學生的舊經驗、是否以表徵形式呈現教材、現場或臨場的情境教學、應用新情境作為印證。（二）情境的學習：孔子認為「學而時習之，不亦說乎？」就是強調要將學習內容與生活經驗相互印證。杜威的「做中學」也是大家熟悉的教育觀點，就是學校生活所學能實際應用於解決生活問題。（三）有意義的學習：「建立課程知識和學習者之間的意義連結，是課程決定必須考慮的重要事項。」人類內在的意識和外在發生的事件，必須等到行動者將此狀態作反省性的自我看待，此生活經驗才會產生意義。（范信賢，1998：2-9）因此，教學者勿以成人的眼光來看待課程，應儘量以學生生活中發生「真實」事件為課題才能引起共鳴。就以布偶劇的教學活動來說，布偶劇是目前流行於各幼稚園中的絨布偶，造型活潑而多樣化，色彩鮮明，深受兒童喜愛。我服務的學校在 2010 年 11 月 16 日邀請「一元布偶劇團」到校宣導性別教育的活動，也剛好趁此機會讓我所教班級學生觀摩何謂布偶劇（如附件一）。換句話說，要如何把真實事件

用布偶劇的方式呈現才能達到學習的效果，這就是理解和創意的發揮。「一元布偶劇團」以兒童劇演出形式表現「性別平等」問題，結合旁白主持串場人，引導所有兒童了解和學習兩性相知相敬的互動技巧，再以「生活故事劇場」形式，打破舞臺表演空間的界限，讓孩子們在看戲的同時，也可以有更多的參與機會。期盼在互動的過程中，傳達有關於兩性平等與尊重的正向觀念給孩子。

　　「一元布偶劇團」教學活動設計參考如下：

表 4-4-1　兒童戲偶劇場

兒童戲偶劇場表演

教學單元	兒童戲偶劇場表演	教材來源	自編
學習領域	國語文＆藝術與人文（視覺藝術、表演藝術）		
教學時間	十一節課（440 分鐘）	教學對象	五年級
教學日期	99 年 9 月 17～21、24 日	設計＆教學者	許瑛娟
設計理念	小朋友最喜歡看的書大多是故事書，但是看完後他們未必能體會劇中人物的心境，所以這次的教學目標不只要小朋友以小組的方式完成劇本寫作，還要讓他們自己演出來。對於平常比較羞澀的學生，如果一開始就叫他們到臺上表演，或許他們會怯場，所以以戲偶的方式表現，讓學生可以更放得開一點。而在演出前的過程中，也讓學生明白到戲劇表演的流程和體驗小組合作的團隊精神。		

教學目標	分段能力指標
* 分享自己所收集或創造的故事。 * 認識劇本的形式結構及寫作流程技巧。	【國語文】 C-1-3 能生動活潑敘述故事。 F-1-1 能經由觀摩、分享與欣賞，培養良好的寫作態度與興趣。 F-1-2-1-1 能運用學過的字詞，造出通順順句子。 F-1-4 能練習運用各種表達方式習寫作文。 F-1-6 能概略知道寫作的步驟（從收集材料，到審題、立意、選材及安排段落、組織成篇），逐步豐富作品的內容。
* 能運用各種元素來創作輔助戲劇演出。 * 能專心欣賞同儕作品演出並說出其優點。	【視覺藝術】 1-2-1 嘗試各種藝術創作，表達豐富的想像力與創造力。 2-2-2 相互欣賞同儕間的作品，並能描述其美感特質。
* 能融入角色個性，並運用戲偶與聲音的變化來表達。 * 認識布袋戲之美。 * 透過小組分工的方式完成一齣戲偶劇。	【表演藝術】 1-2-7 參與表演藝術之活動，以感知來探索某種事件，並自信的表現角色。 3-2-5 透過戲劇性的表演活動，認識多元文化、社會角色，並產生同理心，能與人溝通與分享。 1-2-8 在群體藝術活動中，能用寬容、友愛的肢體或圖像語言，並與同學合作規畫群體展演活動。
培養幫助他人，友愛同學的態度。 培養學生團隊合作的精神。	【輔導】

統整課程架構	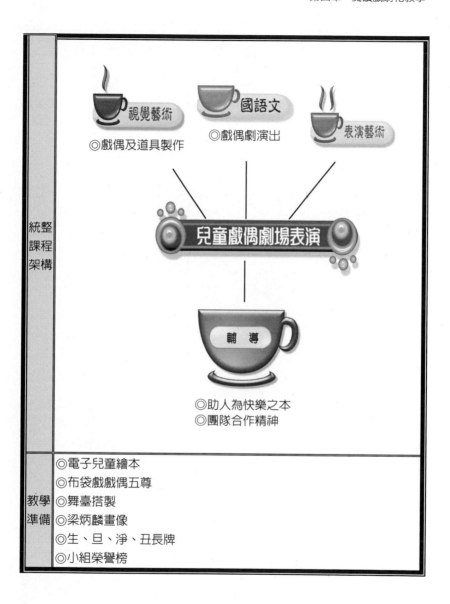
教學準備	◎電子兒童繪本 ◎布袋戲戲偶五尊 ◎舞臺搭製 ◎梁炳麟畫像 ◎生、旦、淨、丑長牌 ◎小組榮譽榜

能力指標	教學活動	時間	教學資源	評量標準
	～教學觀摩前的引導活動～ ✚ 活動一：老師講古 1. 老師講一個故事給學生聽，並在故事中揣摩故事中角色的聲音與講話語調。 2. 請學生回家想一個故事，下次上課分享。 3. 跟學生說明故事可以從哪裡來？ 　A. 改編： 　　a. 找尋方向：古、今、中、外 　　b. 重點：◎修剪枝葉 　　　　　　◎重塑結果 　B. 自創： 　　a. 故事接龍 　　b. 點子串連	一節	◎電子兒童繪本	能注意聆聽老師講故事。
C-1-3	✚ 活動二：故事分享 1. 推選各組組長。 2. 說明組長工作（統整組員意見、分配工作）。 3. 組員分享故事。 4. 各組各票選出一個故事。	一節		小組順利選出一個故事主題。
	✚ 活動三：發展故事 1. 小組討論將票選出的故事改編發展成適合組員演出的故事。	一節		將故事發展成適合小組的故事。
F-1-1 F-1-4 F-1-6	✚ 活動四：劇情分場&角色分配 1. 教師指導學生將故事改成劇本分場形式：	兩節		能用劇本分場的形式將小組故事寫

	◎主題－×××× ◎人物介紹－ ◎道具－ 　　　【第一幕】 ◎場景－ ◎出場角色－ ◎人物對白－ 　　　【第二幕】 …… 2.組員討論角色之分配。			作出來。
F-1-2-1-1	Φ　活動五：對白修飾 1.請小組組員彼此對演練習看看。 2.如發現劇本於實際演出時不通 　順，可修改故事情節和對白。	一節		小組全組員 能實際演練 過。
【視覺 藝術】 1-2-1 2-2-2	✚　活動六：製作道具 1.教師提供各種戲偶給學生參 　考，如無學生需要的角色可用， 　請學生自行製作戲偶或從家裡 　帶來。 2.請學生設計一張小組故事的海 　報，說明故事主題。 3.請學生製作故事需要的道具，及 　彩繪故事的布景。	兩節	◎布袋戲偶 　數尊 ◎布偶數個	將所需的道 具製作出來 或從家裡帶 來。
【表演藝 術】 1-2-7	✚　活動七：排演 1.小組利用自己所製作之道具和 　戲偶實際演練。 2.練習完畢請各組上臺排演一次。 3.其他小組除了給予回饋鼓勵外，教 　師可針對其缺點提出改進之道。	兩節		能將角色的 個性用聲音 和動作表現 出來。 上臺實際演 練過一次。 能專心欣賞

	4. 指導學生可再多加一些新創意進去。 5. 請學生利用課餘時間在正式表演前針對其缺點加以改進和練習。 6. 鼓勵學生將其臺詞背起來。			表演組的演出。 其他組別能給予表演組正向回饋。

（資料來源：一元布偶劇團簡介）

<h3 style="text-align:center">～以下為教學演示部分～</h3>

能力指標	教學活動	時間	教學資源	評量標準
3-2-5	✦ 活動八：正式演出 1. 教師說明戲劇的演出不是只有真人才可以，戲偶也可以用來演戲。教師介紹戲偶其中的一種——布袋戲。 2. 教師講解布袋戲的起源，並簡單介紹其中的分類：生、旦、淨、丑。	8分	◎布袋戲戲偶五尊 ◎舞臺搭製 ◎梁炳麟畫像 ◎生、旦、淨、丑長牌 ◎小組榮譽榜	明白布袋戲的來源與角色分類。
	3. 教師配合國語課本第十二課——【兄弟鞋】課文實際改編演出一齣布袋戲。 4. 引導學生說出老師剛才所表演的布袋戲劇情所要表達的主題是「助人為快樂之本」。	12分		能專心欣賞老師的演出並回答出老師所提問的問題。
1-2-8	5. 老師請幾組小組輪流上臺正式發表他們的戲劇演出。 6. 請學生給與表演組正向的回饋。 7. 教師給與鼓勵後，可提出一些建議給學生參考。 ～本課程結束～	20分		能專心欣賞表演組的演出。 其他組別能給予表演組正向回饋。

「一元布偶劇團」在本校活動照片如下：

一元布偶劇團	校長開場，介紹劇團與主持人

撒野狼想騙小朋友	露比機警大喊「失火啦」，逃離魔爪

趣兒遭受家暴向學校老師求救	鄰居猴大叔對藍寶做出奇怪舉動

藍寶和露比兩兄妹	老師和趣兒及時救出藍寶，並報警處理
認真用心聚焦於戲劇的演出	開心雀躍的學生

圖 4-4-1 「一元布偶劇團」活動照片（研究者攝）

　　看到這次「一元布偶劇團」的演出，讓我班學生對〈小紅帽〉有著深深的期待，或許沒有這麼棒的絨布服裝，但稍微的裝飾也可以有新鮮的創意，只要有心都不是問題。因此，道具就利用課餘和美勞課製作，排演的時間也是如此。

　　口傳文學是最單純且最直接的傳播方式，在傳述的過程當中或多或少給予神化、美化，也將傳統的倫理道德觀念植入人們的心裡進而教化百姓。倘若能將故事教學融入布偶戲作為延伸活動，那麼〈改編版小紅帽〉的神奇性就會帶給學生無限的想像力。依照故事文本不同的屬性與內容，讓學生能藉由在操作偶物時那誇張的語言、語調將內心的情感舒展出來，透過趣味的主角、大而誇張的道

具、鮮豔的色彩等來吸引學習，學生們的學習熱忱只會增加不會減少。（林筠菁，2006：23、165）下一次恐怕學生只盼著快些閱讀故事文本再來一次偶戲演出，甚至是自行編寫劇本。

　　舞臺劇這幾年大受歡迎，主要原因是多了一些明星的參與演出，以及本土文化的創作。這樣的巧思源自導演了解這些演員的憂慮——太少露臉又擔心觀眾忘了他是誰，於是讓演員多些演出機會，近距離與觀眾接近不僅可以吸引票房也能提升演員素質。其次是以生活中的體裁為議題，探討生活層面中我們忽略的概念，導演將這些議題再次挑起，劇情的張力有時透過衝突、人物間關係、情節的詭異、故事的迷團等經由演員的詮釋後，將故事線整個推至最大限度，在故事的尾聲前整個引爆，讓觀眾有意想不到的結局以便回憶無窮。舞臺劇因為沒有 NG、沒有剪接的顧慮，因此演員必須有一次搞定的決心。因為現場演出，不容有錯，所以需要自行不斷地練習，組員間再排練；等到時間一到，道具、布景、配樂一應俱全，布幕拉起時，便像俗諺所說：「臺下十分鐘，臺上十年功」，而這樣的演出，大都是需要經驗豐富的成人才能將劇情整個內斂到收放自如。就有「演什麼像什麼」的信念，讓議題透過演出傳達到每個人的心中。

　　社會的議題如果以舞臺劇演出，也能引起學生的共鳴，我服務的學校於 2010 年 10 月 22 日邀請「大腳丫劇團」以反毒宣導為主，演出別出心裁的舞臺劇。以下是「大腳丫劇團」在本校所表演的活動成果及學習單。

「大腳丫劇團」在本校活動成果照如下（研究者攝）：

大腳丫劇團　「拒絕吸毒～做個幸福好小子」
劇情大綱：沙西米、青春痘、美麗芬三個人是國中同學，有次吸毒的大咪咪
　　　　　學姊提供色情和暴力……等的限制級刊物給青春痘看，還試圖引
　　　　　誘懷抱明星夢的美麗芬吸毒和援交……希望透過輕鬆活潑的戲劇
　　　　　來推廣學生正確觀念。

圖 4-4-2　「大腳丫劇團」活動照片（研究者攝）

「大腳丫劇團」學習單及成立劇團時間：

2010
大腳丫劇團　校園法律宣導演出
活動學習單

1. 同學上網時應該怎麼保護自己？
2. 「限制級出版品」包含哪兩種？青春痘花太多時間看限制級出版品所以產生哪些副作用？
3. 請問「少年保護專線」是幾號？同學還可以跟那些單位求助？
4. 說說吸毒者的身體和心理的變化？
5. 你能辨別警察所說的「壞朋友」嗎？壞朋友有哪幾種？

師生或親子共讀　學生簽章 ＿＿＿＿＿＿＿

少年隊保護專線0800059595
張老師專線1980
生命線1995

"大腳丫"名稱的由來

1993年，劇團並沒有團名，一天午後到育幼院作公益演出時，一個7歲的孩子天真的問我們為何沒有名字？想取甚麼樣的名字呢？我告訴他劇團名字要腳踏實地、好記、不要太嚴肅…。演出完後我們其實忘記這件事情了~正準備離開，孩子氣呼呼給我一張字條…他笑著大聲跟我們說再見。急燥的太陽讓我急著上車，這時的我才猛然發現他跛著走路~原來~他是個小兒麻痺的孩子。

而孩子給我的字條裡~寫著：
"姐姐，你們可以叫做：大腳丫…"

演出場次事宜／聯絡方式
信箱／bigfeet8888@hotmail.com
電話／(03)481-2781　0930-103-066
大腳丫部落格／http://tw.myblog.yahoo.com/bigfeet8888

　　看到他們的表演更讓我體驗到，戲劇豐富每個人的心靈，也觸動對戲劇的理解和感官的刺激，因此，要有優質的戲劇設計才能展現豐富的創意和想像。然而，學生要在教室展現舞臺劇的演出，只要能先理解故事文本的內容，才能對故事的文本有更好的戲劇活動設計，也就是說，讓無趣的語文課程因為戲劇的融入而更加活潑、生動。

　　如前所述，舞臺劇在這幾年特別盛行，但也有一些必須克服的難度，而這在兒童戲劇就沒有如此限制了。戲劇教學的目的不是教孩子演戲，而是藉由孩子透過「角色扮演」的方式「在遊戲中學習」。這樣的教學方式，提供老師因小組間的互相討論多方的了解學生。如：（一）傾聽孩子的心靈；（二）觀察孩子的行為；（三）培養故事組織的能力；（四）提升藝術欣賞的能力；（五）培養創造思考的能力。（何三本，1990：217）也就是一種綜合藝術，這樣的課程必須靠各領域間以跨領域的方式互相結合。「戲劇演出」如果要讓它是一齣好戲，必須能帶給學生多一些思維、多一些啟示，但它不一定是偉大的戲。唯有這樣，學生進行起來才會有學生的觀點進入、才是師生共構的概念、也才可能感動學生，因為我們教育的對象是學生。如果一開始就把它界定在一齣公開的表演，而倘若先前沒有相關的活動的話，學生將會不知所措。平時應在班上有教材化演出的機會。有了暖身後讓學生有舞臺劇的概念後再公開演出；否則制式化的學習，一再反覆的練習就是一種包袱、一種負擔、一種壓力。

　　一般的舞臺劇大都是由「人」扮演的，這些表演者在舞臺上經由編劇的設計、導演的指導，扮演著故事中的人物，以內斂的情感表現敘述故事中發生的一切事情，讓臺下或幕前的觀眾忘情地欣賞，也就是戲劇四要素：劇本、舞臺、演員和觀眾。這樣的舞臺表現方式可以：（一）成人表演給兒童看；（二）成人和兒童同臺演出

表演給兒童看；（三）兒童表演給兒童看。兒童戲劇活動對兒童而言，是一種良好的學習活動；兒童可以在扮演別人時，在替換情境中學習以別人的方式思考問題，更藉由表演活動訓練合群、合作和團隊精神。（徐守濤，2003：392-404）這樣的表演方式要以學生所碰觸到的話題為主，學生在經驗中倘若曾遭遇或看過、聽過此話題，在演出中能夠將存在於個人情感和思想轉移至想像的情境世界中，藉由情境中舒展情感、解決問題、增長智慧，才能達到寓教於樂的教育作用。

現代社會問題層出不窮，只要打開電視，新聞媒體報導無不以聳動的標題震撼觀眾為要。如：緋聞事件、兇殺事件、詐騙、吸毒行為等，而這些偏差心理與行為最顯著的因素是不快樂生活經驗與缺乏適當的生活藝術及調適解決問題的方法。（施常花，1986：24）故事作品正能提供舒展人類不快樂情緒與提供生活藝術及調適解決的問題方法。高年級學生正是青春期的轉捩點，充滿著破壞性情緒與問題，因此適時地了解孩子選擇他需要的題材，陪他一起度過「狂風暴雨」青春期，以防範國小學童小小年紀就產生偏差心理及避免日後社會問題不斷地浮現。也因此，他們需要開始學習辨別是非善惡，必須給予符合他們心智的社會題材，協助他們提早認識社會環境。而且必須引發少年的閱讀愛好、選擇適合他們所能理解的文章、貼近他們的心理特點，對他們的成長才有助益。

目前經由政府大力的鼓吹閱讀的風潮之下，以社會真實生活為體裁的書籍還真不少。這篇示範性教學活動設計選擇的文本是杜紫楓作家所改編的〈放生的故事〉，主要是故事情節中的事件也常在社會中發生過，讓學生以舞臺劇的表演方式演出，有個替代性的經驗而達到學生偏差行為改善的作用。以下就以〈放生的故事〉這則文本故事與舞臺劇作結合演出。相關舞臺劇中人物分配及教學活動如下：

表 4-4-3　〈放生的故事〉角色分配表

故事名稱	〈放生的故事〉	作者	杜紫楓	出版處	翰林出版社
演員	劇本（內容改編自《列子‧說符》）				
	【本課大意】　　獵人獻給趙簡子一隻鳩鳥，趙簡子打算把牠放生，他的棋友王老爹認為應該禁止老百姓濫捕、濫殺動物，才是保護動物的好方法。 【原文】　　邯鄲之民以正月之旦獻鳩於簡子，簡子大悅，厚賞之。客問其故。簡子曰：「正月放生，示有恩也。」客曰：「民知君之欲放之，故競而捕之，死者眾矣；君如欲生之，不若禁民勿捕。捕而放之，恩過不相補矣。」簡子曰：「然。」（《列子‧說符》）				
趙簡子 趙夫人 婢女 獵人	【第一幕】　　獵人獻鳩鳥給趙簡子，趙簡子給了獵人重禮。				
趙簡子 趙夫人 婢女 王老爹	【第二幕】　　趙簡子想將鳩鳥放生，王老爹勸他應該禁止濫捕，才是寶物動物的好方法。				

表 4-4-4　〈放生的故事〉教學活動設計

教學活動設計					
教學單元	〈放生的故事〉		教學者	許璦玲	
教學方式	舞臺劇／布偶劇		教學時間	二節（80 分鐘）	
教學人數	35 人		教學場地	教室	
設計理念	1、設計活潑生動的教學方式，讓學生藉著演出的方式強化閱讀理解。 2、利用小組討論，增加學生間的互動，激發學生的創意及表達與溝通的能力，增加閱讀成效。 3、透過實際的演出了解舞臺劇與布偶劇的表演方式，並在演出與欣賞中享受閱讀的樂趣。				
教學目標	1、藉由放生的故事故事為題材，引發學生閱讀理解的興趣。 2、能使學生自我探索覺知環境與個人的關係。 3、運用戲劇的效果，從事藝術創作去體驗生活環境。 4、能學習和其他同學互助合作的精神。 5、能培養上臺表演的能力。 6、能專心聆聽臺上表演者的表演。 7、能利用聲音、表情，肢體動作進行角色扮演 8、能回答教師提出的問題，並清楚說出自己的想法。				
準備教材	〈放生的故事〉文言文文章、DVD、電腦、單槍投影、電子白板、學習單、趙簡子的相關資料				
能力指標	教學步驟	教學時間	十大基本能力	評量方式	
	一、準備活動 （一）教師 　　先發下文本〈放生的故事〉原文。 　　準備將故事文本全班共同討論，角色該如何表現,他們各自的動作、表情又該是如何呈現的？ （二）學生 　　分配角色，並全班 35 人，分				

5-3-3-1 能了解文章的主旨、取材及結構。	成 5 組，各組製作道具並蒐集資料，可以分享但不可重複。 二、發展活動 （一）內容深究 1.教師提問及共同討論（學生提問的部分，可以則要帶入） 　為了強化對學生對課文的理解以及戲劇表現的方式，先讓學生看〈放生的故事〉動畫（卡通版），較能引起學生對故事內容的情節、肢體及表情有所了解。 （放生的故事原文） 　邯鄲之民以正月之旦獻鳩鳥於簡子，簡子大悅，厚賞之。客問其故。簡子曰：「正旦放生，示有恩也。」客曰：「民知君之欲放之，故競而捕之，死者眾矣；君如欲生之，不若禁民勿捕。捕而放之，恩過不相補矣。」簡子曰：「然。」 1、獵人為什麼要大費工夫的把鳩鳥帶來送給趙簡子？（教師可展示蒐集到的圖片，或讓學生上網觀察。） S：只為了獻給趙簡子。 S：為了錢財。 S：或許是為了名利及錢財。 2、王老爹說保護動物的好方法是什麼？ S：不放捕鳥器。 S：不濫捕。 S：不濫殺。	10 20	四、表達、溝通與分享。 十、規畫、組織與實踐。	能從影片對比中發現，哪裡的不同而參與討論。 應用語言文字表達情意，分享經驗，溝通

| 5-3-4-4 能將閱讀材料與實際生活經驗相結合。 | ①活動一：（我懂得多）
◎為了引領學生體會不同的事物，會有不同的單位量詞，同一種東西，有時也會用不同的量詞，而產生不同的感受（可以加強學生運用單位量詞的能力，增進閱讀的強化能力）。把全班分成五組，請每組寫出十五個個單位量詞，如：一「本」書、一「匹」馬、一「頭」牛、一「隻」猴子、一「條」狗、一「盞」燈、一「畝」田、一「輪」明月、一「只」戒指、一「尾」魚、一「把」菜、一「錠」元寶。

教師總結：
　　愛護動物，尊重生命必須要得法，否則「愛之適以害之」。也就是讓學生思考大自然中生態的平衡，倘若人類濫捕、濫殺，就會造成很大的問題。如大量殺蛇，松鼠就變多，結果許多植物的嫩芽都被松鼠吃了。

2、形式深究
　　由前面的活動來作延伸，並分組討論教材的文體、段落及文章的特色。
　　本課的文體是屬於劇本（舞臺劇）。倘若以內容來說明，可以分成兩段（就是兩幕）。

　　　　　放生的故事
第一段（據本第一幕）
　　獵人送來一隻鳩鳥，趙簡子給了他重禮。
第二段（就是劇本的第二幕）
　　趙簡子想把鳩鳥放生，經過王老爹的勸阻才作罷。 | 20 | | 見解。 |

	※擷取本段中的「在這天寒地凍的季節，你能活捉到野生的鳩鳥，實在不容易。」「小民是冒著風雪，凍了半天，好不容易才捉到的。為了要立刻獻給大人，從鄉下趕了一天一夜的路，都不曾休息。」可以感覺出趙簡子這隻「鳩鳥」的得來不易，也為趙簡子送的重禮埋下了伏筆。 ※本段多處以括號（　）來註明表情、動作、語氣、音樂的地方，如（轉過頭）、（用手指著）、（不安的，小聲的）、（肯定的）、（春節的樂曲響起），讓演出者對角色的拿捏更為精確。			
5-3-7-1 能配合語言情境，欣賞不同語言情境中詞句與語態在溝通和表達上的效果。	②活動二：（母與子） 　　為了引導學生在舞臺劇有肢體動作的呈現、對話的語氣的練習。把全班分為五組，從組別中再分為兩人一組，一人為母，一人當子。利用日常生活話題，模擬母子的肢體動作及說話的語氣及姿態作練習。最後在互換角色，再作練習。 　　　　媽媽交午餐費的情形 我：媽，老師說明天要交午餐費。 媽：真快，怎麼又要交錢了？ 我：老師說明天一定要交。 媽：這個月要交多少哇？ ※布偶劇也可以這種方式演出，因布偶是屬於較特殊的道具，因此只要各組能做出一樣來呈現，再集合大家的布偶，就能完成好的故事結局。	20	九、欣賞、表現與創新。	會使用舞臺劇演故事方式演出。

<table>
<tr><td>

※可以把〈小紅帽〉改編像現代的劇情，
　擷取其中的一段來呈現。

小紅帽遇上大野狼

小紅帽：大野狼你想要做什麼？
大野狼：看不出來我要吃妳嗎？
小紅帽：哈哈哈（大笑三聲）！
大野狼：死到臨頭還笑的出來！
小紅帽：我先讓你死吧！（拿出手槍）砰
　　　　的一聲！對著大野狼射去。

※過去的小紅帽是膽小、柔弱，而在這個
　劇本中，我們因閱讀融合創新另外一種
　新劇情，較能引導出學生對閱讀融合戲
　劇更加有趣。

教師總結：
　　每一個劇中人物，都有他的個性，如
何把他的個性刻畫出來，是非常重要的。
通常可以從四個方面來講：
第一方面是外表：外表也可以說是一個人
　　　　　　　　　的容貌。
第二方面是聲音：從說話的聲音可以知道
　　　　　　　　　這個人是年輕或老人；從
　　　　　　　　　說話的速度，可以知道這
　　　　　　　　　個人是急性子還是慢半
　　　　　　　　　拍的人。
第三方面是動作：一個人的動作，在無形當
　　　　　　　　　中會流露出他的性格。
第四方面是內心：內心的表達很不容易，但
　　　　　　　　　我們看過電影或舞臺
　　　　　　　　　劇，曾經被感動過，覺得
　　　　　　　　　某一個演員演得真好！

</td><td></td><td></td><td>

會用清
楚的語

</td></tr>
</table>

| 3-3-2-1
能具體詳細的講述一件事情。 | ③活動三：檢討成效
　　針對活動一中，學生對單位量的了解度不夠，如：一「本」書、一「匹」馬……等。同學練習度不夠，因此在閱讀課文的時候或者是其他書籍會有所停頓，需要再加強。而在課本的某一段演出中，如：在這天寒地凍的季節，你能活捉到野生的鳩鳥，實在不容易。」「小民是冒著風雪，凍了半天，好不容易才捉到的。為了要立刻獻給大人，從鄉下趕了一天一夜的路，都不曾休息。」
　　各組對「鳩鳥」這種鳥類就會提出疑問，甚至演鳩鳥的同學會反問，為何不是其牠的鳥類，而一定要是「鳩鳥」。這時就必須針對這「鳩鳥」作一番解說，也可以從網路上搜尋圖片參考說明。第一次演這一段的同學，也必須在括號處所必須注意的肢體、表情和動作再作研究及討論，了解後，演出的效果會是不錯的驚喜！
　　至於活動二中，所表現的是即興創作的表演，因是先看過「大腳丫劇團」的演出，因此對這方面的表現還可以。如「小紅帽遇上大野狼」的經過可以稍做改變演出，因為過去的童話太過呆板，為了讓這故事有趣起來，把它趣味化。如：小紅帽：我先讓你死吧！（拿出手槍）砰的一聲！對著大野狼射去。有的同學就會運用先進的科技像手機或雷射鎗之類的產品，讓小紅帽變成女強人，這都是很有創意的想像，非常不錯。
　　為了要融合在舞臺劇和布偶劇的成效，所以必須大量的閱讀和精讀才能讓文章空白處有填補的效果，也可以在文章斷裂處找出問題所在。 | 20 | 七、了解自我與發展潛能。 | 言與友善的態度給予同學適當的回饋。 |

〈放生的故事〉描寫春秋時代發生在晉國的大臣趙簡子身上的故事。透過本課的學習，不但能讓學生知道遠在數千年前，就有人能愛護動物，尊重生命；同時，更可讓學生藉此思考怎樣做才能「用對的方法做正確的事」。

鳥兒最溫暖的家，不在鳥籠裡，而是在大自然的天空裡。鳥兒在天空飛翔、唱歌，是何等的自由自在；如果被關在狹窄的鳥籠中，就像失去自由的囚犯。（引用兒童文學家杜榮琛口述）放生的古代故事，具有愛護動物、尊重生命的啟示；可以欣賞，也可以演出，更可以教導大家「重視生態保育」的知識與美德。

戲可以在扮演裡，創造性的即興演出，享受遊戲般的教學，增進全班學生的合作精神。

各小組討論的活動照片、道具及欣賞金龍國小所演出的〈放生的故事〉，如圖所示：

圖 4-4-3　〈放生的故事〉活動照片（研究者攝）

第五章　聆聽與說話戲劇化教學

第一節　從聆聽與說話教學到聆聽
　　　　與說話戲劇化教學

　　我很喜歡聽歌，但從不會認真去看歌詞，想來想去是因為沒感動到我的「心」（可能是流行歌曲節奏並沒像過去那麼深刻），也因此無法好好完整的聽完、唱完一首歌。也可能是常常開車的關係，所以沒有很用心於歌的精髓在哪兒！然而，在夜深人靜獨自坐在偌大客廳時，放我想聽的音樂時，觸動心靈的那款悸動，趕緊衝到餐桌打開電腦找歌詞看內容，才深深體會了解。也就是說，一首完整的歌想要表達，必須先好好聆聽再用口語表達詮釋出來，用自己的感動強化再重組抒情的歌曲表達出來。

　　我在 2010 年 12 月 4 日參加東大語教所所辦的「語文產業學術研討會」，聽到賴賢宗教授吟唱的〈道德經〉，剛開始很不能適應，原來還有這種曲調，再加上吟唱起來，的確是很難詮釋出來；還好我個人對音樂有些許的天賦，節奏很快抓的上，可以琅琅上口，吟唱起來就有點水準。

　　從唱歌這件事看來，聽歌和唱歌是不能分開的。也就是說，在國語教學現場中「聆聽」和「說話」雖然是兩項教學項目，但並未單獨設科。在語文教學的過程中，聆聽與說話教學是跟閱讀教學一起進行而無從截然分開的。換句話說，無法聽到聲音的人，也就一定無法說出話來。

聽話能力是人類特有的智力活動,是人類對語言信息的一種認知能力,聽話過程是邊輸入語言訊息(聲音符號),邊理解語言訊息(語句意義),邊儲存語言訊息。一個人,一定要在字彙、詞彙、語句儲存到相當數量之後,才能變成口頭語言表達出來;然後將口頭語言變成為書面語言。靠耳朵吸收聲音語言,靠大腦理解聲音語言的意義,然後用口將聲音表達出來,這就是說話能力。聆聽能力,是口頭語言的基礎,而口頭語言是書面語言的基礎;口頭聲音為語,書面文字為文,因此「語文教育」應包涵「口頭聲音」的聆聽能力和表達能力及書面文字的閱讀能力和寫作能力。所以任何有關語文教學的研究,如果將聆聽教學和說話教學遺漏,都是一項非常嚴重的缺失。聽和說,是人類情感交流、傳遞訊息的主要工具。能純熟駕取五國語言能力的人,不僅知識的獲取比只懂一國語言能力的人快速,事業的發展也比較容易成功。(何三本,2001:84)

從聆聽和說話教學也都是為了幫助學習者習得各種語文經驗的角度來看,有些相關聆聽和說話的「條件」開列,就顯得「大而無當」或「不知所繫」。如「將注意力集中在演說者上/將演說者所說的內容組成視覺的圖案/做筆記/用想的或說的或寫的將資料摘要下來/問問題」(韋恩〔M.J.Wynn〕,2000:110~111)、「聽出言語中的感情/聽出言語中的假設/聽出言語中的事實和臆測」(王萬清,1997:109~111)、「先想後說/聲音適中/考慮說話場合和說話的對象/注意說話應有的禮貌/對自己說話負責/注意說話的語氣/培養幽默感/培養說完整的話」(羅秋昭,2001:84~88)、「能說標準的語音和聲調/說話聲調自然,語調和諧,有抑揚頓挫、輕重緩急/語句合於語法,組織完整,句型有變化,說得流利/內容豐富,條理井然/措辭得當,自然大方」(陳弘昌,1999:219)等等,這無非是要教學者仿效而教導學習者「照著做」;但大家在日常相處交流時也多能自我調適到這個地步,實在不必再靠正

式教學來「重複演練」。今天所以還要特別倚重正式教學，就一定是要進一步去有效的探取各種語文經驗。（周慶華，2007：58～59）

　　也就是說，在正式教學的聆聽和說話教學中，如果照本宣科上課較容易失去語文的互動和趣味旨趣。為了強化聆聽和說話的教學，可以把聆聽和說話的教學融入於戲劇的教材，可讓語文教學另有一番的見解並能再生產、再重組聆聽和說話教學在戲劇的差異和創造。

　　語文教學也就是傳授語文經驗，而語文經驗包含了知識經驗、規範經驗、審美經驗，是一種不對等的發言關係。也就是說，語文教學的方法是一種傳授語文經驗的程序或手段。然而，在聆聽與說話教學方面也是以前章所示（第四章第一節）總括這些概念的出現，是為了因應實際的語文教學究竟要教些什麼以及要怎麼有效的教學等問題（教什麼／怎麼教）。如圖 5-1-1 所示：

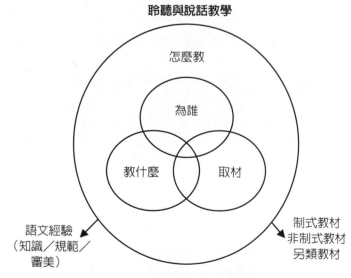

聆聽與說話教學

怎麼教

為誰

教什麼　　取材

語文經驗
（知識／規範／
審美）

制式教材
非制式教材
另類教材

圖 5-1-1　聆聽與說話教學概念圖（一）

（資料來源：周慶華，2011：67）

其實，豈止一般論說者這樣淺看聆聽和說話教學，連部頒的《國民中小學九年一貫課程綱要》中的能力指標也是如此「含混籠統」：而現今九年一貫國語文學習領域裡，更有針對學生口語表達所要達成的能力指標。當中國語文學習領域的基本理念是：

旨在培養學生正確理解和靈活應用本國語言文字的能力。期使學生具備良好的聽、說、讀、寫、作等基本能力，並能使用語文，充分表情達意，陶冶性情，啟發心智，解決問題。並培養學生有效應用中國語文，從事思考、理解、推理、協調、討論、欣賞、創作，以擴充生活經驗，拓展多元視野，面對國際思潮。進而激發學生廣泛閱讀的興趣，提升欣賞文學作品的能力，以體認中華文化精髓。同時引導學生學習利用工具書，結合資訊網路，藉以增進語文學習的廣度和深度，培養學生自學的能力。（教育部，2008）

從這基本理念延伸出十大基本能力，與課程目標支撐其架構。細則中的能力指標，讓教師可以依循引導學生逐一學習；在此循序漸進的引導下，盼能培育均衡發展的好兒童如表 5-1-1 所示：

表 5-1-1　九年一貫十大基本能力與國語文課程目標

編號	基本能力	十大基本能力的定義	本國語文課程目標
一	了解自我與發展潛能	充分了解自己的身體、能力、情緒、需求與個性，愛護自我，養成自省、自律的習慣、樂觀進取的態度及良好的品德；並能表現個人特質，積極開發自己的潛能，形成正確的價值觀。	應用語言文字，激發個人潛能，發展學習空間。
二	欣賞、表現與創新	培養感受、想像、鑑賞、審美、表現與創造的能力，具有積極創新的精神，表現自我特質，提升日常生活的品質。	培養語文創作的興趣，並提升欣賞評析文學作品的能力。
三	生涯規畫與終身學習	積極運用社會資源與個人潛能，使其適性發展，建立人生方向，並因應社會與環境變遷，培養終身學習的能力。	具備語文學習的自學能力，奠定終身學習之基礎。

四	表達、溝通與分享	有效利用各種符號（例如語言、文字、聲音、動作、圖像或藝術等）和工具（例如各種媒體、科技等），表達個人的思想或觀念、情感，善於傾聽與他人溝通，並能與他人分享不同的見解或資訊。	應用語言文字表情達意，分享經驗，溝通見解。
五	尊重、關懷與團隊合作	具有民主素養，包容不同意見，平等對待他人與各族群；尊重生命，積極主動關懷社會、環境與自然，並遵守法治與團體規範，發揮團隊合作的精神。	透過語文互動，因應環境，適當應對進退。
六	文化學習與國際了解	認識並尊重不同族群文化，了解與欣賞本國及世界各地歷史文化，並體認世界為一整體的地球村，培養相互依賴、互信互助的世界觀。	透過語文學習，體認中華文化，並認識臺灣不同族群文化及外國之文化習俗。
七	規畫、組織與實踐	具備規畫、組織的能力，且能在日常生活中實踐，增強手腦並用、群策群力的做事方法，與積極服務人群與國家。	應用語言文字研擬計畫，並有效執行。
八	運用科技與資訊	正確、安全和有效地利用科技，蒐集、分析、研判、整合與運用資訊，提升學習效率與生活品質。	結合語文與科技資訊，提升學習效果，擴充學習領域。
九	主動探索與研究	激發好奇心及觀察力，主動探索和發現問題，並積極運用所學的知能於生活中。	培養探索語文的興趣，並養成主動學習語文的態度。
十	獨立思考與解決問題	養成獨立思考及反省的能力與習慣，有系統地研判問題，並能有效解決問題和衝突。	應用語文獨立思考，解決問題。

（資料來源：教育部，2008）

　　從這課程目標所示，聆聽和說話教學的課程目標太過制式，可見為了九年一貫的實施，會有些許的無趣、空洞，缺乏創造想像的空間。因此，我們應該以聆聽和說話教學來作理解轉述的延伸，讓聆聽和說話教學在戲劇的教學上有再重組和再生產的視野，如圖5-1-2所示：

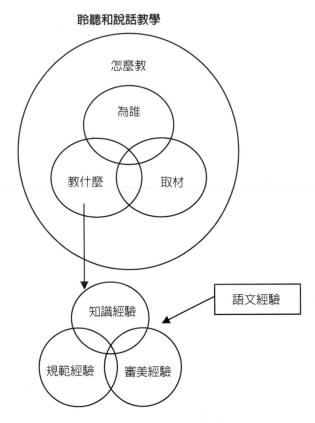

聆聽和說話教學

怎麼教

為誰

教什麼　取材

知識經驗

語文經驗

規範經驗　審美經驗

圖 5-1-2　聆聽與說話教學概念圖（二）

　　聆聽和說話教學不能再無謂的在一些「不相應」或「非急切相關」的課題上纏繞（否則勉強進行聆聽和說話教學就看不出什麼意義）。它所刻意透過教學來「強化」學習者聆聽和說話的能力，一樣是要他們為習得各種語文知識那一路的；而它既然跟閱讀教學「一體成形」，所以凡是所有刻意從事的教學手段也都是「過程」義的（詳見第四章第一節）。（周慶華，2007：60）這種過程，在閱讀教學還要略有所「分化」時，自然就形成了圖 5-1-3 所示：

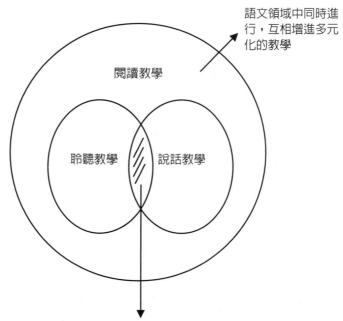

圖 5-1-3　聆聽與說話教學概念圖（三）

　　在這個圖示中，因為標出了聆聽和說話教學，所以它們的「刻意」強化性也就顯現出來了；同時它們之間又因為可以「各行其是」（彼此聆聽和說話非關共同主題或另行衍生他物）而僅以交集常態存在於整體的閱讀教學裏（雖然這也同樣不離「創發設定」的範圍，但總比其他胡亂規模為的好）。換句話說，只有相關的共同主題，聆聽和說話教學才會將聆聽和說話教學「縮結」在一起。（周慶華，2007：60）

　　如在一個閱讀教學的情境裏，假定要有所相發文本中的「禍不單行」的牽涉現實／超越兩界所可能的隱式倫理規範，由教學者或學習者自己提出這樣一個案例：「陶南才坐下來，就聽見兩個女生

在交談。當中一個說：『老四剛剛在餐廳吃飯，餐盤中有一顆滷蛋，她用筷子一夾，滷蛋順勢彈了出去，掉在對面另一人的湯裡，濺了人家一身。她趕忙起來向人家道歉，並為對方擦拭；沒想到又把餐盤弄翻了，這下對方連臉上都是飯菜。你看，這種笨手笨腳模樣，真是豬喔！』」這時聆聽教學的任務，就得在最「表淺」的層次引導在場所有的學習者細微分辨出該案例所屬對象語言的描述、詮釋和評價的方法成分（本體義上的）。也就是從開頭到「都是飯菜」句是描述；「這種笨手笨腳模樣」句是詮釋；「真是豬喔」句是評價（周慶華，2004b：18）。其餘有關它的比較「深沉」層次的諸如敘事本身的「成敗與否」（如從開頭到「都是飯菜」句的描述中已經可以讓人感受到老四的像豬般的笨拙樣，實在不必再加詮釋和評價來「畫蛇添足」）以及它該隱式倫理規範的「印證多寡」和身為旁觀者究竟要不要有加入「譏笑行列」的反應等等，也都可以依此類推再從「聆聽心得」中去加強認知。而這顯然比泛泛的要學習者去「聽一些有的沒有」來得有具體的效果（至少不會亂「跑野馬」而失去焦點）。（周慶華，2007：61）

　　語文領域可說是其他學科領域創造的基礎，人們透過語文活動而得以進行思考，產生創造表現。而語文本身也是一項豐富的創造產品，不論是演說、閱讀、寫作等均含著相當豐富而複雜的創造過程。倘若要將故事呈現出來，除了讀熟文本之外，必要時可將文本的內容進行改編。改編可以淺化、增刪、混合、自由改編，最常看到的是淺化及增刪。淺化是為了配合學生幼稚、單純、注意力容易渙散等特點，自然就產生淺化的必要。淺化指的是處理「衝突」的技巧，將原本具體呈現的原始素材，依照兒童方便吸收的程度予以簡化。增刪則不必忠於原著，意味著「不必全然忠實於原著」，但語意間也同時表示「部分仍須忠於原著」。而那仍需忠於原著的部分，最簡單的就是改編當初看中原著的特別可取、值得透過改編以廣流

傳的部分。它或許是個深刻的題旨，或許是一段驚險的歷程，或許是一個生動的人物形象……編劇必須隨時提醒自己：如何一面保存原著的過人之處、一面表現出個人「再創作」的特色。（蔡雅泰，2006）

換句話說，聆聽和說話教學最高層次的教學在理解，而不是低層次的轉述問題，然而聆聽和說話教學要如何融入戲劇化教學，這就是再重組、再生產的重要教學。例如：臺視有個節目「超級偶像星光大道」，其中有位歌手唱了一首「one night 北京」，他是大陸哈爾濱人，因此唱起歌來字正腔圓真的是聽不懂也會覺得很好聽。最特殊的是他在歌曲中秀了一段「數來寶」，這可妙了！我找個時間趕緊放映給學生看，學生很稀奇的看著她拿著響板唸了幾段，學生也跟著節奏拍打著桌面，一面打一面唸，雖然不是很順暢，卻有互動活潑的整體表現，有夠熱鬧！其實，數來寶也是一種語文說唱遊戲。其表達形式是用節奏樂器敲出固定的節奏，運用輕、重、緩、急的變化助長生動活潑的效果。只是內容的主題要明顯，在語文教學上可以視當時的人、事、地而臨場編詞（這就是即興的創作表演），語句要儘量詼諧生動，手勢、動作、表情可以誇大。那如果在制式的教材裡，例如：國語翰林版第十課〈詩兩首〉可以用朗誦的方式呈現。也就是說，詩歌朗誦是一種有聲語言的藝術。運用朗誦技巧，將情感意念透過聲音、肢體，對文學的作品進行再創作。（何三本，1997：179～184）這種不需太過誇張，只講求音色、渲染，就能達到聆聽和說話的戲劇效果。還有在國語翰林版第二課〈帶劍的花鳧〉中，可以先聽聽教學 CD，充分了解與熟悉文意，清楚文句的標點符號，才能把握主旨樂趣。同時把所要特別表現的字句，都標註清楚，有助於朗讀時聲音的詮釋。然後再運用朗讀的方式，請各組擷取其中某段來呈現，就可再重組新的語句。在這聆聽和說話教學戲劇化教學當中，可以讓學生有觀摩的機會。

聆聽與說話教學的戲劇化教學，所要強調是語文經驗中的再重組、再生產，並把這經驗再延伸。既然要讓它再重組、再生產，那就必須在聆聽和說話教學的戲劇教學產生極大化的創造，讓制式的教材不再只是永遠在背書、練習，而是把教學方向改變，少了背誦。著重在如何理解運用以及靈活思維能力培養，讓一場聆聽和說話的教學具有戲劇性的變化教學，製造教材的差異，多元化的活潑教學，製造無中生有，也給語文產業作了不錯的行銷。

聆聽和說話教學與戲劇結合的呈現，如圖 5-1-4 所示：

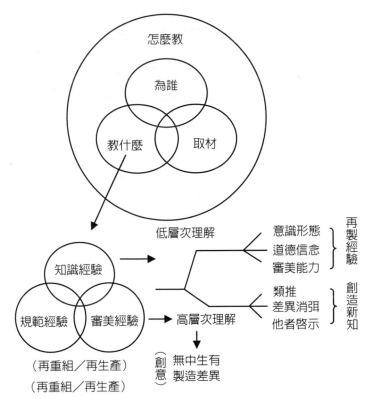

圖 5-1-4　聆聽與說話教學概念圖（四）

　　聽是向大腦輸入信息，是主動的表達。說話者可避開自己不會的，選擇會說的說。聽是不可能復聽或中途停下來；也不能選擇所聽的內容，也不能控制進行的速度，它必須與對方的說同步進行；話語稍縱即逝，要求聽話者直接快速地接受信息。不僅要對內容有所了解，還要能對說話人的語氣、停頓、語調加以分辨，綜合歸納，概括其異，才算是真正的聽懂。也就是說，聽是理解的範疇，說是表達的範疇，加強聆聽和說話能力的訓練，也有助於讀寫能力的提高。

　　說話是以表達為中心的把思維快速轉換成有聲音語言的過程。口語表達必須先有明確的思想，緊接著快速選擇適當的辭彙，按一定的方式構成句子，再透過發生器官轉換為口讀語言，並不斷根據聽者的反應調整講話內容。聽話，要想聽出對方的主要意思、絃外之音，就要有敏銳的覺察力和思辨能力。語言是稍縱即逝的，因此需要聽者邊聽邊記憶，邊進行縝密的歸納、分析、綜合、推理，進而作出判斷。可見聆聽和說話的教學能力基本要素是思維力、詞句的組織力、反饋力等。也就是說，聆聽和說話的訓練，也是整體的語文能力組織的訓練。（龔淑芬，2003）

　　列舉聆聽和說話的關聯如下：（一）聽和說同屬於口語交際行為。（二）聽說和說話是兩個相反的運動過程。（三）「聽」是輸入信息，「說」是輸出信息。（四）「聽」偏重理解，「說」偏重表達。（五）「聽」與「說」可以聯結，循環不斷的作用。如圖 5-1-5 所示：

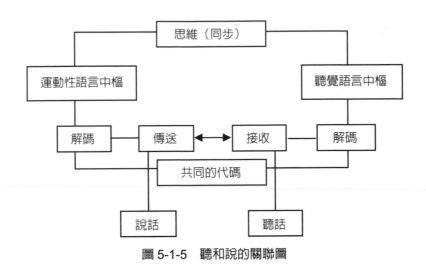

圖 5-1-5　聽和說的關聯圖

（資料來源：楊惠元編，1996）

　　語言是從使用的過程中，經由參與口語和書寫活動而學來的。時常參與對談是小朋友能學會口說語言的原因。語言的學習是一種創新的過程。人類發明語言以便彼此溝通，並藉它來學習和思考，因此語言是社會性的創新。然而，社會乃由個人組成，所以語言也是個人的創新。事實上，我們每個人都在創新語言，而且終其一生都不斷地在創新。不過我們在家庭和社會的環境下創新語言，而家庭和社會對我們所創新的語言早已有個公認的傳統用法。（皮亞傑〔J.Peaeygen〕）把這種創新和傳統的拉力稱為「不平衡」。我們的個人創新以及周遭人所使用的社會傳統語言分別牽引著我們往兩個相反的方向推進。如同（維高斯基 S.Vengarsgen）所說的，我們的個人語言會向社會語言靠近，一直到最後我們把社會語言「內化」為止。這時社會語言變成我們用以學習和反思經驗的內在語言的基礎。（洪月女譯，2001：206）

聆聽與說話教學的重要性在於：（一）思考是內在的語言，語言是外在的思考。（二）說話是人際溝通的方法，是傳遞思想、訊息的過程。（三）良好的溝通，可以讓你如魚得水，左右逢源。也就是說，當我們了解聆聽和說話教學的重要性，就可以延伸另一種教學，把聆聽和說話教學融入於戲劇當中，讓學生再重組、再生產更豐富又多元的語文教學。

第二節　聆聽與說話戲劇化教學的強化重點

「說的比唱的好！」常常會聽到這種論調，這種論調就是一種加強說話的精采性、讚美性，既然說的比唱的好，表示對方在聽的靈敏度非常足夠。也就是說，靈敏的聆聽和說話的精采要能呈現給學習者們觀摩，就必須與戲劇結合才能呈現完美的教學。

在聆聽和教學戲劇化的教學中，聆聽在理解的本質以及影響理解的因素的研究還是必須在「強化」上著眼。也就是說，聆聽採隨機教學，除了指導學生聽得清楚、掌握要點且能適時的回饋外，還能更上一層可以表演。

在本章第一節曾敘述過，聆聽教學在聽、說、讀、寫有密切的聯繫，這四種語文能力，又是互相滲透、緊密聯繫的；聽讀同屬於理解的範疇，說寫同屬於表達的範疇，加強聽說能力的訓練，有助於讀寫能力的提高。再者，說話是以表達為中心的把思維快速轉換成有聲音語言的過程。口語的表達必須先有明確的思想，緊接著快速選擇適當的詞彙，按一定的方式構成句子，再透過發聲器官轉換為口讀語言，並不斷根據聽者的反應調整講話內容。聽話，要想聽出對方的主要意思、絃外之音，就要有敏銳的覺察

能力和思辨能力。語言是稍縱即逝的，因此需要聽者邊聽邊記憶，邊進行縝密的歸納、分析、綜合、推理，進而作出判斷。（龔淑芬，2002）可見聽說能力的基本要素是思維力、詞句的組織力、反饋力等。也就是說，聽說能力的訓練，也是整體的語文能力的訓練。

在聆聽教學方面來說，強化聽要聽得靈敏，以現在的聆聽教學趨勢包含了「由下而上」和「由上而下」理解程序。因為在聆聽的過程無法停下來或暫停，而是在整個聆聽過程需注意精微的靈敏度，才能理解出整個程序來。而學生在學習聆聽的過程中可以把聆聽的教材當作扮演活動的角色，就有如角色扮演一樣。舉個例子來說，我在 2007 年教 64 屆的畢業生，那時最有名的電影《不能說的秘密》歌曲真的很讓學生震撼，周杰倫的帥氣、桂綸美的氣質，拍成歌曲的 mv，學生在聆聽歌曲當中，最能顯現在臉上的表情以及學男女主角的四手聯彈的肢體動作在桌面上不自覺的彈指，顯然是受到角色的影響而融入其中。看著周杰倫和桂綸美的對話可以由他們的面部表情、姿態、手勢、位移情況以及音量、語調的變化等來加強表達效果。換句話說，在聆聽的過程中，能聽懂我所說的指令，並正確回應。在聆聽和說話的結合，可以學習精確的說話和聆聽技巧。這可以訓練聽的靈敏度、精確度、理解力。再利用分組的討論，先讓學生閉上眼睛然後說說這首歌的感受：怎樣的聲音會讓你清楚明白？當外面有很多的聲音訊息干擾時，要如何專心聆聽？（這可以兩人一組，較為清楚，默契可以慢慢建立）然而學生可以借助於這些因素，體驗聽說互動更為精緻，深入了解男女主角在對話中彼此的內心世界。我用電影音樂呈現我的聆聽教學，是因為節奏的美可以昇華到另一種語文經驗的「開展」空間，也是一種精神上的療效。另外，前章節我曾提過在制式教材中，國語翰林第十課〈詩兩首〉其中一首的〈觀

游魚〉（唐朝白居易作）「**繞池閒步看於遊，正值兒童弄釣舟。一種愛魚心各異，我來施食爾垂鉤。**」聽老師唸和聽學生唸，就可以明顯看出學生和老師在對這首詩所表達的涵義有所不同，學生畢竟還是小孩子，思考的邏輯可能沒有大人那麼的精細、純熟，卻有天馬行空的創造力和想像力，富有戲劇性的呈現，這就是所謂的童言童語、話中有「畫」。

　　因此，在肢體語言方面的態度應培養良好的聆聽態度。也就是說，聆聽時的肢體禮貌要能養成自然、安靜、喜歡、仔細聆聽的習慣；雙眼凝視說話者，能以微笑、點頭等姿態表情，注意聆聽而不插嘴，讓對方充分表達意見，讓對方會心與對方互動。（何三本，2001：94）聆聽的理解也就是在聽者的靈敏度，因為聽力的理解在於集中注意力，積極運用長期記憶中的知識，善於對訊息進行重組（所謂的語文領域高層次理解／再重組、再生產／創造新知），減輕短期記憶的儲存負擔，讓短期的心理運作功能得以發揮，正確理解話語的整體意義，在聆聽教學中創造出「無中生有」或「製造差異」。

　　聆聽也可從說話者的情境中捕捉說話者的思路，以提升理解的技巧。就有如我剛提到《不能說的秘密》歌詞的涵義（詳見附錄），可以注意關鍵性詞語整體呈現感情因素的詞語、出現頻率高的詞語或注意強調的詞語，這都是關鍵性詞語在聆聽者的靈敏度。其次，有些說話者可能有些許的背景資料，必須去了解整個說話者的來龍去脈，例如：國語翰林第十課〈詩兩首〉中其中一首〈贈劉景文〉（宋朝蘇軾作）「**荷盡已無擎雨蓋，菊殘猶有傲霜枝。一年好景君須記，最是橙黃橘綠時。**」為何蘇軾要贈劉景文這首詩，從蘇軾說話到學生聽這首詩的背景之後，就可以挖掘話語中的絃外之音、言外之意。「將心比心」這句話很重要，因為站

在說話者的立場能設身處地的思考，有助於體會和把握說話者的真實情感流露。

　　根據以上所述，要強化聆聽的靈敏度還需要良好的能力。然而，這聽話的能力有三要素：（一）對語音的辨識能力：語音的物理性質，使它成為可感知的，能加以區分的音素，這些物理音素，有音高、音強、音長、音質四要素，聽話就是透過語音的辨識，來理解語音符號的涵義。辨識、理解語音符號的涵義，有音素、音位、音節等組合規則的辨識能力，此外還包含語音情感的辨識，就是音同義異的字義，或音近義異的字義。（二）對語義的理解能力：對語音的辨識，由感知上升為思維。聽話時的理解過程是，理解音位→理解詞彙→理解語法系統→理解語言組合結構→理解話語內部意思。這是一個理解語言外部意義、表層結構，或深層結構涵義的基本過程。（三）良好的記憶能力：良好的聽話能力，離不開良好的記憶能力，只有將對方所說的話，記憶清晰、完整，才可能正確理解對方說話的內容，聽話記憶力是可經由訓練來達成的。（何三本，2001：85）聆聽教學的強化重點呈現，如圖 5-2-1 所示：

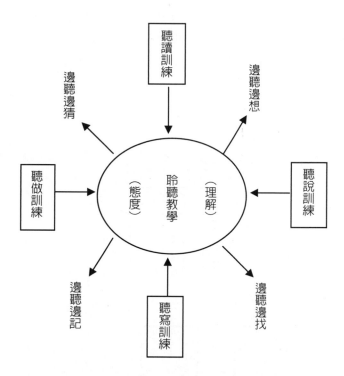

圖 5-2-1　聆聽教學圖示

（資料來源：龔淑芬，2002）

　　聆聽的教學雖採隨機教學，但在回饋的方面還需加強。因為如我所帶班級的學生並不是都是資優生，可能在聆聽方面的回饋必須要小心謹慎。也就是說，每個人在聆聽的反應不同，需要靈活的調整學生在聽話的方向，不然很容易偏離主題。因此，在教學的時候，不能硬生生制止或者不禮貌的打斷學生的思緒，而必須要認真的傾聽及適時的把主題拉回。

面對說話者不同，對聽到的話反應不同，聽話者常常會採取不同的傾聽方式。根據說話者的意圖、所說話語作具體的回應，與說話者形成「交流」。（龔淑芳，2002：117）有效聆聽傾聽，如圖 5-2-2 所示：

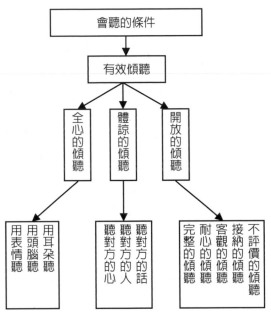

圖 5-2-2　有效聆聽傾聽圖

（資料來源：龔淑芬，2002）

因此，聆聽教學在聽說練習方面有以下幾種模式：（一）教學者提問，學習者回答；（二）學習者分組討論、報告，其他組學習者回應（三）學習者提問，教學者或其他學習者回應；（四）播放相關的錄音帶、CD、影片等，教學者帶領學習者討論分享心得；（五）設計採訪活動、報告分享成果。這都可以使聽話教學較有互動性、趣味性。

　　聆聽教學在新課程綱要中是單獨設項，因此在聆聽教學就必須更新教學觀念，重視聆聽的訓練。在高科技的時代裡，語文的教學已站在時代的尖端，多媒體的教學必須是創新的。例如：我所教的班級就是一間電子白板的互動教室，利用電子白板的媒材當作教學的輔助，更落實教學的新觀念。也因為電子白板的關係，可採取多種的方法，刺激學生在聆聽訓練的興趣，而這興趣必須由老師來提升，設計一些新穎的訓練課程，讓學生喜聞樂見，積極認同科技的輔助有它的效果；再者就是創造聆聽的情境，強化聆聽的呈現。因為是隨機教學，所以必須把握空白的時間來作隨機的聆聽訓練。而這所謂的空白時間，是指利用平常的說話、閱讀、寫作機會，隨時隨地進行隨機的訓練，如圖 5-2-3 所示：

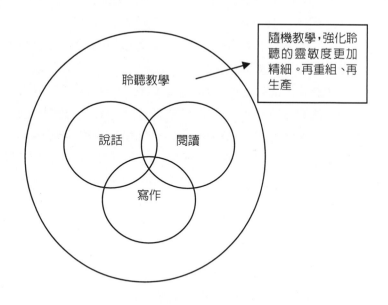

圖 5-2-3　聆聽教學所包涵的訓練關係圖

「最美的不是下雨天　是曾與你躲過雨的屋簷……」（電影《不能說的秘密》歌詞）要賦予聲音有生命、有活力以及有創意，就必須用這類口語來表達、來詮釋。語言的精緻，語言內容的深度，才會有語言價值的延伸。說話要說的精采，就是讓學生把經驗再創意化。在國語文的教學中，除了制式的教材國語課本，還有非制式的教材，像故事書、繪本、小說……等等。為了使制式的教材不因為教學而教學、因考試而死背課文，讓美好的語文課程變得毫無生趣，就應該要多活化課本內容太過僵硬的語音，轉而使語感變的很生動。

所謂的語言，是「人類用嘴說出來的話，由語音、語彙和語法所組成，是表情意、傳遞思想的重要工具。」（教育部，1995）在語言學的定義中，它是約定俗成的規則之下，有系統的以聲音為傳播訊息的符號，也是人類自主而有意識的行為，並且是與文化緊密相關的社會行為。（謝國平，1998：8～10）聽話是接收訊息，是輸入；說話是傳遞訊息，是播出。一入一出，二者是相反的心理過程。說話時，人們將字彙、詞彙、句型等語言材料和語法規則，經由思維轉換為有聲語言，發出聲來，從而達到傳遞訊息的目的。（何三本，2001：85）在人際交往的過程中，語言可以用來溝通意見，表達思想與情感；同時它也是人們在適應困境和解決問題時作為幫助思考的媒介。

說話教學和閱讀教學一起進行時，也因為要學習者說出所閱讀的感受或成果跟他人交流互動，所以也只合體現在全力於輔助學習者探取語文經驗的精義上。但為了更有效達成閱讀教學「多方刺激轉豐」的效果，也不妨更改閱讀教學的流程而讓說話教學以「額外」強化的方式介入；這時說話教學方法併體的過程義，就因為它可以活脫或靈動閱讀教學而更加缺它的「輔佐」不得。而所謂更改閱讀教學的流程而讓說話教學以「額外」強化的方式介入，就不外是透過演講、辯論、舞臺劇、廣播劇、相聲、雙簧、說故事等安排來成就。（周慶華，2007：65）

　　然而，在把相聲和雙簧運用在說話教學中還不夠在高層次的理解，因為這只是個人秀的語言藝術，只能偶爾隨機秀一下，可作為語文活動的遊戲。說話教學須連絡聆聽、閱讀、作文教學，使學生懂得在「情境」中發揮說話的能力，也必須在「具體的情境」中把說話說得很精采，從說話經驗中創造新知，並能在公開場合「秀」給別人看。我所服務的學校都有安排志工利用老師的導師晨會到各班級說故事，我所教的班級是週四的導師時間，為了想了解本班學生的學習情況，我會在旁仔細聆聽、欣賞。說故事在國小實施說話教學是很好的說話經驗，因為可以在隨機教學中即興創作，也可廣泛提升在聽和說的擴展，並以敘述性的強調聆聽和說話教學。說話教學的情境，如圖 5-2-4 所示：

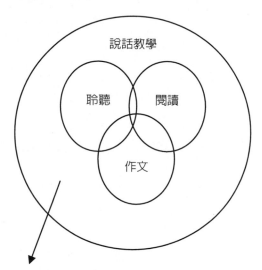

可同時進行，互相增進。也可統整不同學科領域，落實並強化其實踐性與全面性。延伸並擴展至與戲劇的融合。

圖 5-2-4　說話教學情境

如果以說故事的方式來引導學生對語文的說話教學產生興趣和互動，那必須把故事說的精采、說的有創意。國小課本的故事都是以敘述文來敘說，每當學生唸起來都太過僵硬，因此我們應該把僵硬的敘述文本再製、再產出另外一種說話的情境和美感。換句話說，敘述的文本是要將事件或故事加以有效的組織而後透過比喻／象徵等藝術手法來呈現；它（事件或故事）再經過一番「整合」和「修飾」後，就可以有別異於「庸常之流」。（周慶華，2007：122）國小的文本呈現的類型，如圖 5-2-5 所示：

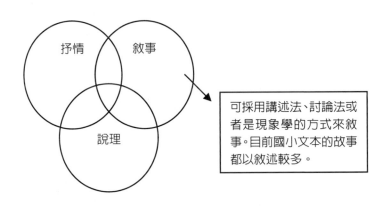

圖 5-2-5　抒情／敘事／說理三者的關連性

（參考：周慶華，2007：116）

如果純以過程義的教學方法來說（暫不涉及跟閱讀教學搭配「教些什麼內容」的問題），那麼舞臺劇和說故事就有一些形式技巧美學可以形塑備案。在說故事方面，說故事可以純口述，也可以加上道具（如圖畫、器物、布偶、模型、照片、剪報、卡片、投影片、幻燈片、錄音帶、錄影帶、電子書、CD、VCD、網際網路等）的輔助，全看現場需要而定。還有說故事可以純敘述，也可以夾雜

議論；後者雖然在某些狀況下（如面對直接接受故事有障礙的聽眾主動要求附帶解釋故 事）有它的必要性，但整體上因為缺乏美感而比較不被看好。（何三本，1995：173～174）因此，下一節我會把聆聽和說話教學引導到讀者劇場和故事劇場的呈現。

　　故事創作後，倘若只是直接呈現在讀者面前而為讀者所接受，那麼它只是一個傳播工具而已。如果它還要經由一個轉化的過程再現而為聽眾或觀眾所接受，那麼就會牽涉到其他的問題。這些問題，都是關係「故事的說演」。「說」是指將故事予以複述或轉述；「演」是指將故事予以表演呈現。由於說故事時會搭配著姿態、表情和動作等肢體語言，而演故事時除了肢體語言還需要相當多的「口說」來傳達，以致於「說」、「演」經常是一體呈現的。而我們所以需要這些姿態、表情、動作等肢體語言輔助，是因為有特定的傳播對象在接受影響。我們對這些對象不需要明顯的教訓條例，但是藉由說演故事的呈現依舊得有教育意義的存在。（周慶華，2002：311－324）說故事並把故事創作後，這在國小實施是最好的說話教學時機，也因此融入在戲劇中可以特見效果。

　　要如何才說得好，以及如何讓自己成為好的說故事者，首重的是——聲音的魔力。著名劇作家佛瑞尼克斯（Phrynichus）取材當代史實的《麥利特斯圍城記》演出時，雅典觀眾因為「目睹」麥利特斯這個文明鼎盛的希臘城市慘遭波斯攻滅，由於演出十分逼真令觀眾當場同聲哭泣。事實上，不只在歐洲，在中國古代傳統說唱藝術的鼓詞、相聲、說書當中，不也是單憑表演者聲音變化的絕活吸引觀眾？現在校園中因為多元化閱讀教學的盛行，說故事更是教師們必備的拿手絕活。這時聲音就是一種魔力，透過此起彼落、相互唱和的方式，能同時在數十人、數百人、數千人、乃至數萬人心中造成震撼，那是多麼令人感動的一件事！（江文明，2005）

　　我們知道，說故事與閱讀息息相關。說故事可以是閱讀結果的出口，也可以是引導孩子進入閱讀的前導活動；說故事可以整合孩子聽、說、讀的能力。常聽故事的孩子，腦中累積了許多未來進入閱讀情境的能力。對於不愛看書的孩子，說故事則可以激發孩子閱讀的興趣。由於坊間對於故事的 CD、DVD 出版相當多，聽故事、看故事已是現在兒童童年的例行公事，但是大部分都只停留在「聽」、「看」之中而未能有「說」的機會。然而，光聽不說、光看不練，說的能力終究不會增強。要學生口語表達佳，則促進語言精熟度的活動是不可少的。一般說故事的活動大部分都是「家長或老師說，學生聽的模式」，這樣的模式互動性少。在學生尚未養成說故事的能力時，其實可以用故事接龍的方式；這樣的方式具有雙向對話的效果，你一句、他一句、我一句，像似在玩遊戲，更可以激發學生學習敘述性的語句，擴展語言精熟度。其實無形中鼓足了「說」的勇氣，就是跨越學習障礙的開始。在說話當中，看著同學說故事，自己無形之中膽子也壯大了；倘若能再善用一些角色扮演的遊戲、偶戲的操作，學生的學習興致就更加濃厚，也更可提高學生優質性的語言能力。（林麗英，1998：81－117）下節將以我個人所研究的讀者劇場和故事劇場在聆聽和說話的教學上應用。

　　說話教學主要是透過各種活動安排與設計，配合相關語文知識的傳授，來達到訓練學生口語表達能力的目的。其主要訓練的能力包括：思維能力、語文能力、學識修養及組織能力，此為說話的「內在能力」，也是一般語文教學的共同要求；另外，還有說話的「外在能力」，包括：口語表達的能力、運用語音的能力、合宜的禮貌及態度等，這是說話教學特別著重訓練的部分。以上所列的內、外在能力，可以在教師的指導下，透過朗讀、複述、討論、口頭報告、口頭作文、戲劇、採訪、演說、辯論等活動，逐步加以培養訓練。

　　隨著時代的變遷和先進的科技，說話教學不能脫離實際的生活，新的語彙、句法和發音習慣都會因為大眾傳播媒體不斷的出現而迅速的散播。因此，說話教學必須以開放的角度，從文化的變遷中吸收更精采、更鮮活的對話。班上有許多學生喜歡用電腦網路交談（連安靜的學生都能在即使通侃侃而談），變的欠缺說話的能力的指導與練習的機會，所以教師在從事說話的指導時，必須有多樣化的教學活動設計，同時培養學生聆聽的習慣與風度，加上教師適度的給予正向的增強與回饋，以激發學生的學習興趣與信心，幫助學生能快樂的學習，勇於嘗試分享心中的感動。

第三節　讀者劇場與故事劇場的運用教學

　　讀者劇場是當今十分活絡的教學方式，它能廣泛地應用在教學上，讀者劇場將戲劇的元素帶入到讀寫能力的習得上，並且神奇地將教室課堂便成了表演的舞臺。在讀者劇場裡，閱讀者站在舞臺的中央，完全沉浸在閱讀的樂趣中，他們儼然就是舞臺上最閃亮的一顆星（Lila Carrick，2001）。讀者劇場和傳統戲劇最大的不同在於它不需要戲劇服裝、化妝、道具、舞臺布幕及燈光，參與者也不需要記憶冗長的台詞，他們鑽研在文本中，喚醒硬梆梆的文字並賦予角色新的生命。

　　什麼是讀者劇場？「讀者劇場」簡稱 RT 或讀劇，它是一種以文學為主的發聲閱讀，利用口語闡述故事或文學作品與觀眾交流，是最簡單的劇場型式。在讀者劇場的表演中，演員使用劇本，故事的情節是透過讀者劇場的旁白和其他角色呈現出來。臺詞是被「唸」出來的，而不是「背」出來的。（Lois Walker，2005）故事是由讀

者劇場讀者坐著或站在定點上直接唸給觀眾聽的。簡單來說，讀劇是一種應用戲劇詮釋文字的方式，它的表演內容可包括戲劇以及各類型的文學作品，例如：短篇小說、小說、詩文、信件、散文、札記、廣播、電視劇本和新聞專欄等。

也就是說，讀者劇場有下列的特色：（一）以朗讀劇本為主，並強調口述表達；（二）表演者們可透過獨自朗讀、團體朗讀或輪流唸讀的方式呈現劇本；（三）表演者也參與劇本的改編；（四）表演者不需背誦劇本；（五）需透過聲韻調和臉部表情搭配強化劇本所欲傳達的意念；（六）讀者劇場能輕易和不同學科內容統整。

因此讀者劇場有以下的功用：（一）RT 是一種可以引起高度學習動機的策略（渥克〔L.Walker〕，2005）。可以使原本枯燥無味的語言文字以另一種生動活潑的方式來呈現，可增加自信心。（二）抑揚頓挫的閱讀可以反映出讀者對於語句及句型的了解。學生試著用不同的朗讀方式，來詮釋不同意義，透過音量高低、重音和語調，RT 讀者深入所讀內容，賦予角色及文字生命。（三）RT 可以增進閱讀的流利度。何謂流利度？流利度是只能夠正確並很快的唸出文本的能力，而且流利度可以讓讀者了解他們正在閱讀的內容，讀者不斷的複誦可以增加流利度（Bonnie B.Armbruster＆Jean Osborn，2001）。流利的讀者可以知道語氣何時該做調整，可以建構出所讀文本的意義，大幅提升閱讀流利度。在 RT 的活動中，學生第一次會自己先默讀或由兩人一組來閱讀文章，接著會整組一起練習，並輪流擔任不同角色來體驗不同的感情、情緒，揣摩不同的人格特質，最後在公開的場合表演給觀眾看，所以，讀者劇場可以引發學生不斷的閱讀文章，流利度因此因應而生了。（四）RT 可以增加學生的社會互動（曾惠蘭，2004：4）。教師在分配角色時可以參酌學生的程度，程度較差者給予較容易掌握的角色，程度較好者則分配

較為吃重的任務，同儕之間並不會視對方為全組的絆腳石，反而藉由團隊合作培養出難得的默契和自信心。（張宛靜，2007）

　　讀者劇場是以朗讀的方式進行，所以就必須了解朗讀的技巧。所謂朗讀「就是用標準的國語正確、流利，有感情地把文章唸出來，要求吐字清晰、不唸錯、不丟字、不添字、不顛倒、不重複、不跳行、不遺漏、上下連貫；也就是用有規則的國語，樸實自然地，恰如其分地，富有感情變化地把文章讀出來。」（何三本，1997：143）「文字語言原本就有感染人的力量。『愛不釋手』、『掩卷遐思』都是被感染的表現。可是，當把文字，語言變成聲音語言的時候，那感人的力量，不僅是直接立即反應而已，其力量將更強烈。也就是說，朗讀比文字語言帶給讀者更豐富的情感，更具體的形象……不論是自己朗讀，或是聽別人朗讀，都需要有一定的語言藝術素養和造詣，這不但包括從文字語言到有聲語言的轉換能力，及從有生與延推及到文字語言的思維判斷能力，還包括深廣的學識、熟練的技巧，更包含著語言的感受力對語言完美的鑑賞力。」（何三本，1997：150～151）所以朗讀在閱讀教學中是很重要的。

　　以目前的教育趨勢來說，以英文課帶入讀者劇場的教學愈來愈多，學生也對英文課也沒那麼排斥，也讓死氣沉沉的英文課變得活潑有趣。然而英文課要上的很順暢必須要求學生達到閱讀的流利度，也就是對英文文本的文章有相當程度的理解及詮釋。我所服務的學校將在 100 學年度實施英文特色認證，因此我所教的班級有幾位同學參加了這次讀者劇場的演出非常生動，也因為聖誕節即將來到，英文老師編了一齣英文劇場，運用舞臺的讀劇來呈現另外一種效果。（活動照片於下節呈現）

　　教師可以視不同的時機、學生不同的程度來採用，教室操作必然非常豐富有趣。甩開傳統教師在課堂一支獨秀的姿態，教師可以讓學生參與改寫劇本，他們可以學會如何鋪排角色、情節，說不定

會激起意想不到的浪花。也就說，以這劇本來運用在每個班級也非常有挑戰性，老師先帶領學生齊聲朗讀，可以來強化學生對英文的唸法的流利度和詮釋對劇本角色的深刻印象，等學生把每段的句型加以重複練習，可讓學生分組討論並改編劇本，然後組別呈現觀摩、分享。

　　當學生已將劇本編寫完後並已了解讀者劇場操作的方法和技巧時，就可以進行演練。在排練的過程中教師以一個指導者的身分以溫和的語氣在旁指導，從發聲、姿勢、臉部表情作出改善的建議，帶領學生進入故事內的情境，領會隱藏在故事文本中的情感，進而享受語言表達的樂趣。有關朗讀的技巧，教師必須在學生進行演練時適時的加以從旁指導。關於朗讀的速度是有所差別的，為了避免學生上臺表演時像和尚念經般的規律毫無速度的快慢，可以根據學者的說法在「敘述、寫景的地方，表現情緒平靜、沉鬱、失望的地方，描寫氣氛莊嚴、行動遲疑的句子或較難理解的語句，讀和誦的速度都要放慢些；沉思、悲痛的地方，速度要更慢；激憤、反抗、駁斥、驚慌、害怕、緊張、熱烈、興奮、愉快等內容，讀和誦的速度可適當快些。」（何三本，1997：157）給學生提出建議或者示範唸讀給他們聽。倘若是在演練時學生說話速度還是太快或太慢，則請他回家多練習，讓他熟練臺詞，因為「對臺詞的熟練對於最後演出的流暢性有莫大助益」（渥克〔L.Walker〕，2005：42）對於表演學生唸讀時音量太小的情況，則多鼓勵他利用下課時呼喊、大叫，克服上臺的心理障礙，把他和他的好朋友編成一組，一起上臺演戲增加安全感。

　　朗讀時的語調要如何運用，才能有效的表達？學者說：「語調，指的是朗讀的語句裡的聲音高、低、升、降的變化。語句裡有了升降的變化，就有了動聽的語調；抑、揚、頓、挫搭配得當，就富有音樂美，更能精準地表達不同的語氣和情感。而語調的變化，是由

語句的內容和語言環境來決定的。」（何三本，1997：159）至於語調的確定，取決於閱讀者對作品的體會理解。依學者對語調的分類，我以本班級所教的翰林國語第二課〈帶箭的花鳧〉為例（制式教材）：（一）平調：語調平直舒緩。當旁白在作一般的敘述與說明時所用的語調是平直舒緩的。當居民問道：「是一根大約三、四十公分的長箭，從背部射進去的。」（二）升調：語調前低後高，或者句末上揚。當居民問道：「箭從背部穿過，那不是很痛嗎？牠還能忍著痛，一路飛到我們這裡來，真不簡單！」這句話表示懷疑和驚訝。像這樣有懷疑和驚訝的語劇語調的運用就可以前低後高來詮釋。（三）降調：語調由高而低，或語尾下降。鎮長問道：「如果你是小唐，妳願意離開家人，獨自留下來嗎？我們將小唐留下，牠就不能和家人一起飛回大自然了。」語句顯得無可奈何。因此語調的詮釋就可呈現由高而低或語尾下降的降調。（四）曲折調：語調開始和結尾聲音較低而中間聲音較高；或開始和結尾聲較高而中間聲音較低；或呈波浪狀。（何三本，1997：162～164）然而語調的使用也非一成不變，「語調的確定，取決於對作品的理解。」（同上，164）當學生在排練活動開始進行時，適時提醒他們利用想像力經營氣氛、揣摩人物心理，注意語調的使用和臉部表情。聲音和表情是讀者劇場的兩大要素。（〈帶箭的花鳧〉在下節的設計活動呈現）

在非制式的教材裡，我運用了〈國王新衣〉這本繪本書，我所服務的學校在四月份訂為閱讀祭，各班必須展示靜態和動態的閱讀呈現，因此在 2009 年四月中旬，我以孫淑儀老師所教的班級〈國王的新衣〉呈現另外一種風貌。然而這些表演都必須利用晨讀時間或者下課時間排練，就要安排時間讓小組正式表演。表演時，以五年丁班教室講臺為演出場地，請演出的同一組同學一起站在臺上，從頭到尾都每個演出的人都站在固定的位置上，手拿著要演出的劇本，朗讀出所設計的各個部分，劇本不可遮住臉部，以免阻礙了聲

音、臉部表情的傳達。臺下的同學也藉這個機會欣賞學習其他同學的演出。活動最後要對整個讀者劇場進行結論結束讀者劇場的活動。（活動照片在下節呈現）「結論是創作性戲劇活動的最後部分，是對戲劇活動過程作回憶、分享、回饋與意見的綜合，讓參與者能對整個活動有綜合性的認知、理解和肯定。」（張曉華，2007：85）也就是說，當學生以讀者劇場的型式演出〈國王的新衣〉後，請所有參與演出的學生提供心得或建議，包括對自己演出時的心得或對他人演出時的建議。由小組派代表上臺說明也開放給個人有自由發表意見的機會。「原則上，再作結論的時候，是不需要再作延伸性的討論，教師或領導者只要適時作簡短的回應就可以了。」（同上，86）最後由教師對整個讀者劇場的活動作個簡短扼要的總結。原則上，對於學生在讀者劇場整個活動中教師都以正面肯定的話語和態度來回應鼓勵學生的表演。至於缺點的部分，教師不宜用批判性的用語來評論個人的好與壞，應以團體的表現為目標，進而以如何做會更好更具體可行的建議提供給學生參考。學生在這樣溫馨、肯定的結論中，對於整個讀者劇場的活動型式充滿愉快、有效的學習心情。

我們所有的人都是說故事人。故事被建構進到我們思考的模式裡。為了自身的情緒健康以及對這個世界的歸屬感，我們都需要故事。我們不斷尋求機會去聆聽及訴說我們的生活……。（Jo Salas，2007：19）人的一生就是精采的故事，生、老、病、死都有它的過程及特殊意義和價值，只是要如何把這一生說的精采、說得讓人心服口服，這就是故事的豐富和實在。也就是說，對說故事人而言，對每個人都一樣，故事之所以會豐富和實在，是因為我們允許與故事意義相關的所有層面都再此一起呈現、回應並啟發彼此。

我所教的班級學生都很喜歡我演戲和說故事，每當上國語課時，常常會一句話就讓我即興表演，學生都說老師演的不做作，很自然；說故事不誇張，不虛假，因為我都以自身的例子來說故事，

教書多年，對我來說的故事在我認為是可以講也講不完，挺精采的。然而，把故事呈現在劇場上就有它的挑戰性。在舞臺上，我們傾向於著重在被說出的故事以及如何將它表現出來。（Jo Salas，2007：23）

　　故事的積極意義是指「用一定的次序，把許多事情排列起來」，因而產生「故事化」動人的效果。「故事化」是一種迷人的、有力的、精緻的情節推進過程，有了這個過程才會為故事的敘述增加趣味、展現魅力、吸引讀者關注故事的發展，直到故事結束為止。（蔡尚志，1989：4）「故事」的定義以廣義來說，不僅突破過去的舊事蹟，進入「現實生活」，而且又進入到「想像性故事」，甚至運用寫作技巧，將情節加以虛構，而這些虛構情節是為了達成「合乎兒童心理」、「開闊視野」、「充實生活」、「豐富思想」等等的目標所必須具備的條件和技巧。這些條件技巧的講究，就是在進行創作故事。（何三本，1997：255）

　　至於故事的長度也是很重要關鍵。對於學生來說，五至十分鐘的長度最適宜，超過的話，學生的注意力就會跑掉。為了避免學生的注意力跑掉，故事的精采度就必須要被檢驗。故事要精采，必須能先感動自己。依故事情節發展的先後順序，將它發展的軌跡——分析出來加以編號，這些編號組合成的便是此篇故事的基本架構，以「1」為開始；從「2」編號分析是上升、下降還是高潮頂點。尋找出故事情節發展層次及脈絡原因，要營造故事的氣氛也就比較容易了。而故事除了要吸引學生外，其背後所蘊涵的教育意義對學生的影響也值得深思。黃雲輝認為故事的教育意義有：（一）使兒童對優良事蹟產生崇拜的心理；（二）增進兒童能力與待人態度；（三）增加兒童嘗試和學問，增廣見聞；（四）促進兒童同儕間的彼此情誼；（五）加強兒童閱讀能力與注意理解力。（黃雲輝，1979：9-10）

　　故事劇場它是從「讀者劇場發展出來的另一種新的表現形式。它較讀者劇場更為口語化，敘述者的說明是由角色所分攤，因此劇中人物有時候是以第三者的身分，用旁白或獨白來敘述一些情況。演員往往須穿著劇裝，當敘述時，其他演員還可表演啞劇動作。同時可將歌舞、音樂作搭配演出，是較具動態的一種故事敘述戲劇表演」。（張曉華，2007：206）

　　故事劇場是從讀者劇場發展而來的。也就是說，他們之間必有相同之處及相異的地方，故事劇場和讀者劇場相同地方：（一）選擇題材；（二）編寫劇本；（三）演練修飾；（四）朗讀表演。故事劇場和讀者劇場相異的地方：

　　（一）故事劇場的敘述較讀者劇場更為口語化。在前兩個教學活動裡，學生對於劇本的改寫有了基本的形式和了解運用，所不同的是故事劇場的敘述要比讀者劇場更為口語化，既然要口語化，就必須把所教的劇本活動裡面的所說的話擷取下來，必須將書面語加以轉化成口語的表達。為了讓學生在演出時能以口語化的形式演出，在這劇本的製作中採用小組討論製作。至於要如何改成口語化的用詞，就靠演出的人如何去詮釋。在透過小組的討論時，可以請同組成員給於意見和建議，並在劇本形成前反覆的唸讀，是否達到口語化的目的。

　　（二）敘述者的說明是由角色所分離的。在劇場性的說故事裡，有關描述的部分由敘述者來朗讀，這兒的敘述者就是旁白的意思。敘述者的功能是讓聽者很快的就進入故事的情境，在沒有布景、道具的設備下透過敘述者語詞的描述可以讓人想像故事發生的場景和人物的姿態。再者在敘述說明時更可補充或加強表演者的表情也加強欣賞者的印象。孫淑儀老師的班級所呈現的改編版〈空城七號〉（康軒版國語課文空城計）如「報告丞相，司馬懿率領大軍殺過來了！就在西邊十五里外了！」，當敘述者說出司馬懿驚訝地

問的同時，演出者要作出驚訝的表情說：「你是誰？」這樣由敘述者在旁生動具體的描述，會讓在臺下欣賞的人有如身歷其境。故事劇場中「敘述者的說明是由角色所分離，也就是劇中人物有時候會以第三者的身分，用旁白或獨白來敘述一些情況。」（張曉華，2007：265）相對的「在表演時，演員請注意對話、獨白與敘述部份的區別，務必表現出劇中人的對話部份與向觀眾說明部份的差異性。」（同上，266）

（三）啞劇動作

故事劇場比讀者劇場多了啞劇動作。為了讓學生知道什麼是啞劇動作，我先上網從 youtube 查出默劇大師——卓別林的一些短片，其中播放一段他在馬戲團所發生的事，學生都看的懂的原因是卓別林的肢體和表情很容易看的懂他所呈現的劇情效果，因此，學生對啞劇動作就有些許的觀念，如再引導下面的活動就會較融入於劇本中。

「美國語言藝術教育學家，詹姆士·摩菲特，以其應用於教學的經驗指出：『由於故事劇場賦予學生自由的選擇，可以讓一組或個人敘述臺詞或對話時，其他的人則作啞劇動作。教師可作多種組合，以使學生自然有效，愉快地分析文章內容，如此，我們常擔心的一些閱讀詞彙，他們反而更能理解與詮釋』。」（張曉華，2007：206）啞劇或稱默劇，它「是不採用語言文字來傳達意念的藝術，是由表演者完全藉著身體的姿態表情傳達出思想、感覺、情緒與故事。」（同上，209）在故事的朗讀中，有些是情境是聲音、表情無法詮釋的，透過想像以肢體動作的表現，可以再現故事的情景。表演者利用他的想像，利用肢體語言表達，可增加臺下欣賞者的觀眾、思維、理解和認知的能力。再者由於在演出時，該組同學共同演出啞劇動作，具有很大的聲勢，深具感染力，讓欣賞的觀眾印象深刻。因為是班級成員一塊兒表演啞劇動作時，讓大家都能同時融

入故事的情境中，不會因為未輪到他演出時不知所措。因此故事劇場在劇本的呈現，就要特別啞劇動作。如〈空城七號〉故事劇場在劇本：孔明在城上燒香彈琴以及城內的老百姓在作打掃的工作，一點講話聲音都沒有。這樣的肢體呈現就很清楚何時要表達啞劇動作，其他同學配合演出。「默劇演練的重點不再於肢體動作精確度高的技巧表現，而是在想像認知與意念上較廣的傳現。」（張曉華，2007：209）所以教師對於學生肢體動作的呈現不求精細、準確，只要表現能稍微明確一些，所傳達的認知和情感及意念，讓觀眾感覺到就可以了。

（四）劇裝

故事劇場中的演員往往需要穿著劇裝。穿著劇裝，可以讓演出的人具有真實感，他彷彿就是所要扮演的人物。當穿著劇裝的演員一出場，就像故事中的人物進入另一個境界來到現場，而在臺下的欣賞的觀眾不用靠敘述者的說明、介紹，一眼就可以看出所扮演的角色。「有關服裝與造形的妝扮以配合劇情表現上的要求，裝扮的人物、年齡、時代、季節、顏色等必要合適合宜。」（張曉華，2007：414）也就是說，整體的造型要符合劇本的角色。然而，為了要演出〈空城七號〉需要花掉些許的費用，學校只提供小金額來補助各班級所要呈現的動態演出，因此，五年丁班同學在製作道具就利用一些較具的紙箱作城門、樹木以及不用的課桌椅來當道具，除了諸葛孔明和司馬懿以及幾位士兵租些古代衣服來呈現較有視覺效果的劇場，不然很難來引起觀眾對本班精心創作的劇場。說真的，經過我所服務的學校推動閱讀開始已四年的時間，學生其實都了解演戲該呈現的是什麼？老師所要求學生對角色每一個行為動作、表情和劇本了解的程度有多深都有一定認知，甚至希望學生能創造另一種不同的臺詞、對話或語氣，呈現較有震撼的故事劇場效果。（活動照片於下節呈現）

　　綜合各學者對於故事融入於教學的高度與多面向的肯定，學生可經由聽、説、讀、寫、看的歷程中，同時產生聯想、內省與情感的交流。在教室裡有意義的故事教學倘若經由教師適當地引導，無論是學生的語文能力、價值澄清、還是人際關係、情緒紓解等方面有很大的幫助，尤其是在人際關係上，可看出同學間的人際互動。藉由合作學習讓學生更了解團體中每一分子的努力與否，對大家都有相當的影響。一般文學作品是書面文字，靠視覺來了解的；詩歌朗讀吟唱是靠語言來傳達的，是靠聽覺來理解的；戲劇是將文學搬到舞臺上，是靠動作扮演給觀眾看的。至於道具的應用，可以依據故事情節而定，則沒有絕對的必然性。學生的聲音和動作就是最好的肢體動作，勿讓過多的道具影響了學生敘述故事的流暢性。故事是無限想像的延伸，而這也是故事最迷人的一點。藉由上臺表演，希望學生能在公開場合，不怯場、以更從容、具流暢性和變通性的表達自己的體驗感受。

第四節　相關教學活動的設計

　　讀者劇場的方式來呈現寓言故事應該是很合適的。主要原因是寓言故事淺顯易懂，短而美。繪本〈國王的新衣〉以簡約的手法刻畫人物，在短短不到 300～500 的字數中，就能把故事情節寫得波瀾起伏，這些在小說中才看得到的風趣對話以及富有生命力的語言藝術手法，在繪本中都可看見。它具有極強的滲透力，其精神和手法常常滲透到別的作品上。如果將讀劇應用於繪本故事中，學生能明瞭其要意，觀眾在聽的過程當中也清楚；讀者劇場較注重說者的口語能力與聽者的聽辨能力，繪本故事時間短，避免因為時間過久

聽眾易注意力不集中。至於取材要以能互動、有對白的、生活中帶點警惕的作用最佳。以下以〈國王的新衣〉〉為題材，以讀者劇場的方式來呈現。

這是一篇繪本故事帶有警惕、啟發的事，故事結構採順敘法，照故事發生的原因、經過、結果敘述出來，使情節脈絡清楚。表達技巧反覆，國王因為一而再、再而三的相信裁縫師的言語，進而未認清對方的能力而相信別人，甚至旁觀者也不敢說。啟發、警惕的故事在啟發智慧，讓讀者體會「言外之意，絃外之音」，因此具有警惕、啟發及想像力的故事藉由故事中的情節與人物來傳達主題，善用「比喻」的寫法引發讀者作聯想，並不會直接將主題說出。啟發故事體最難的部分就是「主題詮釋」；所以應當讓學生先清楚「文本情節」外，再來就是要引發團體討論，老師不要直接把主題詮釋的內容直接「灌輸」給學生，而是利用反覆閱讀、團體討論的方式引導學生說出相關的故事來作「主題詮釋」（劇本已在前節呈現）。

以下是在 2009 年 4 月 24 日於我所服務的學校在閱讀祭由孫淑儀老師所帶領的班級五年丁班所呈現的動態展演〈國王的新衣〉教學活動照片（在此感謝孫淑儀老師的協助幫忙）：

圖 5-4-1　〈國王的新衣〉教學活動照片（研究者攝）

　　這樣的故事每組約 10 分鐘就可朗讀完，從學生的讀劇中了解他們大都能了解故事的內容。組員中，如果有人較膽怯，則較會影響同一組同學的讀劇心情。如果有人較大方，整組的氣氛較易受改變。讀者劇場不同於傳統戲劇表演活動，而是以不同情緒的口語表達唸讀出劇本中人物的臺詞，不需多餘的肢體呈現和誇張的舞臺效果，更容易吸引學童的興趣，甚至主動要求演出，從中培養對閱讀的喜愛。這齣〈國王的新衣〉也要感謝孫淑儀老師協助，帶著學生選讀〈國王的新衣〉。孫淑儀老師說這本書的程度適合高年級學生也適合於我所教的班級（因為本人很有趣），讀者劇場只著重演出者的聲調、語氣表演，所以隨時隨地都可以練習，不會造成小朋友的負擔。高年級原本就有劇本形式的課文內容，所以小朋友並不陌生，大家都很投入，因為要扮演國王、騙子、侍衛、大臣等角色，大家會認真討論，分配工作、找出合適的扮演者，在小組成員熟悉劇情的過程中，充分達到聽、說、讀、寫的目的。以前課堂上的師生課文朗讀，「平板的音調讓人無聊到想睡覺」，加入讀者劇場的教學模式，小朋友都躍躍欲試，找回學國語和閱讀的樂趣。讀者劇場就是「讀劇」，用聲音來演戲，不需要舞臺和道具，小朋友只要手持劇本唸出對話就可以了。

　　學生能從中學到根據的情境脈絡，以自身的理解自然去詮釋角色，像是大野狼的故事中，學生會揣摩大野狼的語調和叫聲，加上共同學習的效果，讓閱讀變得有趣。(翁聿煌，2009)學生對這種有變化的語文學習感到興趣，主要是它有別於傳統的教學；其次是讀者劇場對學生來說較輕而易學，學生要破除其擔心、害怕的壓力也比較小的緣故。

表 5-4-1　〈帶箭的花鳧／空城計〉教學活動設計

教學活動設計			
教學單元	〈帶箭的花鳧／空城計〉	教學者	許瓊玲
教學方式	讀者劇場／故事劇場	教學時間	二節（80 分鐘）
教學人數	35 人	教學場所	教室
設計理念	1、設計活潑生動的教學方式，讓學生藉著演出的方式強化閱讀理解。 2、利用小組討論，增加學生間的互動，激發學生的創意及表達與溝通的能力，增加閱讀成效。 3、透過實際的演出了解讀者劇場與故事劇場的表演方式，並在演出與欣賞中享受閱讀的樂趣。		
教學目標	1、能回答教師提出的問題，並清楚說出自己的想法。 2、能利用聲音進行角色扮演。 3、能學習文本中美的經驗、美的感情或美的價值。 4、能學習和其他同學互助合作的精神。 5、能培養上臺表演的能力。 6、能專心聆聽臺上表演者的表演。 7、能透過演出學習到說話的語氣和臉部、肢體的動作表情。		
準備教材	〈帶箭的花鳧〉文本、〈空城計文本〉、DVD、電腦、單槍投影、電子白板、學習單、〈小園丁的心情〉、鳥類生態相關資料。		

能力指標	教學步驟	教學時間	十大基本能力	評量方式
	一、準備活動 （一）教師 　　先預習文本〈帶箭的花鳧〉及〈小園丁的心情〉。將故事文本全班共同討論，角色該如何表現，他們各自的動作、表情又該是如何呈現以及電子白板的裡所要成呈現的電子書作準備。 （二）學生 　　課前預習主教材，並分組。全班35人，分成5組，各組製作道具，可以分享但不可重複。 二、發展活動 （一）朗讀與聆聽教學 　　根據蒐集的資料，先請學生說一說曾經看過或聽過有關候鳥過冬的訊息。因本課課文共分成十六段，因此擷取每一段中的某一句來做朗讀的練習，再給予評價或讚美。 1、朗讀練習 ※第一小段： 　　一開頭「水鴨回來了！水鴨回來了！」要以輕快爽朗聲調讀出居民發現水鴨身影的興奮心情。讀到「然後一傳十、十傳百，許多居民紛紛下工作，跑到湖邊來觀看。」此時更要有活潑有力。 ※第二小段： 　　唸到段末「在數百隻水鴨中，花鳧的數量不多，羽毛的顏色卻最	15	七、了解自我與發展潛能。	能清楚聆聽所唸的故事。
2-3-2-4 能簡要歸納聆聽的內容。				

| | | 美麗，就像一朵朵花似的。」這時要以讚嘆的口氣讀出。

※第三小段：
　　讀到「奇怪，怎麼有一隻花鳧的身上帶了箭？」時，要以疑惑的口氣讀出。

※第五小段：
　　讀到「箭從背部穿過，那不是很痛嗎？牠還能忍著痛，一路飛到我們這裡來，真不簡單！」、「這真是奇蹟呀！」要以不捨與讚嘆的聲調讀出。

※第九小段：
　　唸到「到了夜晚，鎮長親自駕著小船，悄悄的靠近鴨群。」要以輕巧、緩慢的聲調表達出來，讀到後半段「牠們立刻察覺，隨即『嘎嘎嘎』的飛向夜空，在暗暗的湖面上盤旋。」則以生動、清脆聲調表達出來。

※第十四小段：
　　唸到「請求爸爸：『讓牠留下來陪小朋友好嗎？』」時，宜以溫柔、哀求的聲調讀出小女兒心中的渴望。

※第十六小段：
　　本段讀到「許多小朋友眼眶紅紅的，在糢糊的淚眼中，看到小唐在空中迴旋又迴旋，低飛再低飛，一直捨不得離開，好像在跟大家說：『謝謝！再見！』」轉換成輕柔的濃情感人的聲調讀出。 | 10 | | |

	教師總結：大家朗讀都很有氣勢；如能在咬字清晰度和情感節奏上作些加強會更好。			
2-3-2-4 能簡要歸納聆聽的內容。	①活動一：〈小園丁的心情〉 以這篇文章來作朗讀的方式及聆聽教材內容所傳遞的訊息及表達的是什麼？可以延伸前面文章所表達的情感，並可以討論出審美的經驗來作對比。 小園丁的心情 　五年前，縣政府發起「小園丁造園活動」，邀請小朋友擔任小園丁。我和姐姐依人認養一棵，成為照顧小樹的志工。 　小樹苗剛剛種下去，我們每天放學後，就跑來澆水，一次都要澆上五、六桶；沒想到，小樹不但沒有長高，葉子反而漸漸枯黃掉落。爸爸看了說：「小樹剛移植時，要適應新的環境，水分必須適量，不能依口氣澆得太多。」 　當春天來的時候，小樹的枝頭，悄悄的冒出嫩綠的新芽，充滿了生命的活力。記得有一次，颱風前夕，我和爸爸帶著木條，到公園去把小樹固定好；整個晚上，我默默的祈禱，希望它能撐過這個暴風雨。第二天，風雨一停，我們急忙的衝到公園，看到小樹依舊直挺挺的站在那兒，我高興得抱著姊姊又跳又叫。	20	四、表達、溝通與分享。	能體會故事人物的心情。

	照顧小樹是個甜蜜的負擔，澆水、施肥，還要抓小蟲。每當心情舒暢時，我會唱歌給小樹聽，讓它分享我的快樂；悶悶不樂時，我會和小樹說說話，它是我最知心的好朋友，可以替我保守許多小秘密。看著小樹長得又高又壯，一股喜悅和成就感油然而生。 教師總結：同學都很用心聽出這篇文章所要表達得信息。接下來我們可以把前面的文章重新融入話劇演出。 （二）說話教學 ②活動二：（空城計）		
2-3-2-3 能在聆聽過程中，以表情或肢體動作適切回應。	（一）閱讀空城計的劇本。（如附件） 　　可擷取幾段請同學上臺練習說話的口氣，例如： 　　1、我諸葛亮倒是沒料到你用兵竟然如此神速。 　　2、事到如今，也別無他法！ 　　3、太好了！太好了！敵人退兵了！敵人退兵了！ 　　4、果真如此？你們會不會是看錯了？	30	八、欣賞、表現與創新。	能體會故事人物的情感。
3-3-1-1 能和他人交換意見，口述見聞，或	※劇本一般為表演所用，敘述多為演員直述，通常改寫時，直述的說法會變成旁述，也就是許多演員的名稱可能會變成由代名詞替代，以方便文章鋪陳，也避免文章出現太多名稱形成贅文，教師可指導學生練			

當眾簡要說明。	習。把它運用在作文教學上也是一種創新、一種趣味。 【劇本】 探子：丞相，丞相，大事不妙了！ 孔明：有什麼大事？別急，別急，慢慢兒說來。 【改寫】 　　探子建到大事不妙，急急忙忙的向孔明報告軍情。孔明見他（指探子）慌慌張張的樣子，不疾不徐的要他（指探子）慢慢的將軍情報告出來。	10		
3-3-2-1 能具體詳細的講述一件事。	③活動三：檢討成效 　　在第一個活動中，我擷取一段的某小段來做練習聆聽，讓各組學生能說出這段話所表現的口氣如何，能很清楚了解到這段話所心情是如何。如：讀到「箭從背部穿過，那不是很痛嗎？牠還能忍著痛，一路飛到我們這裡來，真不簡單！」、「這真是奇蹟呀！」請同學發表這是什麼心情？同學都會說不捨的心情或者是讚嘆的心情，這都是很好的呈現，聆聽可以提升學生的專注力。 　　在第二個活動中，同學表現就可圈可點，如：我諸葛亮倒是沒料到你用兵竟然如此神速。 　　太好了！太好了！敵人退兵了！敵人退兵了！ 　　從這兩句話中，請同學用自己的口氣來表演。在第一句的說話中，學	20	七、了解自我發展潛能。	能清楚了解讀者劇場和故事劇場該如何的呈現和融合在語文教學中。

	生會擺出肢體的動作，很有架勢。在第二句裡面，那句太好了！太好了！就會拉長聲音的分貝外加手勢，演的活潑生動，非常不錯！ 　　聆聽和說話教學在教學的題材當中，必須了解人物的語言和行動表現出來。因此，我們必須明白個別人物獨特性語言，這些語言和時代、身分地位、年齡、性格與情境有關，不會每個人都是一般的語氣和用詞。最後要特別留意人物的動作和說話的語氣，行為是會洩漏真實的秘密。此外劇本的旁白、道具和其他提示也有助於我們理解劇情。		

　　相關故事劇場中人物分配及教學活動（重點在聆聽說話教學部分）如下：

表 5-4-2　〈空城計〉角色分配表

故事名稱	〈空城計〉	作者	柯作青	出版處	康軒出版社
演員	劇本（內容改編自《羅貫中三國演義》）				
孔明 前哨 士兵甲	【本課大意】 　　諸葛亮聽到司馬懿率領十五萬大軍將要攻城，而城中只剩兩千老弱殘兵，諸葛亮命令士兵把城門打開，在城門口掃地，自己則在城樓上彈琴，司馬懿看到這種情形，心想其中必定有詐，就下令退兵。 【第一幕】 　　孔明聽到司馬懿率領十五萬大軍將要攻城，而城中只剩兩千老弱殘兵。孔明命令是兵把城門打開，在城門口掃地，自己				

士兵乙、丙若干	則在城樓上彈琴。
司馬懿 司馬昭 前哨甲、乙 掃地兵五人 孔明 士兵甲、乙、	【第二幕】 　司馬懿看到孔明如此悠閒自在，心想必定有詐，於是下令退兵。

啞劇教學活動照片：

說明默劇大師卓別林的簡介	說明啞劇和劇裝的意涵
運用電子白板把影片媒材 播放給學生看	運用電子白板把影片媒材 播放給學生看

運用電子白板把影片媒材播放給學生看	運用電子白板把影片媒材播放給學生看

圖 5-4-2　啞劇教學活動照片（郭佑安攝）

〈改編版空城計〉教學活動照片如下：

圖 5-4-3　〈改編版空城計〉教學活動照片（研究者攝）

　　說故事活動，不僅說的人多，說故事的場域也很多。說故事可以純口述，也可以加上道具（如圖畫、器物、布偶、模型、照片、剪報等）的輔助，全看現場的需要而定。還有說故事可以是純敘述，也可以夾雜議論；但就故事的連貫性、完整性及聽眾的期待來說，議論夾雜部分仍屬不被看好。此外，說故事可以單語（一人說），也可以多語（如相聲、接龍等）；以及可以劇場性，也可以非劇場性。（周慶華，2002：327-328）其中劇場性的說故事，又可以分讀者劇場、故事劇場和室內劇場等。

　　讀者劇場，是由兩個或兩個以上的朗讀者，作戲劇、散文或詩歌的口語表現，必要時將角色性格化、敘述、各種素材作整體組合，以發展出朗讀者和觀眾一種特殊的關係為目標。它表現的方式是讓演員朗讀者，從頭到尾都在舞臺或固定的區位上，以搭配少許的身體動作、簡單的姿勢及臉部表情，朗讀出所設計的各個部分。

　　故事劇場，它比讀者劇場更為口語化，敘述者的說明是由角色所分攤。因此，劇中人物有時候會以第三者的身分，用旁白或獨白來敘述一些情況。演員往往需要穿著劇裝，當敘述時其他演員還可以表演啞劇的動作；同時可以將歌舞、音樂作搭配演出，是較具動態的一種故事敘述戲劇表演。

　　室內劇場，室內劇場是鑑於室內音樂和觀眾之間的密切關係，而將它應用到語言教學，以期藉由敘述者的敘述內容拓展人際之間的關係。它在說故事中，著重於人物行為動機的動作表現，敘述的內容必須十分完整；敘述者可融入故事內擔任某一角色，或以作者的身分以旁白對觀眾講話，演員除了對話也需要作簡單的動作。

　　以上這些方式，彼此之間固然有重疊的地方（如純口述／加上道具和純敘述／夾雜議論等，也會分別在單語／多語和劇場性／非劇場性中存在），但如果從各自的特色來說，也不妨讓它們「互為類型」。（張曉華，2003：243－265；周慶華，2002：328－329）這一部分本也適合說話與聆聽教學中運用，但基於「切近配合」的緣故，已經在前章處裡過了。

　　再來是演故事方面。演故事全是劇場化了，它是經由表演者在舞臺上實踐而產生的。對於舞臺與觀眾結構的結合，無非是要達到最高的戲劇效果；而可能因不同的考慮而有不同結構的方式。一般的舞臺劇有所謂「敘事性結構」和「劇場性結構」的區分。其中敘事性結構，是以各種可能方式來呈現故事。它還可以分為五個次類型：（一）純戲劇式結構；（二）史詩式結構；（三）散文式結構；（四）詩式結構；（五）電影式結構。劇場式結構則可包含近似敘事性結構和純劇場性結構兩個層次。（周慶華，2002：329－345）

　　綜合以上說法，當書面語要轉換為口說語時，需要藉由其他的媒介物。這媒介物能使靜靜躺在那裡的故事，像沾上魔法似的呈現在觀眾面前，透過聲音、肢體、動作等更吸引觀眾的目光。因為這說與演所呈現的方式甚多，其目的最主要的無非是要吸引觀眾，讓更多人了解有這故事體裁的文本，再藉由美學方式以說演故事方式呈現；讓演說者得到心靈的解放、增加自信心，讓聽者得到共鳴，讓故事文本得以流傳。因此，說演故事在傳播上更具重要的地位，故事藉由說演能傳播的更廣更遠。

第六章　識字與寫字戲劇化教學

第一節　從識字與寫字教學到識字
##　　　　與寫字戲劇化教學

　　教學場域中所有注音符號和識字及寫字教學都要跟閱讀「一起」扣緊對各種語文經驗的學習，主要是注音符號和識字及寫字教學都關連到語文的「意義」問題（而無從將字／音和意義割裂開來）；而語文的意義也就「分派」在各種知識領域，彼此形成一個「共生」的關係。因此，在教學上它們自然就跟聆聽教學和說話教學有所交涉而一併為閱讀教學所統攝，如圖 6-1-1 所示：

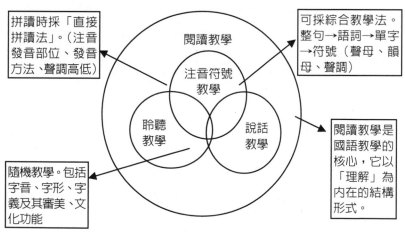

圖 6-1-1　閱讀教學的統攝概念

　　文字是紀錄語言的媒體。文字的傳承攸關一個國家的歷史文化能否順利的流傳下來。經由文字的記載，先人所走過的痕跡才能完整無缺的保留下來。所以閱讀為學習新知的重要途徑之一。藉由閱讀書籍、文章或報章雜誌上的文字訊息，我們可以不靠他人解釋就能獲得新知。因此，閱讀又可說是所有學習的根本。胡永崇（2002）認為閱讀包括識字與理解兩個主要成分，雖然理解才是閱讀教學的最終及最主要目標，但識字卻是理解的基礎，而適當的識字量及流暢的識字速度，是閱讀理解的基本條件。當學童擁有良好的識字能力，就能流暢閱讀內容、掌握字詞含意，進而理解篇章大意；倘若學童識字能力不佳，導致識字量的不足或識字解碼的自動化歷程不夠快速，使得學童無法逐字或流暢閱讀掌握文意，就會造成閱讀理解的困難。

　　閱讀活動在我們生活當中扮演著重要角色，舉凡購買商品時閱讀商品名稱及內容物品成分等標示、道路上商店招牌、電視中的字幕、乘車時所需要參考的時間、地點等等，這些都是跟我們閱讀生活息息相關。識字是閱讀的基礎，識字困難會造成閱讀不流暢，進而影響到文句理解以及知識的吸收。由此可知，識字是一切學科的基礎，字型的混淆、字音的錯亂以及字義的模糊，都會讓識字能力低弱，造成閱讀上的障礙。因此，識字在國民中小學的學科知識教育中，扮演著非常基礎且重要的角色。也就是說，寫字和閱讀是學童在學校裡最重要的學習。多唸、多寫、多聽，對於學生的識字學習也會有很大的助益。

　　在識字與寫字教學教學方面，也是以前章（第四章第一節）所示總括這些概念的出現，是為了因應實際的語文教學究竟要教些什麼以及要怎麼有效的教學等問題（教什麼／怎麼教）。如圖 6-1-2 所示：

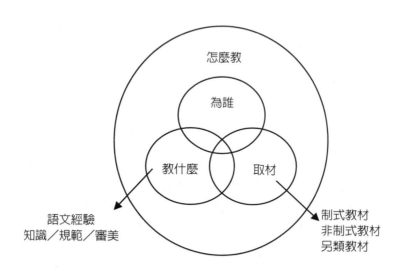

圖 6-1-2 識字與寫字教學概念圖（一）

（資料來源：周慶華，2011：67）

　　我所服務的學校在今年 2010 年獲得閱讀特色認證，就是所謂在閱讀方面推廣非常的有成效，各班級在閱讀的靜態和動態方面都辦的有聲有色。然而，我發現我所教的班級在寫閱讀心得的文章中，錯字可是不少，原因就是在目前臺灣的寫字教育制度下，還是有稍許的偏差。原因在於電腦科技的盛行，使得以前必須用手寫的文章、文件都由電腦來打字、輸入法來代替，而由於這種方便，學生就用各種簡便的輸入法打字進去之後，因電腦有自動選字功能，所以學生不必動腦筋就可以在輸入字音後，自動挑選正確的文字到文章中。相對的，使用電腦的老師就不必費心去辨識中文許多字與字之間些微的異同。卻也因為如此，讓許多實際在教學的教育工作者發現，學生對於相似字、同音字的辨認能力大大降低。其次，外來語在臺灣相當盛行，以及現在社會因為複雜的媒體傳播污染，更

是讓教育者發現學生寫出無俚頭或是似是而非、支離破碎的文句及火星文字和符號，造成學生國語文能力當中字彙使用的錯誤以及國語文能力低落，甚至此種低落的識字能力更會影響到語文之外的吸收。

可能是電子白板的教學媒材關係，在國語課的生字教學裡，以我個人為例，反而花很多的時間在教生字。也因為這個緣故，我所教的班級學生在識字和寫字方面反而是在同為高年級中進步許多。雖然電子筆代替了粉筆，白板代替了黑板，可是師專時代的我造就我在文字理解及板書的基礎。因此，我把電子白板當作一個大玩具來玩，也把文字在這大玩具中呈現出它的另一種理解層次。然而，國小的國語課時間有限，因此我都挑學生較容易錯的字拿來作教學的解釋例子，還有找較有趣的生字來紓解學生上第一堂國語課的睡覺感覺（通常學生第一堂課都會打瞌睡）。以前在實習的時候，國語課上生字太過嚴肅，一板一眼，一筆一畫的寫和說，造成學生每上國語課就覺得很無趣，以為不過是認認字而已，乏味至極。

在識字和寫字的教學上，我把學生常錯的字先拍下來運用到電子白板上，然後會很明顯的感覺出錯字在那兒，因為電子白板的呈現面積大，可以很清楚的呈現出錯別字在那兒，學生也會很清楚的了解文字的整個構造，用放大鏡來檢示文字的差異。在翰林版國語課本的生字裡面，象形、會意及形聲的字滿多的，所以可以運用六書來教學和部首來玩造字遊戲。這可以在教識字和寫字教學上，不會太過無趣，也可改善國語課刻板的教學印象。

中國文字具有「一字一音節」的特性，一個文字包含「形、音、義」三種組成要素，有別於西方的拼音文字。因此，兒童在學習中文識字上，必須一個字、一個字的學習認真書寫。鄭昭明（1993）認為識字涵蓋字形的學習與分辨、心理詞典系統的建立、文字的認知與辨識。柯華葳（1987）則認為識字又稱為字的指認，乃指能將字寫出，並找出其意義的能力。賴惠鈴、黃秀霜（1999）也指出認

字是只看到一個字，可以認清字形、確認字音，而且了解該字的字義。綜合上述識字的定義，在識字教學上可包字形辨認、字音辨讀及字義搜尋三種活動，也就是認識字的形音義、書寫以及運用。

　　簡單的說，我們應該以識字和寫字教學來作理解文字，且讓識字和寫字透過戲劇化教學上有活化的高效率，如圖 6-1-3 所示：

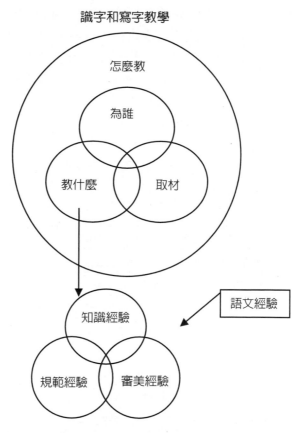

（識字和寫字教學理解）

圖 6-1-3　識字與寫字教學概念圖（二）

　　識字能力的核心是讀音、辨形、明義。因此，如何掌握認識漢字的規律和方法，就能形成一種識字能力，就能獨立掌握漢字的字音、字形、字義。廣義的識字能力，包含寫字能力。要形成識字能力的要素有：（一）應用拼音：教會學生熟練拼音，讀準生字字音，是識字教學的第一步。（二）分析字形：獨立分析筆劃、筆順，常用合體字的偏旁、部首，間架結構是識字、寫字第一步。（三）理解字義：運用已掌握的象形、指事、會意、形聲、轉注、假借的規律去理解字義；利用上下文或連詞、造句去理解字義等等。（四）查字典：運用音序查字法、部首查字法、筆劃查字法等使用字典的方法。（五）書寫：要求書寫時筆劃正確、筆順正確、結構端正、行款整齊，這些都是寫好字的基本技能。（何三本，2001：103）

　　因此，在識字教學目標上總共分了三階段：

表 6-1-1　識字教學目標

一、第一階段識字寫字能力指標

（一）能認識常用中國文字一千至一千二百個字	
1-1-1	能認識常用中國文字一千至一千二百個字。
1-1-3	能利用部首或簡單造字原理，輔助識字。
（二）會使用字詞典並養成查字辭典的習慣	
1-2-3	會利用音序及部首等方法查字（辭）典，並養成字（辭）典的習慣。
（三）能認識楷書基本筆劃的名稱、筆順，掌握運筆原則，使用硬筆書寫各科作業	
1-3-1	能掌握基本筆劃的名稱、筆形和筆順。
1-3-1	能正確認識楷書基本筆劃的書寫原則。
1-3-1	能用硬筆寫出筆順正確、筆劃清楚的國字。
1-3-1	能寫出楷書的基本筆劃。

1-3-2	能認識楷書基本筆劃的變化。
1-3-2	能配合識字教學，用正確、工整的硬筆字寫作業和寫信。
（四）能養成良好的書寫習慣	
1-4-1	能養成良好的書寫姿勢──良好的坐姿、正確的執筆和運筆的方法，並養成保持整潔的書寫習慣。
1-4-2	能正確的使用和保管書寫工具。
（五）能概略從字體大小、筆劃粗細搭配等原則，欣賞板書及硬筆字	
1-5-2	能欣賞教師的板書及同學的硬筆字。
1-5-2	能概略認識字體大小、筆劃粗細和書法美觀的關係。
（六）能激發寫字興趣	
1-6-10	能激發寫字的興趣。
1-6-10	能自我要求寫出工整的字。

二、第二階段識字寫字能力指標

（一）認識常用中國文字二千二百至二千七百個字	
2-1-1	能認識常用中國文字二千二百至二千七百個字。
2-1-3	能利用簡易的六書原則，輔助認字，理解字彙。
（二）會查字辭典並能利用字辭典分辨原則	
2-2-3	會查字辭典，並能利用字辭典，分辨字義。
2-2-8	會使用電子字典。
（三）能掌握楷書的筆劃、偏旁，搭配形體結構和書寫方法，並應用硬筆毛筆練習寫字，用硬筆寫各科作業	
2-3-1	能正確掌握筆劃、筆順、偏旁覆載和結構。
2-3-1	能掌握楷書偏旁組合時變化的搭配要領。
2-3-1	能掌握楷書組合時筆劃的變化。
2-3-1	能認識筆勢、間架、形體和墨色。

（四）能養成執筆合理、坐姿適當，以及書寫正確、迅速、保持整潔與追求美觀與追求美觀的習慣	
2-4-1	能保時良好的書寫習慣——正確的坐姿及執筆方法，並且運筆熟練。
（五）能概略了解筆劃偏旁變化和結構原理	
2-5-2	能流暢寫出美觀的基本筆劃。
2-5-2	能應用筆劃、偏旁變化，和間架結構原理寫字。
2-5-2	能用正確、美觀的硬筆字書寫各科作業。
（六）能欣賞楷書名家碑帖，病變是各種書體：篆、隸、楷、形的特色	
2-6-2	能欣賞楷書名家（歐、顏、柳、褚等）碑帖。
2-6-6	能辨識各種書體（篆、隸、楷、行）的特色。
2-6-2	能概略欣賞行書的字型結構。
2-6-6	能知道古代書法名家相關的故事。
（七）能激發自我寫字的興趣	
2-7-10	能激發自我寫字的興趣。

三、第三階段識字寫字能力指標

（一）能認識常用中國文字三千五百至四千五百個字	
3-1-1	能認識常用中國文字三千五百至四千五百個字。
3-1-3	能運用六書的原則，輔助文字的字義。
3-1-1	能概略了解文字的結構，理解文字的字義。
3-1-6	能說出六書的基本原則，並分析文字的字型結構，理解文字字義。
（二）會查字辭典、成語辭典等，擴充詞彙，分辨辭義	
3-2-3	會查字辭典、成語辭典等，擴充詞彙，分辨辭義。

（三）	能透過臨摹或應用已習得的寫字方法與原理，用硬筆、毛筆寫出正確美觀的硬筆字和毛筆字
3-3-1	能透過模仿，寫出正確、美觀的硬筆字。
3-3-2	能透過臨摹，寫出正確、美麗的毛筆字。
3-3-2	能了解並應用筆劃、偏旁變化、和間架結構的原理寫字。
3-3-2	能靈活應用寫字的方法與原理。
（四）	能因應不同場合，用毛筆、硬筆等書寫通知、海報、春聯等應用文書
3-4-1	能因應不同的場合，用不同的書寫工具，表現不同的書寫風格（海報、廣告等）。
3-4-2	能應用硬筆書寫簡易的行書。
（五）	用筆劃、偏旁覆載搭配、間架結構、布局、行氣和行款等美觀原理，賞析碑帖語書法作品
3-5-2	能欣賞書法作品的行款和布局。
3-5-2	能欣賞書法作品的行氣。

（資料來源：何三本，2001：105～108）

　　從識字教學目標的能力指標可以看出，在第二、三階段中就有六書的出現。六書應用在識字和寫字的教學上有著不錯的效果。也就是說，如果六書的應用在識字和寫字的教學上有所開展的話，那麼對學生在字義的識讀與理解上一定會有很大的幫助。大家都知道，中國文字的構造，有象形、指事、會意、形聲、轉注、假借六種法則，古人稱六書。其中象形和指事都是字形不能加以分析的「獨體」，稱為「文」；會意和形聲都是字形可以再分析的「合體」，稱為「字」。以上四種是文字構造的基本法則，而轉注和假借則是文字構造的補充法則。當高年級學生都通曉這六書的規則和中國文字的造字的原理，就會更清楚知道文字的由來，而不是隨隨便便敷衍而過去。

　　經過中國文字的整理成六書的特色分類，可以很清楚的知道運用六書的特色來進行識字和寫字的教學，並透過戲劇化讓教學生動起來，會有很好的效果。

　　對於中國文字可知有以下的特色：（一）文字單純且統一：漢字是一字一音節，沒有時態、性別和單複數的問題。（二）形音義密切配合，而且形聲字多，容易學習。中國字的基本造字原則，是將形符加上聲符，組合成為一個字。聲符和形符大都是原來就有的單字，例：以「艸」部首的字，其字義和植物有關係，例如：「苗」、「莖」等等。形聲字最大的特點就是一種表形、一邊表音，在讀音與字義的認知上面可以兼顧，學習起來比較方便。（三）常用字集，可組合大量的語詞。例如：「牛」就有水牛、大牛、鬥牛、黃牛等等詞語。大量的詞組是中文的一大特色。（四）以象形字為基礎，具有文化的特色。例如：「教」是從「孝」聲，孝是「使之順」也，而右邊從「攵」部帶有強制、權威的要求。（五）漢字形體外型方正，筆劃清楚，容易辨識。中文的主要特徵之一，是它使用者限在世界上獨一無二的方塊字。（曾志朗，1991）管形符、聲符、部件、筆劃怎樣的組合，字形都力求外型方正（郭紅伶，2001），所以中國文字是正方體結構。（六）中國文字類化性強。所謂文字的類化性，就是學習一個字後，跟這個字有關的字就很容易認識。（七）可以與書法藝術結合。漢字造字是以象形為主。

　　過去的幾年許多識字教學的研究，都強調運用中文字特性及六書的簡易造字原理對識字教學有很好的成效。九年一貫課程綱要本國語部分（教育部，2008），教學原則：識字與寫字教學應配合部首、簡易六書原則，理解其形、音、義等以輔助識字。換句話說，剛開始實施識字教學只要先從常用字著手，再輔助以六書原理、中文字特性等有系統的教學，詳加解說中文字的特性，輔助有趣的造字原理說明，如：人靠樹木，就是「休」息的意思；「河」就是水

加上「可」：河水流動的聲音，可引發學生對識字學習的興趣及聯想力、觀察力。運用一些教學原理，讓文字的學習變成是愉快又充實的歷程。相對的，也可利用學生常常寫錯的字來作教學。像高年級的學生差不多也識字許多，但就是因為識字太多造成常常看到的字就會有些錯亂，例如：「穩」和「隱」這兩字就會搞錯部首。因此，可針對這兩字作探討，以便加深學生對文字的由來和構造的理解。

　　對中國文字的特色中已有相當的概念後，在識字和寫字的教學中我們就可深深的感受到文字的背後還是有它的故事存在。如果在教學當中，把識字和寫字的教學當作故事來教，那麼一定可以加深學生對文字的了解。此外，還可以把自己常常寫錯的文字拿來作研究，而在解說文字的過程中加入戲劇的演出，將會活化文字的生命，而更加具體的呈現識字和寫字的教學意義。

　　識字與寫字的戲劇化教學，所要強調是語文的活化學習，並把這經驗再延伸。既然要讓它活化，那就必須在識字和寫字教學產生極大化的創造，讓制式的教材不再只是永遠在死記文字的結構、不斷的重複練習和記憶，而是把教學方向改變，可以從造字法分析入手，輔以生動形象的語言。著重在如何理解運用以及靈活思維能力的培養，讓一場識字和寫字的教學具有戲劇性的受激賞效果；以製造教材的差異，無中生有多元化的活潑教學，給識字和寫字教學有著無限的創造、想像空間。

　　識字和寫字教學與戲劇結合的呈現，如圖 6-1-4 所示：

識字與說話教學

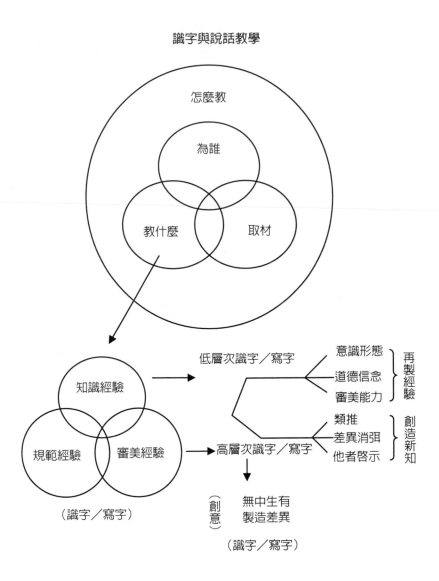

圖 6-1-4　識字與寫字教學概念圖（三）

　　識字教學是一切教育的基礎，識字能力會影響到我們閱讀的理解能力。因為閱讀的理解涵蓋了識字和寫字，而文字辨識的自動化，則有利於閱讀理解，所以識字是開啟閱讀知識的一把鑰匙，也是學生學習階段的重要課程。而為了強化這類的成效，勢必要從一般性的識字與寫字教學過渡到戲劇化的識字與寫字教學，以戲劇活潑化的方式來「深刻」學生的文字認知和運用觀念，從此一改他們死記文字且容易犯錯的習性。

第二節　識字與寫字戲劇化教學的活化訴求

　　識字與寫字教學需要求活化，不應以死記、背誦為主。必須從一般性的識字與寫字教學過渡到戲劇化的識字與寫字教學，以戲劇活潑化的方式來深刻學生的文字概念，從此一改他們死記文字且容易犯錯的習性。識字與寫字的教學需以戲劇化的方式呈現良好效果，就必須了解在識字與寫字的教學當中學生所常遇到的的錯別字作另一番的經驗的延伸。

　　中國文字又稱為漢字，學習漢字一直存在著「三多三難」的問題，就是字多難記、形多難寫、音多難讀等情形，使學生在學習漢字上有相當的難度。（謝錫金，2000）老志鈞（2000）也指出漢字所以難學的原因，是音同意歧、形似義乖、形乖義近、音義具同而形異的字多，再加上破音字也不少，學習上自然易生困擾。因此，學習漢字必須要一個一個牢記字的形音義，還要注意相似字及同音字的變化，例如：「土、士」，「的、得」。難怪有許多外籍人士會說中文是世界上最難學的文字，其中的奧妙有時是難以說明清楚的。

　　在前一節敘述識字與寫字教學包含在閱讀教學的範疇中,因此以現在的語文趨勢來說,不能單單以識字教學為主要重點,這樣容易抑制學生的智力發展。也就是說,不要讓學生拼命猛抄生字生詞,這種單調枯燥的重複性動作,會導致學生不喜歡上這種呆板無趣的語文課。既然識字與寫字教學在閱讀的範疇中,我們就應該讓學生在語言的環境中識字。所謂的語言環境,是指識字、寫字、注音符號、聽話、說話、閱讀、作文等語文教學中的一個環節,不僅不能單獨進行,而且還要緊密結合在一起。(何三本,2001:115)換句話說,在閱讀中識字有下列優點:(一)為識字開拓廣闊的語言環境。(二)以文帶句、以句帶詞、以詞帶字跟著顯現,達到學以致用。現代識字閱讀,是在理解字義句篇的聯繫中進行。這種字不離詞、詞不離句、句不離篇的識字教學,是最實際的識字教學。(三)在讀物課文中,標出注音對兒童獲取新知,有著積極性、主動性、自覺性、成就滿足感,因而提高喜歡識字閱讀的興趣。(同上,115~16)

　　在閱讀的基本識字量中,500 字可以算是基本的閱讀能力;750字可以閱讀 70%的文字;1000 字可以閱讀 80%了。一般人識得 3000字,閱讀、看小說都沒有問題;識得 5000 字讀古文,看章回小說任你選。然而,要怎樣識得 1000 字呢?(一)看教材怎麼編寫?看看每個國語教材的版本是如何編製再來探討。(二)看老師怎麼教?這是相當重要的問題,要把識字與寫字教學融入於戲劇中,老師必須要帶動整個班級的學習氛圍,把書面的文字生命起來、舞動起來。(三)用分散識字或集中識字增加識字量。(四)可以用字帶字法增加識字量。這都可以採隨機教學或定時教學。

　　在字形教學方面,以部首統領,配合六書常識(象形〔人/口〕、指事〔凶/口〕、會意〔信/口〕、形聲〔江/口〕、轉注〔考、老〕、假借〔來/口、來去〕),認識漢字起源有助於識字,

因此可以運用六書來把文字作個放大鏡。接下來要注意筆畫筆順、整體結構和生字組成的應用等。用另一個角度來探討，用造字原理加強識字能力有助於學生對識字與寫字作一番探討（參考附件一），也可運用在相聲戲劇上，把學生常錯的字來作一個搬演，一搭一唱的表演漢字的結構，別有一番趣味。

　　隨課文識字，課文生字，並不是按照部首偏旁同音或形近字而編排，因此。教師就要教學生觀察漢字的結構會發現漢字 80%以上是形聲字，及一部分是表形也就是表義，另一部分是表聲，這是漢字間架結構的基本規律。教師可以在一本課本中，把左右結構、上下結構的生字，當作作業，要學生歸類出來，並說出何者為表形又表義，何者為表聲又表義。課教完了，所有部首間架結構的歸類工作也完畢了，學生識字的樂趣自在其中。識字與寫字教學一定要揚棄從前灌輸填鴨教育，改絃更張為抓住漢字間架結構等特色，讓學生具備有自行識字的能力，以取代被動灌輸的舊習性。（何三本，2001：117）

　　舉例說明部首和部件之間的關係：部首－形符（也稱偏旁、字旁），歸類用；表示字的屬性意義。部件－聲符，表聲用；表示字的聲音和意義（形聲多兼會意，例如：忙、盲，聲符有表意作用）。何謂部件？在部首的另外一部分，過去稱為「基本字」，也有人稱它是「字根」或「字件」。例如：始→【女】是「部首」，【台】是「部件」，台是厶和口的組合，厶和口是字件（成字的是部件或字件，不成字的叫筆劃）。

　　為了不讓部首和部件的教學太過呆板，可運用遊戲的方式來進行教學。但時間有限，因此可以利用分組的方式來進行，讓學生玩的較為盡興。以下為教學設計的簡案，利用遊戲教學可讓識字與寫字活絡起來。

【識字與寫字教學活動設計——部首識字】

表 6-2-1　部首識字教學活動設計簡案

單元名稱	文字賓果
學習目標	1、能利用部件結構了解「扌」部在左邊。 2、透過組字結構辨讀識字。
教學活動	一、準備活動 　1、複習同一個部首，兩種寫法的「手」「扌」。 　2、想一享有哪些事要用手做。 二、發展活動 　1、拿出包含各種部首的字卡，其中「扌」部的字較多張。 　2、找字遊戲：將字卡分散展示，分組競賽找出「扌」部的字。 　3、配對遊戲：一個人拿一張部件字卡，老師說出要組合的字，例：「找」，學生互相尋找另一半。 　4、賓果遊戲：將字卡寫成表格方式，如玩賓果，只唸「扌」部的字，先連成線就獲勝。 　5、比一比：將找出「扌」部的字比比看，引導發現「扌」都在左邊。 　6、拆字遊戲：將找出「扌」部的字，從部首剪開、打散，再重組回原來的字。 三、綜合活動 　　　習寫學習單（詳見附件二）。

同部件的識字法，如圖 6-2-1 所示：

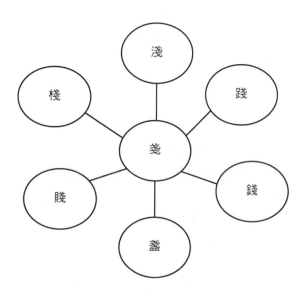

圖 6-2-1　同部件的識字法

【識字教學活動設計——部件教學法】

表 6-2-2　部件識字教學活動設計

單元名稱	部件與部首識字
學習目標	1、學生利用不同的部首、部件辨讀識字。 2、學生能習寫並習得詞彙。
教學活動	一、引起動機 　　1、複習熟字：白、巾、木。 　　2、玩心臟病遊戲，複習拼字：柏、帕。 二、發展活動 　　1、製作主要部件「棉」的字卡「帛」數張，用認讀、著色、文字演變等方法讓學生認識「帛」。 　　2、找出可以和「帛」合成字的部首，製作成部首字卡利用翻牌遊戲認讀新字。

```
┌──┬──────────────────────────────────────────┐
│  │   ┌────┐   ┌────┐                          │
│  │   │ 糸 │   │ 木 │                          │
│  │   └────┘   └────┘                          │
```

3、做文字的組合遊戲：（有圖）
（1）應用　木+帛=棉。
　　　應用　糸+帛=綿。
（2）學生操作部首和「帛」字的拼合與拆字，老師帶領唸出字音。
（3）討論組合字的意思並用「腦力激盪」遊戲造詞。
（4）發表學習的新字形、字義、字音，並能造詞、造句。

三、綜合活動
　　習寫學習單（詳見附件三）

　　小學的生字教學，在字義方面，大部分都是採用教師解說或學生查字典兩種方式；在寫字方面，筆順以模仿課本的筆順排序；在習寫方面，則始終沿用一字抄一行的方式。這種識字與寫字教學法最大的弊病，在於「只知其然，而不知其所以然」；尤其筆順，只是一味地模仿課本複習中所列的排序，而說不出為什麼要如此寫，對教育立場來說是一大諷刺。其次是缺乏樂趣，不論字型、字音、字義的教學都是枯燥乏味，毫無樂趣。(何三本，2001：117)因此，在字義方面，配合閱讀教學，並將字典意義和脈絡意義予以區別。

　　再來講到識字與寫字教學方面的方法：

　　（一）集中識字教學法：三百千的識字法，如《三字經》、《百家姓》、《千字文》，又叫「基本字帶字」法。其理論基礎是從中國歷史傳統以來至五四運動以前的識字教學法，都是先識字後閱讀。將中文歸類編排，以「基本字帶字」的教學方法，如將「芳、房、防、紡、放、坊」等以「方」為共同具備的基本字，讓兒童在短時間內能夠大量識字。

　　謝錫金（2000）認為應在學習語文的初期集中大量識字，並利用「基本字帶字」的方法，由一個字帶一系列的字來提高識字的數量和效率。集中識字的三項重要原則是「先識字、後讀書」、「基本字帶字」和「識字、閱讀、作文」。

　　羅秋昭（1994）認為集中識字教學法可協助兒童利用較短的時間學會較多的字，在過去兒童啟蒙學習《三字經》、《千字文》、《百家姓》等這幾本啟蒙書在識，字上便發揮很大的效用，因為這幾本啟蒙書出現的字很少重複，對一個初學的兒童而言可在很短的時間裡學很多字，對兒童閱讀能力的提升有很大的幫助。

　　集中識字有哪幾類？1、同音的字族識字：例如：東　冬　董　懂　凍　動　洞。2、同部首的字族識字法：例如：梅　柳　樹　抹　森　棟。3、同部件的字族識字法：例如：泡　炮　抱　胞　飽。這種以部首教學為出發點，就是學生學習生字時，先指導認識部首表義與本身特有的組字特色，建立字彙知識，以部首加不同偏旁的方式學習衍生字進行部首識字教學的集中識字教學法，應能增加中文字彙知識，提升學生的識字能力，以達長期保留的成效。

【識字教學活動設計——基本帶字教學法】

表 6-2-3　基本帶字教學識字教學活動設計

單元名稱	字的家族
學習目標	能利用基本帶字辨讀識字。
教學活動	一、準備活動 　1、基本字「隹」的來由，從甲骨文到楷書，並說明隹就是鳥。 　2、製作有主要部件「隹」的字卡數張，字為外框字可著色。 二、發展活動 　1、著色遊戲：請學生在字卡上著色，「隹」的部分塗同一種顏色，其他部分塗另一種顏色。 　2、分類遊戲：將著好色的字卡進行分類，「隹」字在下的放同

類，如雀、崔、雇，「隹」字在上的放同類，如：隻、焦、集，「隹」字在右的放同類，如：推、雅、雖。

3、認讀字卡：老師帶領唸出字音，解釋字義，做出字義的動作。

4、造詞活動：分組腦力激盪造詞。

5、拆字遊戲：將字卡依不同顏色剪開，如：

| 扌 | 隹 |

6、分類遊戲：將剪開的字卡再依「隹」的位置分類。

三、綜合活動

習寫學習單

（二）分散識字法：（目前小學課本的形式）先閱讀課文，再按照課文順序選出句子，再由句子中摘出生詞、生字，最後教識字。採字不離詞、詞不離句、句不離文為原則的識字方法，按課文內容順序出現的字詞依序學習、課文中佔主要地位的生字詞先學習，寓識字於閱讀，結合講讀教學時提出字詞學習，在理解課文內容以後再提出生字學習。（戴汝潛，2000）分散識字教學法又叫「隨課文分散識字法」，採取識字與閱讀互相結合、齊頭並進的方式學習。將識字教學置於具體的語境中，識字和閱讀緊密結合起來，強調識字與閱讀同時進行。（老志鈞，2000）分散隨文識字教學法，其作法是依據課文內出現的字彙，一課一課的分散學習十幾個字，透過圖片示意、動作示意、猜謎示意、遊戲等方法，讓學習者學習字彙。舉個例子：基本字：長、行，根據不同字詞連結講解字義：長城、長大、師長及行人、行列、行動。較重視字義教學。

（三）字族識字教學法：基本字帶字的方法或以短文為集中識字法。然而，字族識字法的意義：1、增加識字量。2 溫故而知新。3、容易明瞭字義。4、不易寫錯字。寫錯字是因為字出現頻率太少，練習太少，對字義瞭解太少。例如：〈青字歌〉：大「清」早，天氣

「晴」，「青」草地上有「蜻」蜓。小「蜻」蜓，大眼「睛」，飛來飛去忙不停。〈巴字歌〉：我的好爸「爸」，帶我去「爬」山，教我去打「靶」。走路摔倒竹籬「笆」，摔得全身都是「疤」。倘若以短文為例：老公公，白頭翁，好像青山不老松，活到老，做到老，大家稱頌老公公。

這是以同一偏旁或部首形成的字族為基本字，編寫文章來教授的教學法。（王淑貞，2001）憑藉字族文於閱讀教學中認識並掌握知識結構化、規律化規則的識字教學法，採取組字為族，因族設文，族為文統，族文相生，學文識字，披文見族；族字類推，環境擴展；以讀促識，以識促讀，文熟字悉，一矢兩的的規則。字族文藉由找到識字規律與閱讀教學的契合點，依靠母體字擴展識字率，依靠字族快識字，依靠字族文語言情境識字，如此可變筆劃識字為部件識字，變單體釋自為群體識字，變選文無序識字為創文有序識字，可大為提高識字效率和識字能力。（王淑貞，2001）

從上面的論述中可知，整個語文過程中的識字與寫字教學，必須在教學上有所變化才能引起學生對識字與寫字產生興趣。而在教學的過程中可以找出課文中的詞語，先教詞和字（先部分再整體）；可以一面教課文一面講解詞和字義（同時進行）；可以由學生自己上臺教，老師在旁指導（先自學再指導）；可以先把課文都弄清楚了，再講解詞和字（先整體再部分）；要全課文都清楚了，再講學生複習生字新詞和造句（最後再綜合活動）。也就是說，識字與寫字的過程中必須由詞帶字；說明字音、字義、再講字形；說明字形同時教字的結構、部首部件對字義的關係；要教到會唸、會解、會寫、會用；對字義及原來的詞語完全明白，再去造新的詞語。

綜合來說，識字與寫字教學可歸納幾點應用於戲劇上，並能作經驗的延伸。當我們深刻明白體悟出中國文字的特性時，就該了解字和字之間的關連性，也可以在教學上延伸到戲劇的產出。基本上

必須擁有良好的閱讀基礎，才能延伸出另一種較活用的識字與寫字的戲劇教學：

（一）對於較為複雜的左右邊字，可以將左右兩邊拆開分別教，當這兩種字合在一起時，再讓學生了解代表什麼意思。

（二）書寫時可將作業本上的虛線讓學生照著寫，虛線逐漸變淡後再留一些空格讓他們練習，有助區辨字形（生字本通常都會有虛線）。告訴學生基本的幾種字形（部件），老師也應就每一種部件多舉幾個例子來說明。

（三）寫幾個不同的字（有對有錯），讓學生從中選擇正確的字形，答對時給予獎勵（外在的獎品或是口頭的稱許），成就感可提高學習意願。

（四）將正確的字寫在字卡上，讓學生先看個十秒，再請學生拿剪刀將字的分部，或上下或左右剪開，最後再讓學生按照先前的印象將字重新組合起來，黏貼在另一張全新的白紙上（可分組進行）。

（五）老師可試著藉由想像和解釋每一個自從字形上可以直接了解的字義（或故事），這樣可以幫助學生作記憶。這方面很適合應用在相聲和雙簧的戲劇上，因為字是有故事的，有典故的，可以由這方面作經驗的延伸，會有很好的效果。

（六）使用電腦輔助教學軟體，例如造字、變形、放大、縮小，使學生能經由手部操作集中注意力學習每個字的部件。這可以運用廠商所提供的電子書來教學，並把電子書的物件運用到電子白板上，可以很輕鬆的操作使用，資源更多好利用。

（七）先將容易顛倒的字選出，然後做成小紙卡，將容易顛倒的部分剪下，以拼圖方式加強辨認能力。如在電子白板運用的話，可以先照像起來再儲存到電子白板的物件上，就很清楚的了解。

（八）要求學生熟悉字的筆畫順序，熟練筆畫口訣：「由左而右，先上後下，先橫後豎，由外而內，先撇後捺，先中間再旁邊。」

（九）教學生認識字的部首，因為部首有位置的特性，熟悉部首可以幫助區分字形。

（十）將容易出錯或顛倒的部分以不同顏色筆描出，凸顯各區域的位置。這也可以運用在戲劇上，讓學生創造一齣為何會寫錯的字來作一個比較，會很清楚錯在哪裡，很有新鮮感。

（十一）可採用卡片教學或上課時放大字體，將每個字主要部分拆解，重新組合，並讓學生重複步驟練習。

（十二）倘若在書面上的字形難以區分時，則可以藉由電子書中的語音系統方式，將字的意義解釋和部件再播放出來，提供學生經由聽覺來學習。

（十三）以六書介紹字彙，分析其組成的意義，如「歪」就是不正的意思，可幫助記憶。

（十四）將學生容易混淆的字形整理出來，如「部」與「陪」，並讓學生造詞、造句，加深學生印象。

（十五）形狀的概念是由視覺建立的，可用一個空白的平板，請學生用一個正確的形狀嵌入，以加強對形狀的概念。

（十六）將字以句子方式呈現在電子白板上或紙卡上，字可以不同顏色、放大或畫線的方式來加強視覺效果。

（十七）將單字拆成好幾個部分，製成卡片，要學生練習用這些卡片組合成有意義的字或詞（可利用分組的方式進行較有成效）。

（十八）找出容易出現顛倒的字，讓學生仔細比較差異可幫助視覺區辨記憶。讓學生在電子白板上，經由電子白板的物件，自己動手去將一個字的每個部件寫出並組合，經由手部的操作，也有助於學習記憶。

（十九）儘量使用口訣，讓學生更清楚字的結構。

第三節　相聲與雙簧的運用教學

　　識字與寫字教學運用於相聲與雙黃的戲劇中，較能顯現字和字之間的演變，一搭一唱，慢慢凸顯出文字的結構和錯字的由來，而能加深學生對識字與寫字的課程不會太嚴謹而是很戲劇化的產出。在前面的第四、五章裡面所探討的戲劇都較為大的排場，那是因為要閱讀大量的文章和小說的範圍較大，它利用大量的文字敘述、描寫或想像，所以它的時間可以拉得很長沒有限制，空間和場景也可以有很豐富的變化。而相聲劇和雙簧劇因必須在舞臺上演出，只能透過「對白」和「動作」來表現，所以演故事的時間必須縮短和表演的空間也必須集中。（何三本，1997：459）相聲劇是相聲再加上劇情，因此它仍有相聲說、學、逗、唱的成分；而雙簧劇則是兩人演一人，其他都跟相聲劇一樣。「創造性就是突破性，或者獨特性。要真正讀懂作品，起碼要讀出個性來，讀出它的與眾不同來。感覺不到經典文本的獨特，就是沒有真正讀懂。」（林艷紅，2006）由於相聲劇和雙簧劇必須有明確的「戲劇動作」，它採「集體即興創作」就是由全體演員共同來創作為完成作品的手段，在參與創作中磨練了演員的膽識，並從實踐中獲得了滿足個人成就感的需求。在眾人的詮釋下，相聲劇和雙簧劇以逗樂的風格來詮釋識字與寫字的新奇、有趣的一面。

　　國小階段的教學，是奠基的工作。語文教學是一切學習內容的主軸；透過語文能力的增強，其他學習能力也跟著提升。識字與寫字教學應用於相聲與雙簧的戲劇中，必有它的價值和意義存在，強化了文字間如何作搬演的趣味性。相聲與雙簧不僅具有教化功能，

也是文化的瑰寶。它既能讓學生展現語文表達的能力，又能顯現教師的教學藝術。聽、說是人類語言發展的原始形態，不論日常生活或教室裡的教學，口頭語言往往比文字語言來得更方便、經濟、快速、普遍。因此，藉助相聲與雙簧，是提升語文能力最便捷的方法之一。

　　二十一世紀是一個資訊化的社會，也稱後現代化工業社會，更有人稱它為知識社會或後知識經濟時代。社會呈現快速變遷、溝通頻繁、訊息膨脹、尊重多元、分享合作與終身學習的面貌。生活在這樣的社會，人們必須具備比以往更多的能力，如：不斷追求成長的終身學習能力，能善用語言文字的溝通表達能力，能與人分享互助的社交能力，能利用工具獲取資訊，並將資訊轉化為知識的組織管理能力，以及解決問題的能力等，才能適應二十一世紀社會的要求。（黃聲儀、衛金財，2000：10）

　　「相聲」與「雙簧」，一般的觀念，似乎是遊戲、消遣之物，難登大雅，但因其趣味性，使人樂於親近，易於接受，將其放置在語文教學中，更能激發語文練習的樂趣，增進語文學習的效果。「相聲」與「雙簧」是一種特殊且相似的表演方式，能夠與真正的表演者對談，更有助於對主題的了解。

　　在這章節當中，將以識字與寫字的教學應用於相聲與雙簧中，並為相聲與雙簧戲劇所使用的時機和方向作個界定，以及針對學生在識字與寫字之間作一番逗趣的解說。然而，利用相聲和雙簧的原因是口語的表達清楚，所要呈現的肢體動作、表情也豐富，如果侷限於識字與寫字的教學當中，則比較能深入探討學生為何常有的錯別字，是滿特別且具創意的。

　　根據相聲表演者所說的，相聲有下列的意義：

　　「象生」：〈後漢書，祭祀志〉載：「廟，以藏主，近四時祭祀，有衣冠几仗，象生之具，以冠新物。」

「象聲」：一稱「隔壁戲」，「口技也，以一人之口，而能象各
　　　　種聲音。」

「像生」：女藝人叫像生，也指藝人不分男女。

「相聲」：「口技之一種，言以一人口，而能同時並作各種聲
　　　　音。」，「相貌之相，聲音之聲；相是表情，聲是說
　　　　唱。」（王振全，1994：87～89）

　　相聲就是「聲音之相」、「有相之聲」。就是從我們的聲音可以
讓觀眾想像出畫面。「相聲」、「象聲」、「像生」、「象生」本是同義，
可能「同音假借」已久，所表達的是一種以語言為主，帶有表情動
作，令人發笑的表演藝術。（劉增鍇，2001：97、17）

　　因此，相聲的主要特點：（一）相聲是說笑話的口技：相聲
的形式雖然可能是多源合流的結果，但以「逗秀」為主的藝術特
徵，它與「說笑話」必然有直接的關係。（二）語言為主，其他
為輔：音樂、舞蹈、歌唱都是輔助而非必要條件。換句話說，「相
聲」是「說」的藝術，是相貌與聲音的藝術。「相聲」是相貌的
「相」，聲音的「聲」，「相聲」藝術可視為以摹擬型態和聲音為
主要特徵的一種技藝。也可以說相聲是以詼諧、幽默的語言，透
過說、學、逗、唱的技藝，使人發笑的表演藝術。（何三本，1998：
213）

　　說到「相聲」，就會想到「說、學、逗、唱」和語文領域的「起、
承、轉、合」，這是相聲的另一種構造。說到「起、承、轉、合」，
就想到〈相聲瓦舍〉的網站裡面有句話很特別：「『唱』是囊括這四
種型態（起承轉合）的總稱。語言的節奏性、語言的特性，其中的
起承轉合，所包含無形的旋律，都承接字訣；如果單就唱戲、曲，
各種曲藝的表現才叫作唱，那就很狹隘。Ok！『起承轉合』這四
個字，都學過的，因此與其說，『說、學、逗、唱』，是入門基本功，
倒不如說它是人的骨架、血液、皮膚、肌肉等元素組成。然而如何

發揮形成完整的人，需要看這個人的靈魂及思想是否讓自己健康成長，與『起、承、轉、合』一樣，是組成的元素，但卻變幻萬千。因為隨時可以創造出不同的『人』，就如同每個段子的主角都有其令人難以忘懷的特質一樣，創造出一個完整獨立、又有其人格特色的個體。那麼，這樣的思考就廣泛多了。」（相聲瓦舍，2010）

　　馮翊綱，在《相聲世界走透透》中明白指出說學逗唱的意義：「相聲」是一門自成格局、完整成熟的表演藝術，不需依附其他表演類型存在。相聲是以「說」：細膩的說話、討論、說故事，為基本形式；然後是學、逗、唱：

（一）說，是相聲的基本功，要說得清楚，說得入理，說得讓人百聽不厭。說人、說事、說理、說情，說笑話、故事、燈謎、繞口令、無時無地、無事無處不靠說，表演者必須下定功夫，練習語言節奏，矯正發音，才能入門。

（二）學，學人言、鳥語、市聲，舉凡天上飛的，地上跑的，水中游的，對人性、人生的摹擬。是相聲的表演技巧，任何人物的語言及神態，還有各種動物也不能遺落。表演者除了語言訓練外，儀態表情也很重要，平時敏銳的觀察力是表演者不可或缺的能力。

（三）逗，是相聲幽默的風格，插科打諢，抓哏逗趣，通過你來我往，舌劍唇槍，似是而非的錯誤邏輯，抖落揭發天下的瘡疤，掌握笑料，逗樂觀眾，相聲的最基本效果就是笑果。

（四）唱，是相聲的表演功夫，像不像，三分樣。表情、聲音、動作、態度的整體音樂性。模擬誰像誰，才是「唱」的真諦。（馮翊綱，2000：34）

說、學、逗、唱，是相聲的主要內涵，「唱」是相聲藝術的基礎，確立了相聲演員和觀眾感情交流的表現方式，是其他三種因素的黏合劑。「說」、「逗」形成相聲喜劇風格的語言藝術，相聲以「說」為「逗」，以「逗」為「說」，逗的目的是說，而逗又以說的方式來表達，二者實是一體兩面。「學」和「唱」使相聲推向立體表演，聲音、動作、形象相結合的綜合藝術。（何三本，1998：12）說、學、逗、唱的綜合表演，確立相聲是簡單又具吸引力的藝術形態。

「相聲」的表演會因為人數不同，而有不同模式的表現手法。以下是「相聲」的基本類別：

一、單口相聲

是一人多角的表演。一個人說，如同講笑話的鋪張發展形式。但和平常講笑話有所不同，單口相聲必須有專業的知識和技巧，所講的內容需賴聲動曲折的情節、引人發笑的故事，才能收到跌宕起伏、詼諧橫生、娓娓動聽的效果。也就是說，必須以笑料來收場。演員有時是客觀的第三者在敘述，交代情節、介紹人物、描繪景物；有時得摹擬人物的聲音語調、語氣，音容笑貌，舉止動作、神態；有的時候剖析每個人的思想活動、內心獨白，有時又得自己提問、自己解答，是多角複雜的表演。

二、對口相聲

兩人搭檔，互為對應，一主一副，一智一愚，一逗一捧。兩人運用默契，在自然談話中，製造矛盾、逗捧之間，呈現笑料，是相聲表演最常見的型態。在一逗一捧間，可以表現彼此的拉鋸，呈現腳本的張力。通常「逗哏」站在「捧哏」右邊，逗哏的右手具有較大的發揮空間。兩人要製造矛盾，彼此爭辯，才能達到「逗」的效果。

三、群口相聲

　　又叫多人相聲、多口相聲，除了捧逗角色之外，另一個叫「膩縫兒」，可以居間製造問題，也可以製造機會或解決問題。但也有人以為，三人相聲並沒有打破對口的格局，可分為一捧二逗或一逗二捧。因其人數多，尺寸掌握更困難，彼此的默契更難掌握，真是易學難精，編寫困難，演出吃力不討好。表演時的位置不可任意站立，一般都以下圖 6-3-1 為依皈。（魏龍豪，1987）

圖（一）

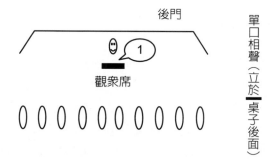

圖（二）

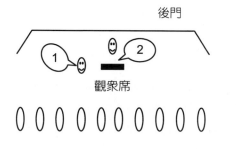

圖（三）

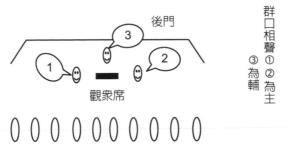

圖 6-3-1　相聲表演位置圖

（資料來源：洪雪香，2004：23）

　　在這相聲與雙簧的戲劇中，以我為例所運用的教材分為制式教材和非制式教材，針對識字與寫字的教學來作相聲與雙簧的演出，因此都以中國文字（字音、字形、字義）或短文（國語課本改寫為相聲劇本）來作表演的題材。然而，要運用相聲與雙簧的戲劇產出，就必須把所呈現的識字與寫字教學的腳本讓學生通曉易懂、明快動聽、形象具體、生動活潑、用詞廣泛、豐富多彩。就像目前最熱門的相聲教材《相聲瓦舍》裡的主角，馮翊綱、宋少卿所呈現的相聲戲劇就很有創意，不會太八股。在此舉了一些範本（於附件中）和翰林版國語課本教材〈我們可以說得更好〉，讓學生練習觀摩。

　　那雙簧和相聲又有何差異？其實也沒有太大的差別。雙簧相傳是由相聲演變而成的表演形式，屬於相聲的支流。通常將雙簧歸為彩扮相聲。雙簧的起源說法不一，比較廣為人所接受的說法是源自清朝末年，有對黃氏父子本是相聲演員，某次奉召入宮表演，正巧父親喉嚨發炎無法言語。皇帝下召不能不去，去了無法演出又是欺

君之罪，要滿門抄斬。父親心憂之際急中生智，由兒子躲在椅子後面說話，他在前面配合作動作。不料效果出奇的好，皇帝非常喜歡，新的表演形式從此產生。因這對父子姓黃，所以稱此種表演形式為「雙黃」，其後訛音變成「雙簧」。雙簧演出除了類似相聲的對話之外，兩個演員一前一後扮演同一個角色，所以又稱為「雙扮藝人」。在前面的稱為「明相」，負責表情動作，行話叫「灑頭賣相」，角色地位相當於對口相聲中的捧哏。在後面的稱為「暗相」，負責聲音語言，也叫「橫豎嗓音」，相當於對口相聲中的逗哏。明相須根據暗相所的臺詞作表演。一般情節是明相遭暗相戲弄而產生笑料。暗相經常有精采的口技表演。只要銜接得當，演出內容可以一段一段任意串接，因此題材方面非常自由。（葉怡均，2007：39）學生或許剛開始會有些許的不習慣，但是相聲與雙簧最有利的武器是「嘴巴」，嘴巴用來說話，說出讓人意想不到的創意，笑出創意，讓語文課的教學活絡了起來，發揮了語文的功用。也就是說，相聲也是「笑」的藝術。以笑為武器來揭露矛盾，塑造人物，評價生活。說和笑的特點，構成了相聲（包括雙簧）基本要素的輪廓，因此是具有喜劇風格的語言藝術。「說」奠定了相聲藝術的表現方式，「笑」奠定了相聲藝術的精神。（何三本，1998：15）

　　因此，在識字與寫字的教學融合於相聲與雙簧的戲劇中演出，以兩人一搭一唱，你來我往，在趣味化中學習到知識，也是學生所樂意接受的教學。國語文教育是培養學生以聽、說、讀、寫、作五種能力來表達個人的情意；而清晰的口齒、井然有序的組織力、適度得體的說話藝術，是最具有效果的傳達方法，所以把「說」擺在首位。「會說話」的人一定「會聽話」，「說話」對每個人而言，實在太重要。相對的，如果我們把語文課的識字與寫字教學用相聲與雙簧的方式呈現，在識字與寫字的過程中，也間接運用口語的表達來演出整個教學的延展經驗，這對學生來講是很好的經驗吸收機會。

在附件的範本中，可以很清楚的了解學生對字形的熟晰度、辨識度以及對字的理解程度如何。學生能清楚詮釋字形間的關係為何，並能找出它的解釋來說明，讓觀眾更清楚知道字和字的關連性。這也適合運用到字音、字義的呈現，因為佔用的時間不會太多，也有娛樂的功能。

第四節　相關教學活動的設計

語言是一種社會現象，是人類依互相交際，交流思想的工具。語言可以分為口頭語言和書面語言，而口語指的是，將腦中的意念轉變成聲音，並且把這些聲音，以句法結構的語音序列加以構成。（趙鏡中，2000：24）人類口頭語言是文字語言的前傳，「聽」、「說」的訓練是讀寫文字的基礎。人類擁有聲音語言的歷史已有六十萬年之久，擁有語言文字的歷史也不過五、六千年的光景而已。（何三本，1993：1）以下是在「聽」的方面，「情境中的說話教學」如圖6-4-1 所示：

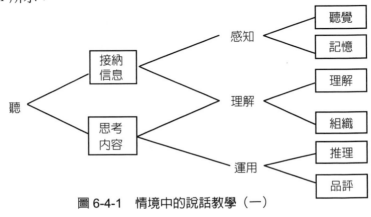

圖 6-4-1　情境中的說話教學（一）

　　口語表達從「聽」著手，聲音的傳達最原始的反應是「聽覺」接著是「記憶」聽的內容，通常收訊者會自我篩檢，「記憶」的多寡成為發訊者與收訊者的第一類接觸。「記憶」體再經過收訊者發訊者增強、減弱等影響，會建構一套從聲音的「記憶」去「理解」、「組織」、「推理」、「品評」的心得。而且「聽」的學習也隨學生的發展有深淺不同，「聽」的能力具足以後，才能進行「說」的訓練。

　　在「說」的方面，以下是「情境中的說話教學」如圖 6-4-2 所示：

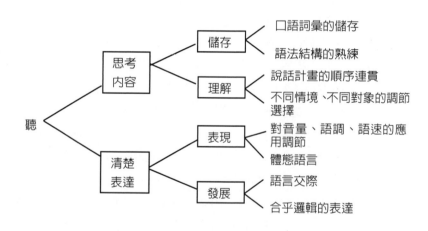

圖6-4-2　情境中的說話教學（二）

　　「聽」、「說」關係密切，「相聲」中的逗捧，更是「聽」、「說」的最高互動，「聽」與「說」的培養，需要階段性，因此「相聲」的學習也是有階段性的。

　　因此，在識字與寫字教學應用在相聲與雙簧戲劇中，因為是針對文字方面的教學，在指導方面可以利用廠商所發的電子書來教生字的字形、字音、字義及語詞的教學。多聽之外可以全班一起讀，

再分組跟著範本 CD 讀（附件），接著各組分別扮演甲、乙角色，與影片和 CD 中的甲、乙角色對口，兩人一組分組練習，最後上臺表演。

在制式的教材中〈我們可以說的更好〉內容所表現的形式是對口相聲劇本，表演的要點注重在兩人的對話形式上，透過對話展現語言表達的趣味，一個人為主要講述者，另一人擔任補充或襯托的角色。本課在相聲的運用中也展現出「笑」的技巧。也就是說，不管是幽默、滑稽，只要能引人發「笑」，就是成功！依據相聲大師魏龍豪在 1987 年《相聲比賽優良腳本專輯》中特別指出：

「相聲」對「敵」是刀，是鎗、是炸藥。「相聲」對「友」是良藥、補品，是可以嚼味的口香糖。「相聲」是「笑」的藝術，是以「笑」為武器來揭露一切不合常規，不合道理的「人、事、物」。是以「笑」來塑造人物，批評生活，歌頌英雄楷模的。沒有「笑」可以構成任何藝術如戲劇、音樂等等……可是如果沒有「笑」，就不能夠成「相聲」的喜劇藝術。也就是說，「相聲」藝術具有幽默、諷刺的特性，「相聲」它反映生活，不是平面的，而是誇張的，甚至是變形的。（魏龍豪，1987）

在〈我們可以說得更好〉當中所運用的「笑料」，就是相聲技巧中的「抖包袱」。「包袱」是笑料的代名詞，也是製造笑料的方法和手段；又以諷刺為本事，發揮相聲的基本精神，是以諷刺代替說教，「包袱」是相聲的藝術特色和魅力所在。馬季在《相聲藝術漫談》中指出：「包袱」在相聲中佔有極其重要的位置，可以這樣說：無包袱就無相聲。實際上，一個好相聲的創作過程也就是不斷組織包袱的過程。（馬季，1991）從《相聲藝術漫談》中舉些例子中擷取的相聲段落，讓學生即席的練習五分鐘。從這些例子當中也可以了解文字也能趣味化，不會佔太多的時間；而且語文課的時間講一段相聲，也會有意想不到的「笑」果。

（一）甲：好嘛！那六加四也不過是十年啊！

　　　乙：六四，二十四啊！

　　　甲：啊？乘法呀！【違反常規】

（二）乙：一個日字加一筆畫（故作思索狀，用手筆畫）嗯！這個字唸「旦」

　　　甲：哪個「蛋」？雞蛋還是鴨蛋？

　　　乙：是元旦的旦，你瞧！（邊說邊比）一個日字，底下加個一，那不正是旦嗎？

　　　甲：不對不對！這個字不唸旦。

　　　乙：那唸什麼？

　　　甲：唸「田」。【陰錯陽差】

（三）甲：一個日字加一筆畫，唸什麼？

　　　乙：哦！相同的題目，那相同的題目，那相同的答案！唸「旦」和「田」，可對了吧！

　　　甲：不對不對！要唸「由」，自由的由。【故弄玄虛】

（四）乙：啊？這一筆畫長出來啦！好！換我也考考你，這，一個日字加一筆畫唸什麼？

　　　甲：怎麼？你也出同樣的題目啊？

　　　乙：你回答啊！

　　　甲：唸：旦、田、由對嗎？

　　　乙：不對不對，唸「甲」。【故弄玄虛】

　　　甲：瞎！這回下頭伸出去啦！

（五）乙：另外啊！還可以唸「申」，申請的申。

　　　甲：哦！上下一齊來囉！有意思！有意思！我，再來考考你，一個日字加一筆畫，還唸什麼？

　　　乙：壞啦！這回頭長完了！腳也伸出去了，伸頭伸尾，縮頭縮尾全都有了！居然還有字！那，我不知道了。

甲：唸「目」，日字中間底下加一橫筆。

乙：啊？日的那一橫，還調整位置多擠一橫啊？

甲乙：一個字加一筆畫，唸什麼？

甲：你知道啦？

乙：題目是知道了，答案我可不知道。我，頭長過了，腳也
　　伸出去了，伸頭伸尾，縮頭縮尾，外加調整位置多擠一橫
　　也擠了！你還想要我怎樣？（稍停）說吧！那是什麼字？

甲：「白」，日字頭上一撇。【機智巧辯】

乙：嘿！撇在那上頭了！

（馬季，1991：23～35）

相聲劇中學生的角色分配及教學活動設計如下：

表 6-4-3　〈改編後我們可以說得更好〉對口相聲讀者分配表

故事名稱	〈我們可以說得更好〉	參考資料
演員	對口相聲劇本	翰林版五下語文領域

甲：○○○

上臺一鞠躬

乙：○○○

甲：人人會說話，但是要把話說好，這學問可大了！

乙：有口就能言，誰不會？聽你這口氣，好像你很在行呀！

甲：有口就能言？（故作神秘狀）我看見你在路口和一位金髮碧眼的外國人，手腳並用筆畫了半天（比手畫腳），怎麼就沒見你開口說半句話呀？

乙：這……那……（吞吞吐吐）我「有口難言」呀！

甲：那你就得拜我為師了，我可是說話高手呢！

乙：等等，你什麼時候又成了說話高手（疑惑狀）？我記得前幾天你上臺即席演講怎麼講不到三句話就下臺了？

甲：我……對了，那天剛好「臨時」肚子痛（抱著肚子）！

乙：嘿！「剛好」、「臨時」肚子痛！你也轉的太硬了吧！不過，話要說好，真的不簡單。

甲：沒錯！我曾經聽過一個故事，話說古代有位將軍，在戰場上經常打敗仗，可說是「屢戰屢敗」，但是他要求傳令兵通報軍情給皇上時，必須這麼說：「報告皇上，王將軍，積極迎戰，請皇上放心。」皇上一聽王將軍一直打敗仗，還能積極應戰，反而龍心大悅，要加以獎賞一番呢！

乙：嘿！「屢敗屢戰」和「屢戰屢敗」不都是一樣嗎？為什麼也能得到獎賞？

甲：你瞧！「屢敗屢戰」和「屢戰屢敗」表面上是排列的順序改了，其實所代表的意義大不相同，這就是語言表達的妙用。除了善用語詞的順序，言之有「禮」，也是非常重要的。

乙：說話還分「裡外」？

甲：什麼「裡外」？是禮貌的「禮」。

乙：「老師好！來賓好！」（鞠躬狀）我可是本週的禮貌寶寶。

甲：禮貌寶寶乖（摸摸乙的頭）！說話時的禮貌可多了，像說話時應面帶微笑（露出微笑狀）、眼光要專注（兩眼有神）、表情要柔和（神情溫柔）……

乙：那你看我笑得自不自然（張口大笑）？表情柔不柔和？（一直眨眼睛）？

甲：（趕緊退後三步，作驚嚇狀）我看你是臉部抽筋，表情扭曲，快別鬧了！

乙：那你說的「禮」，究竟是什麼？

甲：來！仔細聽好！我唱給你聽（用饒舌歌的節奏來唱）：「語言表達的中心是個『禮』，表現在具體的行為上，對人要謙虛、隨和，談論事情要有條有理，和人交談時要非禮勿視、非禮勿言、非禮勿動，保持適當的音量和態度……」

乙：（插嘴）嘿！你是阿亮呀！

甲：不可以插嘴！「請！謝謝！對不起！要隨時真誠的表達。」（用繞口令的節奏唸，腳一打拍子，不慎踩到乙的腳，卻不自覺）

乙：請──（拉長）把你的尊腳移開，你踩到我了！（抱著被踩的腳）

甲：喔！對不起！（敬禮）得意忘形了。這也是說話時的大忌呢！

乙：哈！你終於發現了！

甲：還有些人說話時喜歡「咬文嚼字」、「引經據典」……

乙：我還「長幼有序」、「兄友弟恭」呢！這樣說不太好吧！

甲：四個字的成語，還是要用在恰當的地方呀！因為說話不像寫文章，有很多的時間可以斟酌字句，話一旦脫口而出，就沒辦法收回了，所以應該

先想清楚再說。

乙：我了解了「點頭狀」。嗯……啊（搔頭）……可是……然後，啊……到底怎麼樣才可以說得更好？

甲：瞧你，又不由自主的出現口頭禪，這也是要避免的。還有像「我想今日是個好日子，然後我們去郊遊，然後再去爬山，又然後去喝咖啡。」（模仿別人的口頭禪）

乙：你一直「然後」，到底要說什麼呀？（不停的看手錶）

甲：對不起！我以為模仿秀的時間又到了（不好意思狀）！千萬不要一直「然後」下去！怎麼？你趕時間呀？

乙：是呀！我等會兒要趕著上口才表達訓練課。

甲：口才表達訓練？我教你不就行了？你瞧！（比個第一、第二的手勢）

乙：你？有優雅的手勢……

甲：（站成領袖的姿態）

乙：嗯！有領袖的姿態……

甲：（眉目傳情狀）

乙：有眼神的交流……

甲：（面露親切的笑容）

乙：還有真心的微笑。可惜——你口齒不清……

甲：我抗議！你才口齒不清呢！不然，你跟著我唸一段：「門外有四十四隻獅子，不知是四十四隻石獅子，還是四十四隻死獅子。」（速度很快）

乙：你聽好了——「門外有『ㄕˋ』十『ㄕˋ』隻獅子，不知是『ㄕˋ』十『ㄕˋ』隻石獅子，還是『ㄕˋ』十『ㄕˋ』隻死獅子。」

甲：你看發音不清楚了吧！

乙：果然，要把話說好並不簡單。

甲：只要真誠的表達，用心的練習，我們一定可以說得更好！

甲：○○○

下臺一鞠躬

乙：○○○

表 6-4-4 〈我們可以說得更好〉對口相聲／雙簧教學活動設計

教學活動設計				
教學單元	〈我們可以說得更好〉		教學者	許璦玲
教學方式	相聲劇／雙簧劇		教學時間	二節
教學人數	35 人		教學場所	教室
設計理念	1、設計活潑生動的教學方式，讓學生藉著演出的方式強化閱讀理解。 2、利用小組討論，增加學生間的互動，激發學生的創意及表達與溝通的能力，增加閱讀成效。 3、透過實際的演出了解相聲劇和雙簧劇的表演方式，並在演出與欣賞中享受閱讀的樂趣。			
教學目標	1、能回答教師提出的問題，並清楚說出自己的想法。 2、能利用聲音、肢體動作進行角色扮演。 3、能學習相聲劇和雙簧劇中喜劇的表演形式。 4、能學習和其他同學互助合作的精神。 5、能培養上臺表演的能力。 6、能專心聆聽臺上表演者的表演。 7、能透過演出學習到說話的語氣和臉部、肢體的動作表情。			
準備教材	〈我們可以說得更好〉腳本、範本、DVD、電腦、單槍投影、電子白板、白色西卡紙、學習單、文字相關網站資料。			
能力指標	教學步驟	教學時間	十大基本能力	評量方式
	※本單元的教學活動設計以課本的劇本再作改編（如附件），並以識字寫字教學來配合相聲劇和雙簧劇的融合演出。			
4-3-2-1 會使用數位化字辭	〔詞語生字教學〕 一、詞語教學 　為了先讓學生了解本課的詞語，先	10	四、表達溝通與分享。	可以合作演出相對應的相聲

典。	擷取其中幾個詞語來教學再進行活動。例如：相聲其中幾段說明裡，有詞語的解釋。		。
	甲：○○○		
	上臺一鞠躬		
	乙：○○○		
	※甲：人人會說話，但是要把話說好，這學問可大了！		
	※乙：有口就能言，誰不會？聽你這口氣，好像你很在行呵！		
	※甲：有口就能言？（*故作神秘狀*）我看見你在路口和一位金髮碧眼的外國人，手腳並用筆畫了半天（*比手畫腳*），怎麼就沒見你開口說半句話呀？		
	※乙：這⋯⋯那⋯⋯（*吞吞吐吐*）我「有口難言」呀！		
	※甲：那你就得拜我為師了，我可是說話高手呢！		
	※乙：等等，你什麼時候又成了說話高手（*疑惑狀*）？我記得前幾天你上臺即席演講怎麼講不到三句話就下臺了？		
	※甲：我⋯⋯對了，那天剛好「臨時」肚子痛（*抱著肚子*）！		
	※乙：嘿！「剛好」、「臨時」肚子痛！你也轉的太硬了吧！不過，話要說好，真的不簡單。		
	※鞠躬：彎腰行禮。在這情境當中是利用相聲來說明。		
	二、造句練習。請各組以「情境造句」的方式，先討論後派人上臺演示。		

	※在學校，看到老師要鞠躬問好。(模擬在學校) ※在路上，看到師長要鞠躬問好。(模擬在校外) ※在家裡，看到長輩要鞠躬問好。(模擬在家裡)			
3-3-3-3 能有條理有系統的說話。	※為了讓學生分辨一些容易混淆的字音，練習咬字清楚，變化迅速，以有趣的繞口令來練習。 ①活動一：(我不吃螺絲) ※吃螺絲是只唸稿子的時候打結或不流暢。 繞口令練習（脣音） 巴老爺有八十八棵芭蕉樹，來了八十八個把式要在巴老爺的八十八棵芭蕉樹下住，巴老爺拔了八十八棵芭蕉樹，不讓八十八個把式在巴十八棵芭蕉樹下住。 繞口令練習（舌音） 六合縣有個六十六歲陸老頭，起了六十六間樓，樓上擺了六十六瓶油，樓下放有六十六頭牛，一夜大風起，吹倒六十六間樓，敲破六十六瓶油，壓死六十六頭牛，氣死六十六歲陸老頭。 繞口令練習（喉音） 前山有個嚴圓眼，後山有個圓眼嚴。兩人上山來比眼，也不知嚴圓眼的眼圓？還是圓眼嚴的眼圓？ 繞口令練習（齒音） 四是四，十是十，十四是十四，四十是四十，誰說十四是適時，就打誰十四，	20	四、表達、溝通與分享。	可以練習文字的流暢度。

	誰說四十是細席，就打誰四十四戒尺。 教師總結：相聲要說的好，必須要能把劇本的涵義了解清楚，找出重點。當同學都知道從語境中提出詞語的釋義，也能常常練習口頭的造句，很自然的，學生就會對詞語的了解及應用程度。			
4-3-1-1 能利用簡易的六書原則，輔助認字，理解字義	②活動二：生字教學（統整過後） 　各組提出文章內容找出容易錯的字，來作解說和辨別，如「鞠躬」兩字來說明：（加重的粗體字是前面相聲詞語中的生字） 「躬」：左邊的部件「身」，不要少寫「丿」。 再針對較特別的文字作形音義教學，例： 躬 象形兼會意字，從弓身，只身曲如弓，連脊椎都可以看得出來。 　　　　鞠躬 　　　（雙簧） 後者：敬禮！ 前者：（表演敬禮的動作，左手舉起成90度） 後者：老天啊！你連敬禮都不會啊！ 前者：（驚訝！直點頭）我會啊！ 後者：那你為何是左手敬禮啊？ 前者：（再表演一次左手敬禮）沒錯啊！ 後者：這位先生，敬禮是右手你不會不知道吧！	30	四、表達、溝通與分享。	可以具體舉證字的形／音／義。

	前者：（聳聳肩）本人是左撇子啊！習 　　　慣了嗎！ 後者：不會吧！ 前者：（無奈的傻笑）可以換別的禮數 　　　嗎？ 後者：鞠躬會嗎？就是弓著身體，脊椎 　　　也順是彎下，成 90 度彎腰。 前者：（馬上作了一個標準 90 度彎腰 　　　鞠躬，臉上露出勝利的樣子）太 　　　帥了！ 後者：不愧是我的好搭檔，聽得懂人話。 前者：呋！ 教師總結：同學們表演得很精采，也都 　　　　　知道如何區分相聲和雙簧 　　　　　的不同之處。希望同學能繼 　　　　　續努力，找到訣竅，就會學 　　　　　得更好。			
3-3-2-1 能具體詳 細的講述 一件事情 。	③活動三：檢討成效 　　根據活動一的表演成效來說，因相 聲是口語的表達，因此，在文字的表達 必須要清楚，咬字也必須小心謹慎， 如：四是四，十是十，十四是十四，四 十是四十，誰說十四是適時，就打誰十 四，誰說四十是細席，就打誰四十四戒 尺。這方面需要加強卷舌音的處理。還 有，在表演相聲這一塊，在情感的表達 就不容易表達，如： ※甲：有口就能言？（故作神秘狀）我 　　　看見你在路口和一位金髮碧眼 　　　的外國人，手腳並用筆畫了半天 　　　（比手畫腳），怎麼就沒見你開	20	七、了解自 　　我發展 　　潛能。	③ 轉創作戲 劇以體現 對文字經 驗 的 擴 大。

	口說半句話呀？ ※乙：這……那……（吞吞吐吐）我「有口難言」呀！ 　尤其是括號裡的肢體動作的表情呈現是需要再練習、再努力。 　再來就是活動二的表演成效，相聲和雙簧有些許的不同，原則上也是口語的表達，只是雙簧是一人說，另一人演，困難點在於學生肢體上的表達不夠大方，也不夠明確。如： 後者：敬禮！ 前者：（表演敬禮的動作，左手舉起成90度） 後者：老天啊！你連敬禮都不會啊！ 前者：（驚訝！直點頭）我會啊！ 後者：那你為何是左手敬禮啊？ 　動作的呈現就不夠大方，有些許的害羞；有的同學就比較搞笑，故意誇示動作引起同學大笑，這也是不錯的笑點！因此，搭檔的演出必須要有良好的默契最重要。 　因此，教學完以及看完同學的表演之後，深深覺得相聲和雙簧可以慢慢在國小的語文教育有所發揚和傳承。也就說，中國語文的奧妙可以藉用戲劇的表演會有更深層的意義，把學以致用改成活學活用也不錯。			

　進到正式教學時，可以先播放文建會兒童會館影片中的相聲劇〈老馬相聲〉，以引起學生的共鳴與好奇心。接著由教師提問，並

請學生分享觀看影片的心得。接下來請學生默讀〈我們可以說得更好〉腳本，並掌握腳本的大意。接著由教師講解〈我們可以說得更好〉腳本的大概情節。以問答的方式引導學生說出〈我們可以說得更好〉腳本大意。

當對〈我們可以說得更好〉腳本有了初步的概念後，接著採腦力激盪法將學生分成六組，每組討論五分鐘後，由各組推派一位學生上臺說明小組所討論出來的腳本大意，以二分鐘為限。各組報告完畢之後，再由教師綜合學生的意見補充學生未提到的部分，並給予回饋。進行語詞的教學時，由師生共選新詞。概覽腳本時可將各組所圈出的新詞作一整理，請每組所提出不懂的新詞、生字，以不重複為原則。倘若有重要的新詞未選出時，則由教師提出與學生分享、認識。新詞和生字選出後要進一步解釋詞意和字形、字音和字義，請各組根據所提的新詞和生字，利用字辭典查出它的詞意和生字，並用口語的方式把它說出來。倘若有未盡處，則由教師加以補充。

為了讓學生更深刻了解〈我們可以說得更好〉，以相聲劇的方式讓學生演出。首先播放《相聲瓦舍——笑神來了》的 DVD，讓學生了解相聲劇的表演方式。接下來就由教師告訴學生相聲劇作法。所謂相聲劇，就是從相聲戲劇化衍生出帶表演性質的戲劇，「這是臺灣劇場的新品種」。（馮翊剛等，1998：3）關於相聲的四門功夫——「說」、「學」、「逗」、「唱」，所謂「說」是指說笑話、故事、燈謎、酒令、繞口令、貫口，練習語言節奏，矯正發音和部分的發音方法。「學」是指學人語、鳥語、市聲，舉凡天上飛的，地上跑的，水中游的，都要模擬得唯妙唯肖的。「逗」是指插科打諢，抓哏逗趣，透過你來我往，舌劍唇槍，似是而非的錯誤邏輯，抖落揭發天下的瘡疤。「唱」是指唱太平歌詞，戲曲小調，練習演唱技巧。這四種不能單獨存在，必須混合表現。（何三本，1997：213～214）

所以相聲劇也須掌握住這四種基本功夫。更重要的一點是,相聲劇的形式也是以喜劇的形象來表達訊息。接著請小組同學將腳本的角色作一番討論,並針對相聲劇裡的人物揣摩就進行排練。

最後進入令人期待的綜合活動——相聲戲劇表演。由各組輪流上臺以相聲劇的方式演出〈我們可以說得更好〉。演出的同學在擔任演出的角色時,要揣摩所扮演的說話態度表情。未演出的同學要專心聆聽、欣賞臺上演出的同學的聲音表情。根據同學的演出,演出者對於自己的演出提出看法,觀賞者也提出對表演者的回饋與建議,針對〈我們可以說得更好〉裡的主要人物(各組同學的表現)表達個人看法。由教師針對〈我們可以說得更好〉的演出進行總結不作評比,給予正面的評價,讓他們有信心,並感覺這樣的語文教學活動是愉快而溫馨的。最後請學生收拾、整理場地,回復原狀。

雙簧劇中學生的角色分配及教學活動設計如下:

表 6-4-5 〈你說我演〉雙簧讀者分配表

故事名稱	〈你說我演〉	參考資料
演員	雙簧	大寮國小說、唱藝術教材

甲:○○○,問候各位,您好!
乙:○○○,問候各位,您好!
甲:剛才的節目,非常精采,現在給大家表演一段雙簧。
乙:這雙簧是兩人合作表演的形式。
甲:一前一後,前邊兒的叫前臉兒,光表演,不出聲!
乙:後邊兒叫後身兒,光出聲,不表演!合作成一人。
甲:所以又叫雙簧一人,今天咱們倆合作,表演一回!
乙:誰在前邊兒?誰在後邊兒?
甲:當然是我在前邊兒,你在後邊兒啦!
乙:那為什麼?
甲:因為後邊兒的一定要能說能唱,聲音宏亮!這是非你不可呀!你是有名

　　的變調大王嘛！

乙：那倒是不假，嗯？變調？

甲：不！我是說你什麼調都能唱！

乙：那你只好委屈一點兒，在前邊兒啦！

甲：我還得化個妝！

乙：化妝！很浪費時間吧？

甲：不！快得很，我這是快速化妝法！（化妝）

乙：咱們看看他這快速化妝法，怎麼個快法？這是什麼髮型？

甲：這叫沖天炮！

乙：沖天炮？這新鮮！

甲：這不就化好了嘛！

乙：還真夠快的！

甲：這有一塊醒木，我一拍這醒木，我就不能講話啦！

乙：那就要聽我的啦！拍醒木啦！

甲：（拍醒木）（隨乙的話而動）

乙：起立！敬禮，禮畢！坐下！（反覆三次）

甲：你光這麼起來，坐下的這是幹嘛呀？

乙：我這是測驗你的動作靈活不靈活？

甲：怎麼樣？還可以嗎？

乙：可以及格！

甲：還有好的沒有？

乙：有的是！多的很！

甲：那就來段好的，別老是起立坐下的。（拍醒木）

乙：八月十五是仲秋，家家戶戶樂悠悠，大街小巷真熱鬧，高高興興放鞭炮，
　　我說放，就放！我要放個二起腳！……氣……咚！……光！好……再來
　　一個！氣……咚……光！再來一個！氣……氣……咚！……光！又來一
　　個！氣……氣氣……氣……咚！

甲：你這叫什麼炮哇？我剛拿起來響啦！存心崩我！

乙：這你得原諒，這鞭炮受潮啦，是個慢捻兒！

甲：這個不好！

乙：那咱換一段兒！

甲：好！（拍醒木）

乙：有個結巴去放牛，手裡拉著個小牛犢，把牛拉到井臺上，「咕咚」！牛犢掉在井裡頭，結巴過來把人喊！來來來，來人哪！我我我，我那牛，牛！掉掉掉！掉——掉。

甲：這牛我不要啦，總可以吧？你說的這叫什麼呀？

乙：這叫憋死牛！

甲：去你的吧！還是不好！

乙：來段唱的怎麼樣？

甲：好！來吧！（拍醒木）

乙：表哥走了正一載，今天中午要回來，我要為他來接風，親自下廚來做菜，太陽偏西人未到，不由我心煩唱起來！（唱）左等也不來呀，又等也不來，只等得太陽就要往西歪呀，表哥呀，我為你備好了菜，這時候還不來你太不應該，一盤空心菜，一盤空心菜呀，一盤空心菜，一盤空心菜！

甲：這是掉在空心菜筐裡啦？

乙：到現在還不來！有空心菜吃就不錯啦！（二人一笑，鞠躬下臺）

　　相聲與雙簧蘊含有藝術價值、具有教化力量、提供娛樂功能的三大作用，裨益人類文化、精神。雖然相聲與雙簧在國小語文教學的應用雖不普遍，但是無可否認的是，相聲與雙簧乃是最有趣的口語表達，更能展現表演藝術的能力，真的是提高語文能力的妙方，也是快樂學習的訣竅。這是文化的瑰寶，值得大家保存與發揚。

　　相聲與雙簧可以成為為政者洞察其施政得失及體察民心向背的最佳途徑。流行文化幫助藝術發落到民間，可以抒情解憂，結合視聽，想像時空飄揚，透過大眾傳媒、E 化的力量，更能夠留下相聲與雙簧的命脈。

　　相聲／雙簧教學活動照（一）：

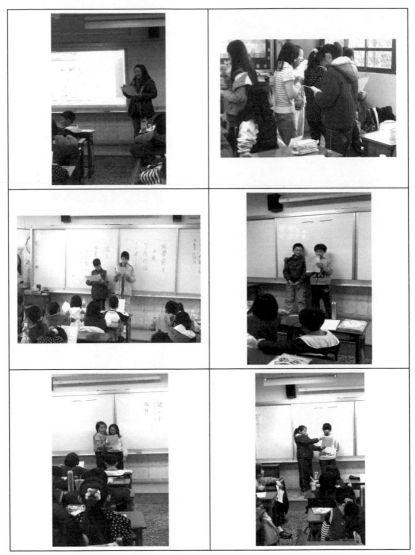

圖 6-4-3　相聲／雙簧教學活動照片（郭祐安攝）

第七章　作文戲劇化教學

第一節　從作文教學到作文戲劇化教學

　　從第四章到第六章所提到的閱讀教學、聆聽和說話教學、識字和寫字教學等等，寫作教學在相對上就「緊要」多了。這種緊要，是因為它有「高標」的現實和理想的需求，可以比閱讀教學、聆聽和說話教學、識字和寫字教學等等複雜和艱難許多。

　　然而，作文能力的巧妙在於透過文字的創作來抒發語言所不能表達的情感、理念，透過文字來進行理性的溝通。透過寫作，可以鍛鍊一個人的思維，更能夠提高對生活的感受力以及對事物的表達力，將內心所感、所想，有條理、有主題的描述下來。反觀現在的學生往往因為課業的壓力，下課後往安親班或才藝班補習，導致只偏重於課內知識的追求，所學太過狹隘、年紀輕輕對事情的看法不夠深入，加上寫作經驗不多，閱讀時間大量減少，一個月才寫一篇文章（我所服務的學校寫四篇改三篇），實在難以有良好的成效。這個成效形成的原因就是語文教育在現今課程多元化的現況下，學生無法安排出較寬裕的時間靜下心來反覆練習、造句、造詞，更不用說有系統、有計畫的閱讀，寫作的基礎就不夠紮實，自然而然就對寫作的意願和成效產生不好的影響。

　　如我所教的班級學生所改寫〈改編版小紅帽〉的故事一樣（詳見第四章），學生理解的程度不一，閱讀的深度不夠，因此改寫的能力就有程度上的差別。也就是說，教師在教作文時，要了解學生

不同的能力，體貼學生的需要、尊重學生的作品，教師能以學生自身經驗與感受來陳述，以激發學生寫作興趣，喚起學生內在情感及經驗。雖然〈小紅帽〉的故事家喻戶曉，但要以小紅帽在森林遇到大野狼的過程來改寫，需要有創意及獨特的理解程度作循序漸進的改編再融入於戲劇中展演，才會有好的創意效果。在此，教師也可以根據範文單元教材中（國語習作），配合作文習作練習，由淺入深，作通盤的規畫安排分派於各冊各單元，按照不同的課程、配合不同的主題設計出不同典故詞語的練習，訓練文字表達能力，由點而線，由線擴展至全方面，寫出令人讚賞的文章（詳見圖 7-1-1）。

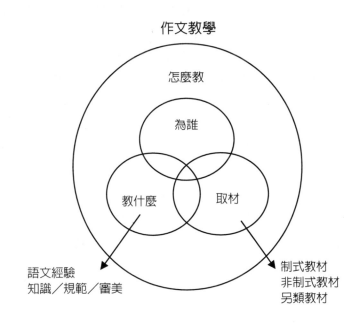

圖 7-1-1　作文教學概念圖（一）

（資料來源：周慶華，2011：67）

　　國小課程特別重視語文領域，所佔的節數也佔居第一。語文含讀書、說話、寫字、作文四大部分（或由說話再分出聆聽），其中作文強調的是思考的訓練、情意的表達、組織能力的培養和文字工具的運用，語文的成就從作文表現最容易看出。寫作的訓練也可以說是思考、組織、表達的訓練。如〈小紅帽〉中，小紅帽對奶奶之間的感情如何？運用文字的表達來述說這份情感，也算是寫作的訓練之一。透過這樣的作文教學，一方面可使學生學會如何表達和溝通；另一方面則可使學生具有反省的習慣和能力。因此，作文教學可說是國小語文教育中不可輕忽的（詳見圖 7-1-2）。

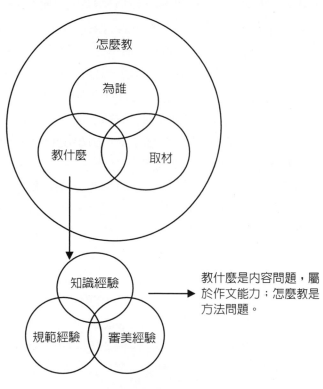

圖 7-1-2　作文教學概念圖（二）

　　陳正治提到：「作文教學就是負責教什麼和怎麼教等兩件事的教學。教什麼是內容的問題，屬於作文能力；怎麼教是方法問題，也就是用什麼策略使學生具備作文的能力。作文教師要想教好作文，當然這兩樣都應該知道。」（陳正治，2003）我們深知教學的成功，教師的「教材選擇」與「教學方式」是最重要的。作文課透過悉心的規畫、引導，改變了以往「給題目、寫作文」的教學模式，上課的氣氛活絡了，教師用心的引導，學生的思考也更靈活了。

　　作文教學也反映了現代社會的交際方法，文章所反映的是客觀事物的事實，在文章內表達出學生的思想、情感、認知，它是一種具有相對完整意義和一定規則性篇章結構的書面語言形式，也是現代人的交際方法。相對的，文章更具有幫助學習、輔助教化、提高審美、增進娛樂的作用。正如前章節所述〈改編版的小紅帽〉及〈改編版的國王的新衣〉，可利用主角和配角之間的互動作有效的溝通，如不讓大野狼吃掉小紅帽，該如何改變大野狼和小紅帽之間的關係是個很重要的情節轉換；而〈改編版國王的新衣〉也是如此，都具有教化和娛樂的作用。教化了學生對事情的看法，娛樂了觀眾心情快活，讓文章的內容生動起來了。

　　語文教育的基本任務是要教導學生正確理解和靈活運用文字，進階培養學生聽、說、讀、寫的能力。也就是說，聽以口頭語言為對象，讀和寫是以書面語言為對象。聽和讀，接收了語言和訊息，最主要的目標是理解語言的意義；說和寫，以發表語言信息為目標，以運用語言和文字來表達意義，學習語言，應兼顧口頭語言和書面語言。由此可知，「寫」在語言的學習和運用中佔有相當重要的地位，它是語言學習和運用的最高層次，也是用來評量和總結聽、說、讀的成果。「寫」的能力是綜合能力的表現，學生書面語言的表達如何，也就反映出他聽、說、讀的能力如何。

　　作文的起步從模仿入手，模仿範文，對範文的理解加深了對範文的印象，無形中促進學生閱讀能力的發展。「說」和「寫」同時屬於表達方式，但「寫」所表達的內容比「說」更加的縝密且有條理，更重視用語的精確性和生動性。對「說」而言，只講求「對」、「不對」；但對「寫」的要求更提升至「好」、「不好」。當中能不能見其思路的理性、文章結構是否完整，表達的內容是具有渲染力和說服力，都是要求的條件之一。

　　因此，倘若要求寫作能力的提升，相對的也必須要多聽、多說、多讀，使寫作能力的培養和訓練能在一良性的互動下產生循環而運轉，能將語文教學的成果以寫作加以展現。作文教學在語文教學裡有著不可動搖的地位，作文的構成不光只有詞藻的堆砌或情感的造作，必須是透過有系統、有組織的範文教學、閱讀指導甚至是跨學科的統整和結合，加上生活裡的體驗，才能發揮作用，達到目標（詳見圖 7-1-3）。

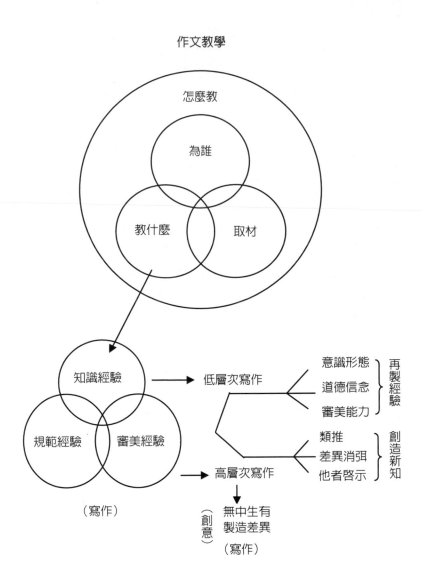

圖 7-1-3　作文教學概念圖（三）

　　在圖 7-1-3 當中，述說高層次的作文教學在於創意。然而，創意怎麼呈現，無法「一言以蔽之」。它可以指想像力、發明能力，或擴散性、生產性的思考能力。杜淑貞（2001）認為「創造力」的詮釋應該是：具有創造力的學生，並不是最能解決問題或找出結果的人，而是能夠在學習過程中，不斷發掘問題，並以不同「角度」去研究問題的人。而且在臨篇構思、運材、布局的時刻，最具有「推衍文義」的高度作文能力。一個人在日常生活中是否能充分發揮潛在的能力，便要由創造力來決定。倘若學生想做的事處處受到限制，他的創造力便無法發揮。因此，創造性也包括學生能自主的思考。

　　寫作的過程就是一種創造，倘若將創造視為一種能力，則作文可視為創造力的表現方式之一。此外，語文可說是其他創造的基礎，人們透過語文而得以進行思考，產生創造性表現。而語文本身也是一個豐富的創造性產品，不論是演說、閱讀、作文等均含有相當豐富而複雜的創造過程。

　　作文教學及創造性教學的本質有許多互通之處，此二者均強調教師的角色主要是刺激、引導者；在教學中要給予學生更多主動學習的機會，強調作品或產品需有創意等。創造性教學中許多教學策略與活動，都能提供學生不同的想像空間，激發學生進行不同的思考。

　　然而，創造力的本質是什麼？創造力是五種認知能力：敏覺、流暢、變通、獨創、精進力。相關的訓練是：

（一）「敏覺力」讓學生在讀書或準備考試時，能把握重點，抓住解題的關鍵；敏覺是指敏於覺察事物，一個人面對問題，能夠很清楚的發覺其問題的闕漏及關鍵，把握問題的核心。

（二）「流暢力」讓學生能思路流暢、想出許多解決問題的方法，在下筆時如行雲流水；流暢力強的人「點子多」讓孩子儘可能的說出自己的看法，列舉某一事物的用途，都可訓練學生的流暢力。

（三）「變通力」讓學生在面對難題時，不會鑽牛角尖，能夠「窮則變，變則通」是指一種改變思考方式，擴大思考類別，突破思考限制的能力，讓孩子不同觀點來作不同分類或不同的思考。

（四）「獨創力」讓學生有自己獨到的見解，能實現其獨具匠心的特質；指反應的獨特性，想出別人所想不出來的觀念。獨創力是一種產生聰明的、不平凡的，以及獨特新穎的反應能力。

（五）「精進力」使學生能計畫周詳，解題時考慮周到，並能時常檢查，不會粗心大意。也是一種補充概念，在原來的構想或基本概念加上新概念，增加有趣的細節，和組成相關概念群的能力。教學中，讓學生仔細考慮有沒有什麼方法使所做的事做的更好，或者在繪圖中增加一些裝飾畫等都可以培養孩子的精進力。（陳龍安，2008：21～23）

所謂的思考，就是有助於我們敘述或解決一個問題，從事一項決定，或實現一種理解事物的欲望的任何的心裡活動。它是對解答的一種尋求，對意義的一項探索。思考的歷程，包括有無數多種的心理活動：觀察、記憶、回憶、懷疑、想像、質問、解釋、評估和判斷，便是其中最重要的幾項活動。（芮基洛〔V.R.Ruggiero〕，1988：3）因此，欠缺思考能力是學生在作文上最常見的缺失。

Parnes 認為創造思考教學的主要目標在於激發、助長學生的創造力。他覺得為了培養創造力的老師能夠刺激學生發展生產力，允許學生發表個人的意見，還有傾聽的能力。教師不一定要用創造性的方法來培養學生的創造力，但一定要營造一個富創造思考的環境，建立一個能自由發表、鼓勵獨特、醞釀思考的環境。（引自鄭福海，2003）

綜合以上所述，創造思考教學的原則在提供民主，和諧的支持性環境；建立良好的教學氣氛；重視與接納學生不同的意見、不立

刻下判斷，並能鼓勵學生去看、聽、嘗試、探索及操作；同時老師能分享學生創作的喜悅，熱中於學生的表現及想法，進一步鼓勵學生養成獨立學習的習慣，把握這些原則必能有助於創造力的提高。

因此，作文的教學要融入於戲劇的教學，就必須讓學生發揮豐富的想像力，把文章內容展演出另一種情境，把「無」變成「有」，從「傳統」延伸至「創意」，讓學生把不可能的作文情境變成戲劇的演出，更能理解閱讀文字成肢體的動態呈現，製造了作文教學的差異性。

既然作文教學要有創意，製造出無中生有的另類想像。那創意寫作是寫作時能表現出創造性，而寫作能有創造性的表現，是由創造力所致。創意寫作的意義，主要是刺激和助長學生的創造力，讓學生有應用想像力的機會，以培養學生流暢、敏覺、變通、獨創及精密的思考力。而教師在生動活潑的課程統整主題教學中，也能享受到踏實、愉快與成就。（康雲山，1998：157）

人類想像力雖然根源於現實，但不會被現實所束縛，所以人人喜歡聽故事、看戲劇、讀偵探及科幻小說，想像力可以天馬行空的任意馳騁，這種理想的境界，正符合人們內心的想像和願望。並打破時空的限制，使不聞不見的事物，變成可見可聞。小孩子是不缺想像力的，對他們而言，宇宙萬物，不管是太陽、月亮、星星、高山、大海、動物或植物，都和人一樣有生命、有情緒的。喜怒哀樂、悲歡離合，對他們來講，就像是兄弟姐妹般的親切。小孩子所欠缺的，只是不知如何將自己天馬行空的想像，有條理、具體的行諸文字而已。因此，教師的工作，倘若能在課程統整中及日常生活上，適時的加以引導，多舉實例，在文章的細節處提問加以啟發，引導小孩子深入的去描繪內心的感受或想像力，必能在寫作上產生無限創意。（王瓊璜，2001：67）

作文教學，紮根在讀書和說話的訓練上，它是語文表達的訓練，更是邏輯思考的訓練。作文教學是國小國語科中讀、說、寫、作的一部分，它建立在讀、說、寫的基礎上。換句話說，以讀書、認字為手段，語言、文字的表達才是作文科真正的目標，作文科強調思考的訓練和語言表達的訓練。（江惜美，1997：177～187）徐守濤（1996）亦認為作文教學是國小國語科中讀、說、寫、作的一部分，它建立在讀、說、寫的基礎上。以讀書、認字為手段，語言、文字的表達才是作文科真正的目標，作文科強調思考的訓練和語言表達的訓練。

在聽的創造思考方面，可以讓學生多聽兒童文學的作品，分組討論並分享和觀摩各組的想法，開拓另一種想像的空間。文字和聲音的魅力，可以刺激學生心中的想像，也對故事中的角色有不同的見解和作品的結構；可以請學生把特定事件的結果改編成戲劇，發展他們的想像力和對聽者的態度。演說者或演員，偶爾也扮演看聽者的角色，有助益深入了解說者和聽者間的人際溝通系統，此角色轉換為主動傾聽，可使一個人的反應更加敏銳和更富有想像力。戲劇的經驗是說話、姿勢和動作的綜合。就如我所教班級所改編的〈小紅帽〉一樣，每個人寫的不盡相同，但可以從分組的討論中來作不同的創見，達到認同而發表。

在說話的創造思考面中，教師應多鼓勵學生自己發明短文來作分享。我所教的學生都是高年級，因此我發現愈是高年級的學生，話說的不多，肢體呈現的也不夠大方，可能是面臨青春期的關係，導致說話小聲。為了讓學生能投入如何把話說好、說得美，就讓他們每天利用十分鐘敘述經驗。請學生敘述親身體驗的事情，以增強學生口語敘述經驗的能力。倘若給予適時的引導指示，對學生組織其經驗和思考清晰的表達有莫大的助益。

　　例如可以請學生描述這國小五年生活的學習經驗有什麼值得你印象深刻？鼓勵學生對一件事物的看法作一種時空上的轉移和分類。因為國小五年的生活對學生來說時間算是很長，或許可以用簡單的描述來對腦海的記憶作個分類。此種方法可以增強學生的統整力和想像力。戲劇也可以運用經驗來創作，也就是說運用遊戲的方式來呈現學生在語言上的創造力。

　　閱讀和創造思考教學也是有相關。學生從閱讀當中發展搜尋資料的能力，以及產生新觀念的技巧。各種閱讀的最終目的，都在獲得常識、知識，從而激發智慧；但是越精讀越能提高寫作水準。畢竟閱讀活動的中心工作在「思維」，包括：分析、綜合、抽象、概括、想像和聯想等方式。文章裡的情感活動，也能「推動、影響思惟活動，加深對文章的理解，同時提高文章鑑賞的水平」。總括的說，透過引情和思維活動，把他人的好文章儲存到大腦中，成為記憶，了解學生的筆力、筆法、筆意等，並豐富了自己的詞彙，拓展自己的經驗，加以比較、模仿、對作文是多有助益的。（林正華，1991）

　　閱讀是培養兒童創造思考能力的好方法（創造性思考是人類心智能力之一，屬於高層次認知歷程，有別於智商）。閱讀除了可以拓展字詞具能力之外，並可增加對事物的了解。創造思考強調無中生有、有中生新的運思過程。閱讀指導時可以善用發問或出題方式，引導學生參考讀物內容從事推理想像，而提出答案。張玉成強調，要依循由淺而深，由基本而至高層，由簡而繁的原則，漸進推動，才能發揮創意，產生有中生新、新中生巧，甚至無中生有的技巧。（徐藝華，2002：1～3）

　　閱讀可以激發想像力，沒有想像力就沒有創造力，而想像力又與背景知識有關。大量閱讀之後，累積了豐富的背景知識，才能賦予所見所聞更深的意義。因此背景知識，是孕育創造力，發展獨立

思考能力的基礎。閱讀提供了想像的背景知識，從而提供了創造力的基礎，從有關創造力的研究中，也可以看到從廣泛閱讀中累積的豐富背景知識，往往是激發創造力的重要觸媒。曾大力推動兒童閱讀的前教育部長曾志朗指出：「閱讀是教育的靈魂。」世界各國積極推動閱讀運動，因為體認「閱讀力及競爭力」，閱讀能力越強，思考及創新的能力就越強。（曾瑞譙，2003：50～55）

　　既然作文科強調的是思考訓練和語言表達，那就以學生富有創意的作文內容來融入在戲劇化的作文教學，以語言的表達來呈現戲劇化的創意作文教學。學生用獨特的見解來詮釋作文內容，也以完美的肢體動作呈現作文作品的創意，可以擴展學生對寫作的方向更寬廣，作文的作品也更有內容和創見。運用作文的戲劇作來引導學生對作文教學的興趣，讓他們樂於寫作、願意寫作，這實在是作文教學的另一種創意。

第二節　作文戲劇化教學的開展向度

　　作文本身相當需要以創造的方式來表現，亟需透過創造性寫作來促進兒童的創造力。畢竟，寫作是一個「複雜的文化活動」（Vygotsky，1978），唯有透過對兒童「有意義」的活動來引導兒童寫作，方能讓兒童發現作文的趣味、建立寫作的興趣。就「全語」教學理念來看（Goodman，1986；Newman，1985；沈添鉦、黃秀文，1997），兒童其實是有主動建構語言知識的本能，學校語文教學應營造富支持性的語言對話環境，提供各種有意義的、有目的性的讀寫活動，讓學生有充分機會主動地與書籍、老師、同學產生語言文字的互動，自然地發展語言能力。特別在寫作教學方面，尤其

不能悖離學生的情感及生活世界。寫作的過程和成品是同等的重要，教師絕對需要在過程中提供充分的材料建立寫作的情境脈絡，來幫助學生運思、掌握意義、進而進行創作。誠如 McLane 所說，教師應建立一個期待「兒童能寫」的支持性環境，隨時提供協助，扮演一位對學生作品有高度興趣的讀者，並且幫助學生的作品有效的與人分享溝通。（引自甄曉蘭，2005）

　　戲劇是最好的創造性活動，經由戲劇活動，兒童可以親身體驗不同的生活經驗，並藉以激發想像力與創造力，是兒童學習語言與應用語言的有效方式；再加上戲劇活動是建立在兒童的興趣和經驗上，結合作文教學與戲劇活動，不但有助於提升兒童的讀寫興趣（Latrobe，1996），也可提供機會讓學生運用戲劇活動所需的組織概念與修辭技巧進行劇本創作與即興表演活動，增進其創造思考能力和語言文字的運用能力（Cox，1996；Wagner，1988；Wolf，1995）；更可以藉它來洞悉兒童在寫作中複雜的文學理解與創作過程。（Crumpler & Schneider，2002）

　　在國小的課程中，作文的教學並無固定的教材。因此，教師可以運用非制式的或另類的教材來教學，更可讓學生因為自由的創作而能有更寬廣的想像及創作空間，並增進寫作的能力。也就是說，聽、說、讀、寫、作已融入在閱讀教學的範圍內，相對的作文教學也可以運用在戲劇中，結合閱讀教學的，將會有不錯的作文戲劇教學。

　　創作性兒童戲劇（或簡稱為創作性戲劇）是「一種即興、非表演性，且以過程為主的一種戲劇形式。活動的方式是由一個領導者帶引參與者將人類生活的經驗加以想像、反應及回顧的過程」。換句話說，創作性兒童戲劇是「老師引導孩子們去思考、去想像且釐清他們的想法，進而能幫助他們用自己的語言和動作來表達和勾繪出他們的內心世界」。（莎里斯貝莉〔B.T.Salisbury〕，2000：10）

有人還為這個詞源作了一點追溯的工作:「『創作性戲劇』一詞,在1997 年經美國兒童戲劇協會在檢視教育性戲劇的詞彙後,定義為:『創作性戲劇是一種即興的,非展示的,以程序進行為中心的一種戲劇形式。在當中,參與者在領導者的引導之下,去想像、實作,並反映出人們的經驗,以人類的衝突和能力表現出相關生存世界的概念,以期使學習者了解它的意涵。創作性戲劇同時需要邏輯和本能的思考,個人化的知識,並產生美感上的愉悅。儘管創作性戲劇在傳統上一直被認定屬於兒童及少年,但它的程序卻適用於所有的年齡層』。同時,該協會為這一定義作了更進一步的解釋:『創作性戲劇的程序就是動力,領導者引導一組學習者,透過戲劇性的實作去開拓、發展、表達和交流、觀念和感覺。在創作性戲劇中,一組學生以即興演出的動作和對話,發展出適宜的內容。採用戲劇的素材,是就經驗的範圍產生出形式和意義。』可見創作性戲劇的教學是由教師靈活運用戲劇的各種方法,目的在引導自發性的學習意願,以想像的創作力去付諸實際的行動而有所的作為……從上述的說明,可知創作性戲劇是一種:以戲劇形式來從事教育的一種教學方法和活動,主要在培育兒童的成長、發掘自我資源;提供約制和合作的自由空間,發揮創作力,使參與者在身體、心理、情緒和口語上都有表達的機會,自發性地學習,以為自己未來人生的所需奠定基礎。」(張曉華,1999:37〜38)可見創作性兒童戲劇純粹是一種強調過程由兒童全面性參與的即興創作的戲劇。(周慶華,2004b:211〜212)

　　許多戲劇融入語文教學的相關研究指出,兒童戲劇創作可結合兒童文學,提升兒童文學欣賞與創作表達能力,提供兒童運用語言的良好機會,促進語言發展,並增進對語彙的應用能力,對兒童口語表達、閱讀及寫作有顯著的影響。(Crumpler&Schneider,2002;Latrobe1996;Wagner,1988;Wolf,1995;范長華,1991)

　　因為戲劇具有象徵的功能，兒童在參與戲劇寫作或表演的時候，必須具備相當的表徵能力，才可能用確切合適的語言文字來表達其所要象徵的指涉。因此，透過戲劇的表徵活動演練，可以提升兒童的閱讀、口語及寫作能力。也就是說，藉由兒童在戲劇創作活動中所呈現表達的觀點、回應與想法，以及其間口語、文字、感觸、動作的象徵系統，我們可以深入理解兒童識讀過程的複雜性及其寫作過程中意義創塑的想像潛力。（Crumpler & Schneider，2002）

　　「創作性戲劇活動」的風潮，強調戲劇活動的「遊戲」本質，不在乎演出，而著重兒童情感的表現和想像的發揮，給兒童自編、自導、自演的機會和自由，也鼓勵兒童作「即興」、純真、自然的表現。藉由戲劇教學方式，把學習活動變為遊戲，把課堂變成劇場，讓兒童自動自發地自由創作，透過戲劇的親身體驗和參與學習，達到領悟和了解的教育效果。（甄曉蘭，2005）

　　將戲劇創作融入作文教學，寫作主題最好用學生所「熟悉的」、「感興趣的」、「生活中經歷過」題材來加以發揮，因為這樣的題材，對學生而言比較容易激發聯想、產生靈感，而且寫起來會比較充實。由於講究創意寫作，所以在創造性作文教學時教師應具有的態度為：「尊重」、「鼓勵」、「彈性」與「包容」。教師在創造思考教學中扮演重要的角色，但倘若過分幫助學生，反而阻礙他們透過自己來創造的經驗，在語文方面少有個人的發現。創造性作文教學的落實，有賴於教師對創造性作文教學有正確的認識及態度。教師必須掌握教學前至教學後一些小細節，畢竟正確的態度將有利於創意學習氣氛的營造。

　　然而，要使學生的作文富有創意，從文章內容來看「寫」和「讀」是無法做到完全一致的，因為語言本身功能所強調的是快速，實用性大過於藝術性，以簡潔、明快為前提。然而，文字的表現需力求琢磨和訓練，在語文的「寫」講究文采、求簡鍊，重語感的能力。

也就是說，要使學生的寫作面向更寬廣，必須先克服學生對作文的排斥感，先讓學生隨心所欲的去寫願意寫的事，以自身生活為出發點，在作文內容上也能顯現出他們另一種活潑氣息。學生崇尚真實、真誠的對待，因此作文內容所抒發的情緒也都是敞開心扉的真情，這也是學生意識覺醒的歷程。加深生活的感受，啟迪寫作的思維。生活形式的跳脫、性靈的盡情揮灑，自由創意作文的呈現正是將這種探索付諸於文字的呈現。打破以往的傳統模式教學，而以開放生活、抒發性靈的作文教學，取而代之的是以不限題材、內容自由命題的方式，讓學生寫出最想描述的事物或想法。舉例來說：寫「品德」，這可就難了。這種超高道德標準的文章怎麼寫？如我所服務的學校要實施品格特色認證，每週五第一節課全校全面實施品德課程。每個月都有不同的主題，以「尊重」來說，四週的課程如果好好計畫是可以讓學生發揮創意的，如：影片欣賞、小組討論、說出生活周遭的經驗所發生的情況來分享等，再運用萬用筆寫出「尊重」的感觸，最後請學生利用小組來演出他們對「尊重」的呈現，可以說把這篇品德的作文內容融入戲劇的教學，也是很有創意的。學生所呈現的戲劇肢體表演，最能表現出他們對作文內容的理解程度。

因此，學會用眼睛觀察環境，用心靈感受情感，學生不再是掙扎於文章之外奮力編造與自己生活不符、思想不符的編造者，而是體驗生活的主角，表現生活有生命力的高手。學生不受傳統壓力的限制，讓學生在思想開放，心情放鬆，自在歡喜的情境裡創意寫作。

讓學生自由創作，開闊寫作新視界，達成這樣的目標並不是指要放縱寫作而不要求品質，而是要具有推敲字句，提升遣詞造句能力。教師要能以更寬闊的胸襟來接納學生許多天馬行空的想法，提升學生對自己文章和對他人文章評鑑的能力，並且有自信寫好文章，那麼作文程度就會向前邁進一大步。這種進步會引導學生在創

造思考的作文教學中納入很好的素材，激發學生潛能，開闊文章視野。而賦予學生自由發揮的空間，經過教師的協助作一番的整理後，透過口頭發表進行分享，大方的表達自己的見解，把這種見解融入於戲劇，可發揮學生的想像力與創造力。

在創造性作文教學中，我們也應注意一些要領才能讓學生融入於戲劇的教學：

（一）教學前，教師應先建立正確的創造性作文教學態度，以避免雖有創造性主題卻只有創造性寫作而無創造性作文教學的情形。

（二）教學時，所討論的主題不要過多，以控制教學時間，並可讓討論內容更深入。

（三）教學時，教師不要有太多的預設立場。

（四）教學時，學生的寫作能力達一定水準時，教師可再給予其更大的寫作空間，而不一定要藉由太多的引導或指示。

（五）教學時，注意學生的想像力運作特徵，提出不同層次與類型的問題，以刺激學生作更深更廣的思考。

（六）教學時，進行創造性作文教學時，雖然可以創造性問題為主題，但不同的問題類型有不同的教學效果，在設計問題時須兼顧思考性問題與記憶性問題；而思考性問題中，推論性、批判性及創造性等類問題也須並重。

（七）教學時，傾聽學生的回答，避免誤解學生的意思，善用各種理答方法。

（八）教學後，應給予學生更多主動學習的機會，並培養學生勇於嘗試的學習態度。

（九）教學後，注意學生的評鑑能力的培養。

教師須指導學生主動向外尋求知識，自己的個性得以多面向的發揮、且更均衡的發展。因此，要使學生的作文達到好的水準，必

須從最基本的生活上下功夫。如果單純從課文的習作中借題發揮，很快的就會把學生的想像力和創造力淹沒掉了。生活中處處有感觸、有感動，取之不盡，用之不竭。學生只要能用心觀察，就會挖掘出意想不到的驚奇；而這驚奇牽動學生心理而紓發成情境的演出，也會是延伸更深層的戲劇創作。此外，校園生活的點點滴滴，校園景物的一草一木都可以讓學生觸景生情；每個在生活中所發生的場景，只要發諸真情，用心感受，都能從自己最感動的地方出發。

現代學生，特別是生活在都市的學生，他們的生活侷限在家庭、學校、或者是補習班，因此學生的想像力就會有些許的枯竭。為了讓學生在作文課時能快快樂樂，就把作文課融入戲劇會有很好的效果。例如：要求學生觀察你隔壁同學的一言一行，並紀錄同學和你的不同之處。這個時候可以請同學表演他們互相不同的地方，這可以引起學生的好奇心，從他們身上的肢體動作了解自己是很有創意的在寫作。如果再加上語言的表達，那就真的很有互動上的成效。作文教學的戲劇化可在語言上作表達；相對的，創造性的作文教學須注意發問的技巧，從這技巧中引導學生的肢體動作經驗，融入即興的創作戲劇。

教師可利用創造思考發問的策略來提問，引發學生更深層的思考。以下列舉創造思考發問的要訣，如表 7-2-1 所示：

表 7-2-1　創造思考發問要訣

	問題類型	策略	方法或提問的問題
一	假如的問題	利用日常生活發生的一些狀況來問學生	「假如學校發生地震，你怎麼辦？」
二	列舉的問題	利用無限答案的問題來訓練學生廣泛的思考	「竹筷子有什麼用途？」
三	比較的問題	拿兩樣、或兩樣以上的東西讓學生比較	「人和電腦有什麼不同？」

四	替代的問題	讓學生從不同角度看問題	「如果你去郊遊，卻忘了帶茶杯，你可以用什麼東西來代替它？」
五	除了的問題	將「最平常的答案」剔除，引導學生提出一些別出心裁的答案	「要到美國去，除了坐飛機之外，還有什麼方法？」
六	可能的問題	可能的問題通常是日常生活中曾經發生的問題	「明天如果下雨，可能會發生什麼事？」
七	想像的問題	有關於未來或現實生活中沒有遇過的問題	「你覺得一百年後的世界會變成什麼樣子？」
八	組合的問題	給學生很多不同的材料，讓他任意組合	給幾個不同的字，使其組合一個句子
九	六W的問題	使用「為什麼？（why）」、是什麼？（what）、在哪裡？（where）、誰？（who）、什麼時候？（when）和「怎麼辦！」（how）等六W的方式來設計問題	「為什麼要種樹？要種什麼樹？種在哪裡？誰來種？什麼時候種？怎麼種？」
十	類似的問題	通常都選擇看起來似乎毫不相干的事物來進行比較，讓學生能自由思考解答	「媽媽和警察有什麼相同的地方？」

（參考來源：陳龍安，2008）

　　創造性的發問技巧是由 Torrance 所提出，他認為教師可藉由各種問題來刺激學生思考想像，以激發學生的創造力。而教師所提出的問題以開放性問題和激發性問題較有助於學生的創造思考。開放性問題的答案不預先設定，沒有對錯的絕對標準答案，只有較佳與最佳的區別，目的在讓發問對象能夠自由的回答，以了解其想法。激發性問題則適用以激發學生針對某一主題，作深入的思考，以產出更多的想法。（引自蔡雅泰，1995）

　　那如果學生要表演作文內容的素材，也就是對角色不理解時怎麼辦？這時教師應該先教些較常運用到的戲劇教學活動的類型，可以使學生稍微有些許的概念：（一）默劇：默劇可以簡單地被視為不使用語言的表演藝術，其表達形式是一些經過純化和具有象徵意義的動作。以小朋友的程度來說，教師要儘量把教學活動放在表演欣賞的時候。例如：說粗淺的默劇動作欣賞與表演（用很簡單的動作模仿，如表演喝一杯很酸的果汁，再讓學生進行模仿與表演）。學習的過程，肢體是非常重要的，讓學生先從一些簡單的肢體動作開始作學習與欣賞，而後才有能力去欣賞戲劇演出。（二）即興創作：教師需要學生表達的東西，學生可利用身旁的素材作表演，且用經驗過的事情表演出指定的動作。教材選用不要太深奧，讓學生可以用已知的概念做出來。例如：老公公走路一定都是彎腰駝背。學生比較可以理解。（三）角色扮演：教學引導的困難點在於學生覺得很好笑，並沒有辦法引導學生去思考這個角色。例如：白雪公主與七小矮人，雖然有設定每一個小矮人有自己的個性，但是學生一看到小矮人出場，就會一直哈哈大笑，沒有辦法分別他們不同的地方。

　　在即興創作方面，我所教的班級學生較愛也較常運用，可能是高年級了。因為課業壓力太重，沒有太多的休閒活動，所以語文課的短短十分鐘格外珍惜。上個學期的作文課，我都教學生寫短文或者是改寫較簡單的童話故事，這樣才能慢慢引導出好的作品出來。這個學期我打算運用「感官觸發法」來教作文並融入戲劇教學，原因是看了很多的期刊、論文和書籍，發現使用這個方法也滿不錯的，學生的水平思考會有所觸動，而讓這思考充滿想像力和創造力。

　　感官觸發法是教師在實施作文教學時，引導學生使用其五種感官經驗（視覺、聽覺、嗅覺、味覺及觸覺），去體驗生活周遭的多種事物，並把這種感受具體的描述出來，以為刺激學生創作的泉

源。在學生寫作前倘若能透過適切且充分的感官經驗引導，就如同將寫作材料準備好，不怕腸枯思竭，沒東西可寫了。不過，進行感官引導時，常會有三個現象：（一）內容太淺：學生不懂得陳述更深入的想法和做法，只是膚淺的寫出所見所聞，失去作者最獨特的想法和行動，如同「有體無魂」讀起來不免味同嚼蠟。（二）缺乏細節：只有表面感官描述，缺乏細節刻畫。如：「媽媽回來後，我很高興。」卻無法寫出為什麼高興，及高興所引發的其他動作、言語或表情等。（三）文句死板：老師引導中倘若有不當，則常會出現如「我看到有人走來走去」、「我聽到爸爸媽媽在吵架」等呆板且沒什麼細節或感覺描述的句子。

　　為避免以上缺失，我們可以提醒學生，寫作時要注意各種感官間的連鎖互動，以及每個感官刺激後所伴隨的「想法」和「做法」，也就是「細節描寫」。有一「感官思考圖」說明如下：

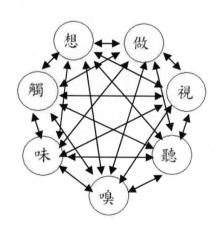

圖 7-2-1　感官思考圖

（資料來源：蔡雅泰，1995）

依據上圖，在引導時應提醒學生，每一感官經驗，常伴隨或引發其他的感官經驗，並進而有豐富的想法和做法。這些獨特的感官經驗與想法、作法，便是自己文章獨特之處，應加以發揮。例如：「夜市一角，有一個擺滿了籠子的小攤販，我拉著媽媽走向前，一股騷味撲鼻而來，叫人幾乎要窒息。籠子裡，放著一隻隻可愛的小動物，有鸚鵡、兔子、小蛇和黃金鼠。」（引自蔡雅泰，1995）在這段文中包含了視覺、嗅覺與動作的連鎖反應。

並不是所有的學生作文都很有創意。先前敘述過我所教的班級學生程度並不齊全，閱讀的理解必須再加強，因此要把戲劇融入於作文教學必須深入了解，戲劇如何幫助不同程度的學生學習寫作，才能達到作文戲劇化的教學開展向度。

表 7-2-2　戲劇如何幫助不同程度學生學習寫作

（一）寫作能力稍遜的學生，在下列項目中表現較佳：

在沒有恐懼、「可以做到的戲劇氛圍中工作」。	戲劇是一種說話。學生在家中的社交情境裡使用的語言，是他們最熟悉的情景。學生在戲劇中交流想法，並不會像閱讀和寫作一樣，暴露其技術準繩度的失敗。
共同提出想法，以小組形式演出。	戲劇是一種群體的藝術形式。透過協助才能了解當中的過程。學生透過集思廣益及資源共享來相互支持，發展彼此的技術，個人則可以因為獲得這些社會資源而豐富他們的寫作內容。
能在寫作之前利用物件和傢俱呈現地點和想法。	選取、運用視覺和具體的符號，會比採用抽象的象徵語言系統來的容易。為角色選擇一件合適的傢俱、決定一張能代表事件和迥異的照片，都能成為寫作者詮釋作品的素材。

能維持他們興趣的戲劇故事。	敘事是一種令人感到熟悉及容易使用的整理，呈現經驗的方法。戲劇中的故事是需要演出來的，它很注重故事中的張力和情感。在戲劇中的故事，因著它的感染力而能夠提供有意義的情境，而讓學生撰寫一些特定的文字，如審判辭、驗屍官報告、經濟預測。
能有機會以「坐針氈」方式與角色對話，例如訪問角色。	在與角色對話的過程中，透過發問、聆聽和觀察角色反應，能協助學生去分辨、豐富他們對角色的描繪。親身看到角色，能引發學生許多自己的想法。

（二）寫作能力中等的學生、在下列項目中表現較佳：

社會寫實主義的主題和戲劇形式。	戲劇能讓學生有意義地透過不同情境中的關係，探討有關個人和社會的議題，如欺凌、家庭政治、種族歧視、個人身分。學生享受戲劇中的寫實、同時享受劇中的張力和強化。學生能在戲劇中透過及時的想法和行動來探索人物的感受。
透過戲劇、在主題中投入情感。	戲劇能把一些抽象的主題和概念個人化。在一個有關種族歧視的戲劇中，學生會親自扮演受影響的人，並以其身分作出回應，他們會感受劇中人物的處境而引發思考劇中的主題。即使學生要撰寫一篇客觀的文字，如學校的反種族歧視政策，他們仍能注入曾在戲劇中產生的情感。
能在即興練習中，發現更多相關角色或劇中情況。	戲劇是一個對話題，它由許多聲音組成。每個角色會持不同的角度去看同一事件，作出不同回應。這些幫助學生從文化觀點看事件。學生會從其他演員對自身角色不同反應來發掘角色的另一面。這些經驗能幫助學生在他們的寫作中包含更廣闊的觀點和更全面的人物描寫。
根據戲劇中的經驗，與其他人協商、草擬內容。	戲劇能呈現社會經驗、結構和過程。學生牽涉在不同的人類處境中，被賦予更多的寫作機會。在戲劇情境中，學生可能需要撰寫信函、日記、法律文件、劇本、故事。他們能從多類型的選擇中協商自己的作品。他們也可以和同儕在同一戲劇處境中，互相比較各自所選取的不同文藝類型和語域。

| 能撰寫個人回應、日誌去反應戲劇工作的主觀回應。 | 學生在享受戲劇群體合作本質的同時,也需要以自己的聲音為自己詮釋戲劇的意義。讓學生撰寫個人回應能使他們反思對戲劇的感受,建立個人對戲劇接下來可能會發生什麼的詮釋。 |

(三)寫作能力高的學生、在下列項目中表現較佳:

能在即興練習中的姿勢和動作中尋找潛臺詞。	在扮演中,學生會享受用利用非語言的姿勢、空間,以暗示語言或提供細節,藉此來建立反諷或矛盾效果。這樣能幫助學生寫作中思及有關非語言符號的參考。例如:描述一名充滿自信的角色,卻正感到不安的情形。
能在戲劇中辨認、引入符號和寓言;注意到戲劇作為藝術文本,能開放地編作和詮釋。	雖然戲劇是透過人與人之間說話和擬真的生活行動來令人理解,但它也是一種文本。學生享受著闡述戲劇中不同層次的意義、動機、重要符號及主題。這些對學生來說,參與戲劇就是接近文學上的「閱讀」和「寫作」。這些經驗能幫助學生思考寫作的結構和隱喻。
透過老師在即興中運用的語言模式,從中尋找及使用寫作中合適的語域。	學生會樂於挑戰自己,撰寫一些由戲劇邏輯提供或由教師入戲時採用過的罕見語域和文藝類型。例如:撰寫老闆的心聲、一場法庭中的法律意見書、模仿歷史語言和文件等。
能在角色中回應別人的訪問,擴展對扮演角色的理解。	在「坐針氈」接受提問的挑戰時,表達的學生會悠然自得,他們能維持在角色中回答任何問題。當他們直覺地、可信地回應問題時,會確定自己對角色的想法,成為寫作中發展角色的素材。
能編寫戲劇場景,或擁有進一步發展戲劇的文章。	回應戲劇時的寫作作品,也可以再在劇中引入,成為推進遊戲戲劇行動的一個工具(手段)。一封學生入戲時撰寫的信函,也可以讓戲劇中一個角色在戲中讀出來;一段日記可以是下一段即興的起始點。任何形式的文件和文字均可以是戲劇故事中的一部分。

(資料來源 J.Neelands 著、歐怡文編,2006:56)

創作性戲劇帶給學生不同的課程體驗，藉由戲劇，學生可發揮無限創意、展現自我並且培養人際互動，進而達到身心健康的成效。將作文課程融入創造性戲劇活動，讓學生不再只是死氣沉沉的寫啊寫，而是能輕鬆、愉悅的自然學習，促使學生擁有充足創意和能力。

第三節　歌舞劇與廣播劇的運用教學

曾經聽過一位藝人裁判陳珊妮（超級偶像節目）在評比歌手的一段話，很有意思，她說：「我很欣賞妳在空白的地方填補了許多的情感，因而在歌曲當中的間奏中，些微的動作可延續下一句的張力。也很欣賞妳在間奏中沒有太多的動作，掌握了歌曲情感的肢體表現，而能延續下一句的開始，讓這首歌更有張力」。這也很適合運用在作文的教學上，把作文的文本的呈現如果融入在戲劇中，也可以填補在空白的地方作戲劇的創意，並如何運用在歌舞劇和廣播劇的教學。

首先，歌舞劇以它獨特的舞臺形式，在二十世紀表演藝術上佔有一席之地。歌舞劇一詞，源於「Musical」一字，它原是形容詞為「音樂的」的意思，完全沒有「劇」的內涵。然而，將「Musical」翻譯成「歌舞劇」而非音樂劇，代表其音樂、歌舞以及戲劇三項元素在其表演上佔有重要地位，而且音樂、歌舞與戲劇也就是組成歌舞的三大要素。其實「Musical」原是「Musical Comedy」的簡稱，後來人們將「Musical Comedy」中的「Comedy」省略，留下「Musical」一字，於是「Musical」就逐漸由形容詞轉為名詞，日後將「Musical」借代為歌舞劇的意思。（楊任淑，2004）

　　至於，人們常說的音樂劇和歌舞劇的差別性又在哪哩？音樂劇要求的音樂聯貫性遠比歌舞劇來的高，不只是唱歌、舞蹈、編劇，音樂與劇情的嵌合度也很重要。雖然早期音樂劇又算是歌舞劇，但其實音樂劇就是歌舞劇，而歌舞劇不一定就是音樂劇。也就是說，以歷史演譯的觀點來看，是先有歌舞劇再漸漸將歌舞劇改良而成為音樂劇；現在雖然二者都有，但在精緻度上，音樂劇還是勝於歌舞劇。因此，我還是以歌舞劇來作說明，音樂劇就不在討論的範圍內。

　　舞臺藝術的魅力在於舞臺時空的侷限性，劇情的發展壓縮在鏡框舞臺中，隨著時間的累積，逐漸滲透出戲劇張力。舞臺表演的時空是整體的、是統一的，人物進出場，均嚴密壓縮於一個整體時空之下，因此能表現出非常有力道的戲劇張力。當舞臺表演被拍成影像時，表演的魅力反而減少，這是因為表演的總體空間被分割的關係。再說，劇場是人與人接觸最親密的地方，演員和觀眾、觀眾和觀眾之間直接接觸，產生的情緒渲染效果，只有親臨現場的人才能體會其間無可代替的感動。

　　西方的歌舞劇，以美國百老匯為代表，它呈現出多種的風貌，相關的藝術、經典、流行和觀賞稱霸整個西方。當我們清楚知道百老匯歌舞劇之後，會想到臺灣是否有歌舞劇。嚴格來說，臺灣歌舞劇可追溯到歌仔戲，歌仔戲是學界公認臺灣唯一土生土長的戲曲，其載歌載舞，包含演、歌、舞的表演方式，與百老匯歌舞劇的表演型態有相似之處。

　　歌舞劇文本包括對白與歌詞兩部分。歌舞劇文本不僅要發揮敘事功能，述說一個好聽的故事。而好聽的故事配上音樂和肢體動作的呈現，將會是一齣讓人回味無窮的歌舞劇。舉例來說，我以學生最熟悉的明星——張惠妹，她在 2008 年參與《杜蘭朵公主》的演出，學生剛開始覺得不怎樣，但到了張惠妹的出現時卻讓學生驚

艷，實在令人感動。在此就以《杜蘭朵公主》的歌舞劇為範本來論述，每一幕的演出會隨音樂、人物詮釋出不同的情感。

　　文本的結構中，會考慮每個場面的均衡，以求舞臺畫面的美感。因此，編寫劇本時，要注意劇情節奏，平衡視覺畫面。也就是說，安排大場面的歌舞表演，載歌載舞，氣勢盛大，激發觀眾的熱情。此外，歌舞劇文本結構的理解，不僅只是講究戲劇與歌舞表演的均衡而已，在歌舞的呈現上還得進一步琢磨歌舞場面在視覺上、聽覺上的層次感。

　　對於文本改編的理解來說，導演對於改編劇本要求朝找尋原作中人性永恆的特性著手，人情的共性是突破地域限制、文化隔閡的改編策略，也是讓角色互動、情感交流的動人之處。如《杜蘭多公主》所呈現的愛恨情仇是如此的強烈，劇中杜蘭朵公主和柳兒在身分地位上有著強烈的對比：一個是高高在上、富可敵國的公主；一個卻是與逃難的國王一起流浪，窮困潦倒的小小婢女。在《杜蘭朵公主》的作品中可在尋找解決之道的過程中展現戲劇張力，作品可以流露出人物的個性、所處的環境呈現出的情感。

　　在《杜蘭朵公主》的音樂理解上，劇中的三個丑角——平、彭、龐，在第二幕一開始，先是以輕快的曲調對猜謎的對錯表示感慨：猜對即可迎娶公主，猜錯便取其項上人頭；後則是以較為憂悶的曲調來表現懷念故里的情感，並哀嘆身為朝廷重臣，現在卻得成為監斬官的悲哀。曲調轉折的差異形成強烈的對比。音樂思考關係一齣戲整體氛圍的控制，接下來要再思考每一場戲裡節奏的律動，使劇情在樂曲旋律、節奏的疏密起伏之間進行。對於每一場戲的節奏、情緒在一齣戲裡整體的位置，先以音樂中蘊含的聲音質感幫助思考，從音樂思考歌舞劇，務求觀眾聽覺上也能感受劇情在音樂多層次變化的起伏。音樂激發導演詮釋戲劇氛圍的導演方式，就是將音樂納入劇情中一起思考。這種做法的優點是：第一，強化音樂敘事

功能，擴大音樂在文本上的意義，讓音樂與劇情自然融合，減少音樂與戲劇接合之間的斷裂。第二，音樂上節奏的律動感，可促使導演更精確的要求場面調度或演員表演的節奏，尤其歌舞劇的歌舞表演部分，導演可藉由樂曲中節奏鬆緊的錯落安排，豐富戲劇場次中情緒線條的變化，讓戲劇情感的表達越發細緻動人。

閱讀文本是演員了解劇情、認識角色、塑造角色的首要功課，演員經由想像力，將文本中抽象的情感，轉化為具體表演。歌舞劇文本必包含歌詞，歌詞由詞語組成，演員對於歌詞的詮釋，是透過歌聲表現字句、情節、思想、意旨和信息，以及情感的內在涵意，所以研究文本與歌詞應為研究表演與聲音表情的第一步。演員倘若能挖掘文字表面下的深刻意涵，便能增加角色情感的多重變化，塑造角色的立體感，豐盈角色的飽滿度。演員語言文字的理解力與想像力，須繫於平日對生活的觀察及人文學科，如文史哲、美學、東西文化史、藝術鑑賞等學科的涵養。倘若能增進閱讀風氣，對於激發演員潛能、培養專業知能、增進創造與思辨能力的縝密度會有莫大的幫助。閱讀能力對演員的重要性在於：平面文字閱讀，需靠讀者眼球運轉，決定閱讀速度，讀者順著作者的行文，一字一句往下唸；尤其閱讀經典作品，更需要先沉澱思緒，放慢速度閱讀，因為段落與段落、句子與句子間的象徵性或鋪敘氛圍很強，需藉由讀者理解力、想像力與反思能力的參與，才能深刻地認識作品。倘若能從閱讀小說、詩歌著手，培養演員的創造力、思考力，必能豐厚演員詮釋角色能力。（楊任淑，2004：243）

其次，廣播劇，有人說它是聲音藝術，也有人說它是動作藝術，還有人說它是戲劇藝術。廣播劇的藝術手段之一是對白。劇中人物間的衝突，都是靠語言來完成的。而這個語言，指的是以人民群眾的口頭語為基礎，經過加工、提煉，達到準確、鮮明、生動，更加附有形象性和藝術感染力的文學語言。

　　廣播劇是在戲劇王國中，唯一不藉舞臺條件，而利用聲音表情與音樂，以及音響效果所表達的戲劇。廣播劇所強調的是「聽」與「說」的能力，它更能擴大在舞臺上所束縛的表現範圍，而把銀幕上所表現的東西，在聽眾想像的領域中建立起它的空中樓閣、海市蜃樓。雖然它不太完美，但因為只利用聲音表現，所以反而成了它獨特的地方。

　　邱楠為《廣播週刊》雜誌撰寫文章，提出對廣播劇的看法，以及給廣播劇的藝術概念下了一個定義。內容如下：

（一）劇場不受時空限制，空中、海上、天南地北，無所不往、無所不在。

（二）分幕自由，長短精疏，揮灑自如，並可利用報幕員解說，省卻介紹性的對話。

（三）劇情及對話以簡單明了為主，使人單憑聽覺，可以兼顧。

（四）主要角色以五人為限，角色之間彼此說話的聲音必須易於分辨。

（五）善用音樂及音響效果，以加強氣氛，引發聽眾的想像。

（六）手法及聲音表情可以誇張，並應在一開場時就設法吸引住聽眾。

（七）除長劇外，可發展到十分鐘、五分鐘短劇。（邱楠，1954：6）

　　可見所謂的廣播劇，是創作意識清楚以廣播為媒材、經由播演員透過聲音所演出的劇作；它排除了戲曲與舞臺劇的轉播節目，以及以戲劇對話方式進行的廣告或宣導性的節目。（陳韻文，1995）對於廣播劇的「演員」來說，他們唯一的表現工具就只有「聲音」，用不著身體和四肢五官。在舞臺上，可以藉助各種效果來增加舞臺上的氛圍，但在廣播劇中卻只能用一種方法表達，那就是「聲音」。

「音樂」對於廣播劇來說，能帶給聽眾情感的啟示，導引聽眾情緒的變化。也就是說，廣播劇除了對話之外，「音樂」是居首要地位的。例如抒情的表現，多用小提琴樂曲，表現力量時則用鋼琴曲、幽靜時則用吉他。常聽音樂能使人抒解壓力，所以廣播劇有了音樂當作背景，更容易使聽眾製造真實幻覺，融入劇情中。（崔小萍，1999）

廣播劇的聲效（及聲音效果），在舞臺或電影則稱為音響，它用以輔助戲劇的進行，變化氣氛。崔小萍在《表演藝術與方法》一書中指出，廣播劇中的聲效，除了具有與舞臺、電影一樣的作用之外，「聲音效果」本身常自成一環。聲音效果可以單獨表現一個場面、一種情感，或是人物的特殊心理。因此，在廣播劇中，「聲音效果」是除了臺詞、音樂之外，最居重要地位。（崔小萍，1999）廣播劇是「聆聽」的戲劇，表現的形式更必須注重聲音表情。「聲音」是廣播劇的生命，為要使這個生命表現更多采多姿，「導演」更必須具備敏銳的聽覺、判別聲音的能力、設計臺詞及分析臺詞的能力、以及精確的控制節目時間、嚴格訓練播員聲音表情等，設法綜合各部門工作人員，利用演員聲音或配音效果，讓廣播劇的生命鑲入一個美麗的靈魂。（崔小萍，2001）

為了讓歌舞劇和廣播劇同時呈現而一舉兩得，我所教的班級就參考周慶華所寫的《創造性寫作教學》中所摘錄的童話故事〈現代仙履奇緣〉，學生看完文本後，突發奇想的把音樂全部改編。而從他們蒐集的音樂可以很了解，現在的學生真的很不簡單，原因是臺灣偶像劇盛行，學生在耳濡目染當中很清楚知道該用哪種音樂會很有效果，音樂真的會影響整個學習氣氛。在整個過程中，讓扮演的學生平均在每個小組中，再針對劇本來進行討論並分配所要執行的工作。在此，學生也認為〈現代仙履奇緣〉也可運用在廣播劇中，因為只是聲音的表現，沒有肢體的呈現，也不需要有舞臺的壓力，因此學生比較能發揮聲音的美感。（詳見附件一）

　　從歌舞劇和廣播劇的論述當中，我們可以很清楚這基本的概念之後，就運用歌舞劇和廣播劇如何在作文教學中融入，可以運用其教學方法來因應：第一，講述法／成果導向教學法：相關寫作活動由教師支配，例如決定寫作題目，在寫作前以教學者講述或教師引導討論的方式教導寫作的方法，並提供範文、分析寫作技巧，然後要求學習者練習仿作而將作品交由教學者批改。這種方式很明顯的是以教學者為中心；此外強調學習者寫出的作品而不是寫作的過程，所以又稱為「成果導向」的寫作教學。第二，自然過程法／低結構性過程導向教學法：相關寫作活動由學習者支配、主動發起，並按照自己的速度進行寫作。當中寫作題目和寫作形式都由學習者決定；而整個寫作過程強調小組分享、同儕回饋、有修改和重寫的機會、作品發表以及教學者和學習者共同討論寫作內容和寫作技巧等特色。這時教學者是扮演協助者的角色，主要工作在於提供有益的寫作環境、鼓勵學習者進行計畫、起草和修改等寫作過程；但並不直接教導學習者相關的寫作技巧或修改作品的準則，整個教學活動屬於低結構性的。第三，環境法／高結構性過程較導向教學法：相關寫作活動由教學者和學習者共同責任分擔。它先由教學者選擇題材、設計教學活動；而在教學者簡短解說學習內容或教導某些寫作策略後，再由學習者以小組討論方式進行部分寫作過程（例如協助彼此構思寫作要點或學習寫作技巧，並根據教學者提供的評量標準而對同儕的作品提供回饋等）。這跟自然過程法雖然都強調寫作過程和同儕互動，但二者最大的區別在於環境法強調學習材料和學習活動的高結構性。（張新仁，1992：23～24；周慶華，2004b：37～38）這些方法應可供教師們研究探討哪種適合在作文教學上；只要能「善加利用」，應該都可以發揮它們在創造性寫作教學上的「相當程度」的功用。

此外，由於整個過程幾乎都有「範文」的提供參考，而學習者也得在「聽講」或「自學」中試著去閱讀領會相關作品，以致教學者還有「藉機」教學閱讀或教學讀書的必要性。而這一點，就可以再搭配相關相關的閱讀教學法或讀書教學法。而所謂相關的閱讀教學法或讀書教學法，約略有下列幾種：第一，講述法：也稱演講法，它可以書面（教科書或講義）或口頭進行，並且還可以細分為兩種類型：（一）正式的講述：大多採用口頭講解及講義資料的闡述，並以問答及學習練習和媒體的呈現方式來進行教學；少數以演講型態出現。（二）非正式的講述：以講師簡潔的談話方式進行，較不拘形式。第二，討論法：它是一種由團體成員共同參與的活動，著重在雙向或多向的互動學習。這種互動學習，基本以上以小組討論為主；而小組討論大約有下列六種類型：（一）腦力激盪法：目的在激發學習者的創造力。小組設一主持人主持問題討論，綜合成員意見（但不加以評論）至另一活動時段中加以討論。（二）菲立普66：這是由美國密西根州立大學教授菲立普（J.D.Phillips）所提倡的方法。成員恰好六個人；小組形成後在一分鐘內選出主持人和助理，然後由教學者在一分鐘內指示所要討論的問題（學習者不必事前準備），而學習者針對所要討論的問題在六分鐘內獲得一致的解決策略。（三）導生討論小組：用在有學習困難的學習者的補救教學裡。教學者必須挑選足夠勝任的學習者來擔任導生的角色。（四）任務小組：最簡單的小團體討論形態。團體內的每個成員都被教學者指定去共同參與任務。（五）角色扮演：屬於過程取向的小組教學技巧。由教學者告知劇情，而學習者討論扮演角色。（六）討論會：使用在可以從不同角度去討論的主題或主題。參與討論會的人數約二～三人，而出席討論會的可以是所有學習者。第三，探究法：它是由學習者主動去探討問題並找出解決問題的方法。而它又可以細分為兩種類型：（一）指導式探究法：由教學者指導學習者學習，

而整個過程為提出問題→促進反應→組織材料和情境→解決問題。(二)非指導式探究法：由學習者主動學習而教師必要時加以協助（但不給予指導），而整個過程為發現問題→蒐集材料和情境→組織材料和情境→解決問題。第四，創造思考法：它是以學習者的活動為中心而教學者從旁協助指導，著重在創造力的培養。以上這些閱讀教學法或讀書教學法，一樣各有優劣而有待教學者善加甄辨，以為創造性寫作教學的輔助或先導。(林寶山，2000：191～244；周慶華，2004b：38～39)

　　戲劇的敘述話語，除了在形式上以對白為主而無緣或不便極力去克畫人物的性格以及描繪意境和氛圍等背景，其餘都可以比照小說。但因為戲劇要實際面對觀眾而在舞臺演出，所以又有一些小說所不及的地方。所謂「劇作家在創作時，難免得運用戲劇六大要素：主題、情節、對白、語態、人物和景觀，來表達他的意念；他的劇作通常也離不開四種戲劇類型（悲劇、喜劇、通俗劇和鬧劇）或是上述諸類型的綜合體；而它的風格往往也都是在古典的、寫實的、浪漫的、自然的、印象的、史詩的、荒誕的、超現實的……等劇場風格的範圍之內。至於劇本的結構，則可以任意包含下列各項結構要素：說明、刺激點、轉捩點、下降動作、高潮和結局。一旦劇本被搬上舞臺而呈現在觀眾面前時，每一部門的劇場藝術家就得發揮他們所遵循的劇場風格來表現」（賴特〔E.A.Wright〕，1992：45），說的大略就是這個意思。因此，同樣是在敘述故事（或事件），戲劇的「演出」和小說的「道出」就是有明顯的不同：「故事有的講出來，有的寫出來，這些叫做敘述的故事，戲劇故事則是表演出來的；或者說戲劇的故事是由演員在舞臺上，當著觀眾表演的一個故事；這跟（小說）口述或是文字書寫是不相同的。並不是所有的故事都可以由演員在舞臺上表演出來，只有某些限制下的故事能夠表演出來，才可以稱之為『戲

劇的故事』。」（姚一葦，1999：17）也就是說，戲劇所呈現的故事是有限制的。這種限制，包括下列幾方面：第一是時間的限制：小說的故事本身的長度沒有限制，連故事所經歷的時間也沒有限制（可以從一個人的出生寫起，到童年、成長的過程以及後來種種的遭遇，一直到死亡，斷斷續續的把一生經歷的事件記述下來）；但戲劇的故事就不能這樣。戲劇的演出時間是有一定的，以致故事本身的長度就不能隨意調整；同時故事所經歷的時間也有一定的限制，只能在人生過程中，截取最短的片段或少數幾個片段來表現。第二是空間的限制：小說的敘述方式，在場地的變更上完全沒有限制（例如一個人從桃園中正國際機場搭飛機，到東京、紐約，甚至環遊世界，場地可以隨意變更，不受任何限制）；但戲劇就不一樣了。戲劇是把事件發生的空間直接在舞臺上呈現出來，而舞臺所能呈現的空間有限，所以就不能像小說那樣自由的變換場地。第三是表現媒介的限制：小說的表現媒介是語言（文字），而它在表現上可以自由採用全知觀點、限制觀點和旁知觀點；但戲劇的表現媒介是演員（或說是演員的身體），只合讓事件如此發出來，而不合像小說那樣可以有的彈性隨意插入作者的觀感、發表議論，或者是加強描寫。以致戲劇大多謹守旁知觀點而讓事件直接在舞臺上呈現（作者為了演出的效果而以夾注方式提示姿態、表情、行動、布景、道具、燈光、音效等等，另當別論），此外就很少用其他的敘述觀點。讀者閱讀小說時，可以坐在家裡，可以採取自己感覺最舒適的方式（或坐或臥）；而一本小說一次讀完或分若干次讀完都可以（即使前面不記得了，也可以隨時翻回去再看一次，將故事連接起來）；同時如果有些不感興趣的地方，還可以略過不看。但觀眾走進劇場看一齣戲，情形就不同了。劇場是一個黑盒子，座位不像家中的舒適稱意；而且看戲時一般是衣著整齊，規矩地坐著。以致戲劇的故事必須一開始就引起觀眾

興趣，並且維持這個興趣到戲劇的終結。也就是說，戲劇本身要對觀眾產生一定的情緒效果，中間不能刪減、中斷，也不能鬆弛；如果觀眾一感乏味，他們可能隨時離去。第五是幻覺程度的限制：小說的故事同樣要給讀者引起幻覺，但因為它是「道出」的，所引起的幻覺只要讓讀者「激發想像」就行了，於是可以不受限制（上至天堂，下至地獄，甚至巨大的天災人禍，沒有不可以描繪的）。但戲劇的故事就不能這麼處理，它畢竟要受到舞臺的限制；倘若在舞臺上無法呈現的故事要勉強呈現，效果就會大打折扣。由此可見，戲劇寫作總是得把「演員、演出場地和觀眾記在心裡」，而不僅僅曉得在「敘寫故事」而已。（同上，18～20）當然，我們在舞臺上所看到的戲劇的演出，「有時候可以融合其他藝術的成分，例如音樂的成分，在流行的音樂劇（或歌舞）中就包括了歌唱、演奏的部分；還有舞蹈的成分，有的戲劇中設計了各種舞蹈的表演；再加美術的成分，像服裝、布景、舞臺的裝飾，有的戲劇是靠這種華麗來吸引觀眾的；還有雕塑的成分，在舞臺上呈現人體美、姿勢美、動作美之類；還有文學的成分，比如文詞的美麗、詞藻的豐富，或是言詞的動態、詩的韻律和節奏等等。比如我國的京劇，就融合了上述各種成分，所謂『有聲必歌，無動不舞』，特別強調唱、唸、做、打」；但我們也必須知道，「音樂的成分是音樂的，舞蹈的成分是舞蹈的，美術、文學、雕塑都各有所屬，嚴格地說這些不是戲劇的（必要的）成分；它們可以附麗戲劇，來增加、豐富戲劇的美感，但不能夠喧賓奪主」。（姚一葦，1997：21；周慶華，2004b：241～244）

第四節　相關教學活動的設計

「當音樂響起時，你會想起什麼……」我會想起音樂所要詮釋的是什麼？隨著音樂的曲高，心情也為之蕩漾。音樂會影響整個劇情的高潮迭起，劇中人物隨著音樂的節奏所呈現的肢體動作及表情，都是整個故事的衍生發展。

當學生決定以此劇來演出時，我就先蒐集相關的資料，前面有敘述到《杜蘭朵公主》這部歌舞劇是因為有臺灣天后——張惠妹在日本演出，為了引起學生的動機，先讓學生看這齣歌舞劇。也為了迎接 2011 年 4 月 23 日的閱讀祭，我所教的班級選擇了《現代仙履奇緣：邋遢灰姑娘》的改編版，學生把劇本裡面的歌曲全部換成較為流行的歌曲，符合時下的學生族群。因為是學生一手包辦，所以整個劇情的走向就會比較熟析、了解。儘管已錄製好了，可能是由於常常錄製的關係，臺詞相對的就背得滾瓜爛熟。

關於歌舞劇部分，在進入教學的第一節課當中，先引用《杜蘭朵公主》來引起對學生的好奇心和興趣，再把學生所排練的歌舞劇《邋遢灰姑娘》在教室先呈現出來，根據學生所演的歌舞劇作所配置的音樂作一番討論和回饋。第二節的教學中，把歌舞劇《邋遢灰姑娘》的大意內容作講解，並把亞洲的歌仔戲——王寶釧和薛平貴《身騎白馬》中的劇情予以擷取即興演出，讓各小組互相觀摩、分享。根據同學的演出，演出者對於自己的演出提出看法，觀賞者也提出對表演者的回饋與建議。針對《邋遢灰姑娘》裡的主要人物表達個人看法。由教師針對《邋遢灰姑娘》的演出進行總結不作評比，給予正面的評價，讓他們有信心，並感覺這樣的歌舞劇活動是溫馨而愉快的。最後請學生收拾、整理場地，回復原狀。

表 7-4-1　《邋遢灰姑娘》歌舞劇／廣播劇教學活動設計

教學活動設計			
教學單元	《邋遢灰姑娘》	教學者	許瓊玲
教學方式	歌舞劇／廣播劇	教學時間	二節
教學人數	35 人	教學場所	教室
設計理念	1、設計活潑生動的教學方式，讓學生藉著演出的方式強化閱讀理解。 2、利用小組討論，增加學生間的互動，激發學生的創意及表達與溝通的能力，增加閱讀成效。 3、透過實際的演出了解歌舞劇和廣播劇的表演方式，並在演出與欣賞中享受閱讀的樂趣。		
教學目標	1、能回答教師提出的問題，並清楚說出自己的想法。 2、能利用音樂、肢體動作進行角色扮演。 3、能學習歌舞劇和廣播劇的表演形式。 4、能學習和其他同學互助合作的精神。 5、能培養上臺表演的能力。 6、能專心聆聽臺上表演者的表演。 7、能透過演出學習到說話的語氣和臉部、肢體的動作表情。		
準備教材	《邋遢灰姑娘》腳本、《杜蘭朵公主》範本、DVD、電腦、單槍投影、電子白板、白色西卡紙、歌舞劇相關網站資料		

能力指標	教學步驟	教學時間	十大基本能力	評量方式
	一、準備活動 （一）教師 　　　先預習故事文章《邋遢灰姑娘》。將故事腳本分組討論，角色該如何表現，他們各自的動作、表情又該是如何呈現的？並把《杜蘭朵公主》的影片片段找出。 （二）學生 　　　預習劇本文章，並請學生試			

	著摘取腳本文章的大意及所需注意的事項。各組分好組別並蒐集資料。			
2-3-2-4 能簡要歸納聆聽的內容。	二、發展活動 （一）活動一：歌舞劇欣賞 　　為了讓學生了解何為歌舞劇，先看張惠妹所演出的《杜蘭朵公主》片段；再讓學生看張惠妹在新加坡的演唱會中《杜蘭朵公主》的插曲〈公主徹末眠〉片段。在進行這項活動時，學生必須隨時作摘要和重點整理，以利進行下一個活動。	10	十、規畫、組織與實踐。	能體會故事人物的心情。
5-3-3-1 能了解文章的主旨、取材及結構。	（二）活動二：仿寫作文《邋遢灰姑娘》 ※在進行這項活動時，讓學生欣賞《邋遢灰姑娘》故事，並掌握劇本大意，以利進行作文融入戲劇的教學。因為有四幕劇情，姑且選第三幕作為仿寫作文。 ※先介紹何謂仿寫？因為剛升上高年級，要寫在更精緻的作文，需要多練習、多讀書。仿寫簡單的說是依樣畫葫蘆。仿寫的方向： ※根據語文範例，寫出與範例相類似的文章。 ※一般而言，無論形式或內容的仿寫，大致以記敘或抒情為主。 ※要能領悟創作一篇文章的訣竅，快速提升作文的能力。 　　　　第三幕（改寫後）	25	二、欣賞、表現與創新。	能體會故事人物的心情。

場景：王子的舞會 　　　穿著漂亮衣服的大姐和二姐在 　　　舞會裏，正興奮的討論著…… 背景音樂：〈韓國水晶音樂〉 大：王子好帥喔！真像羅志祥！ 二：才不是，像李奧納多！ 大：也蠻像我們班長啊！（郭佑安出場 　　比勝利手勢） 二：喔！戀愛！ 大：才沒有！（漂亮的仙度瑞瑞突然出 　　現） 大、二：哇！這是誰？（這時，王子非 　　常高興的，慢動作跑過來） 王：漂亮的小姐，請你和我一起跳舞 　　吧！我有很多李奧納多的簽名照 　　喔！ 仙：好啊！跳一首要兩張給我！ 王：沒問題！來 MUSIC……（背景音 　　樂：〈猜拳歌〉） 仙：王子，不行，不行，手拉手就是在 　　結婚。 王：才不是。 仙：拜託，換另外一首嘛！ 王：好吧！來 MUSIC……（背景音 　　樂：〈新式健康操〉） 仙：王子，這是在學校跳的耶！拜託 　　你，再換另外一首嘛！ 王：好吧！來 MUSIC……（背景音 　　樂：鋼管舞加舞群三位） 旁：噹！噹！噹！八點了！ 仙：王子我一定要回家了！			

	王：你跳得好棒，不要走嘛！ （王子一直拉著仙度邋邋，仙度邋邋只好脫下鞋子，把王子打昏……） （王子醒過來後，拿起仙度邋邋的鞋子……） 王：沒有關係，憑著這麼帥的鞋子（NIKE鞋），還有這邋邋的味道，我一定可以找到她！			
3-3-3-2-1 能具體詳細的講述一件事情。	※可分組討論這幕所要表現的主題和方向。可以請各組上臺表演這一幕，經過仿寫後會跟原文有多大差別進行討論比較。 ※運用《邋邋灰姑娘》的腳本文章作仿作的學習，先讓學生了解劇本的段落安排要領來做仿寫。 ※當學生了解後可運用改寫劇本，創作《邋邋灰姑娘》的另一種劇本。可讓學生學習劇本結構分析。 ※其實第三幕所要表現多為動態的敘述較多，尤其是王子和仙度拉三場的跳舞過程，製造了劇情的高潮，原因是音樂掀起另外一種效果。原文的音樂都太久遠，對現在學生來講引起不了隊戲劇演出的興趣，因此，必須針對這個年代的學生喜歡聽什麼音樂才能引起戲劇的高潮。 教師總結：兩位主角在猜拳時，老師的配樂搭配在她們身上實在太搞笑了。音效在戲劇的演	5	四、表達、溝通與分享。	能清楚了解仿寫的運用。

	出的確有它的價值性存在，能帶動整個戲劇的高潮迭起。其實同學都說得很好，這篇歌舞劇故事是要提醒我們，透過歌舞劇的音樂、說話形式，讓大家了解運用音樂和語言同時表達時，就能更清楚主角所要呈現的涵義，也能更了解音樂豐富了戲劇的精采性。			
6-3-8-1 能在寫作中，發揮豐富的想像力。	②活動三：實際寫作 ※在仿寫訓練的的練習中，必須針對文章所蘊含的特色來寫作較不會偏離主題。 ※就如前面第六章的〈空城計〉，如果把劇本的對話改寫成敘述的文體，也不可以偏離主體的結構。例如：前章所述 【劇本】 探子：丞相，丞相，大事不妙了！ 孔明：有什麼大事？別急，別急，慢慢兒說來。 【改寫】 　　探子建到大事不妙，急急忙忙的向孔明報告軍情。孔明見他（指探子）慌慌張張的樣子，不疾不徐的要他（指探子）慢慢的將軍情報告出來。 ※那我們請同學舉些簡單的範本：運用破題法來繼續文章的寫作。 範本：我的好朋友	20	二、欣賞、表現與創新。	能清楚表達自己的想法。

	大大的眼睛，小小的嘴，笑的時候會出現兩個酒窩；字寫得很漂亮，會唱許多好聽的歌，它就是我的好朋友—江秋儀，大家給他取了一個外號叫「熱帶魚」，她也只是笑一笑，並不生氣。 仿寫作文： 　　大大的眼睛，剛剛好嘴，笑的聲音有如打雷一般，響徹雲霄；書法寫得不錯，唱歌非常好聽，它就是我們的導師—許瓔玲，同學給他取了一個外號叫「四大天后（殺手）──黑美人」，老師笑得很開心，並不生氣。			
6-3-8-2 能嘗試創作，並欣賞自己的作品。	（四）活動四：檢討成效 　　在活動一的成效來說，以第三幕來呈現較能看出同學如何展現她們的肢體動作。如：王子邀仙度拉跳舞。可請同學跳第二唱健康操即可；或者是跳第三場的性感鋼管舞。這樣的模式可以培養她們上臺的勇氣和信心，再加上會有良好的律動。以分組的方式來進行，可增加班級經營氣氛良好，更有團隊合作的表現呈現。 　　再者，第三幕也可以運用在廣播劇的呈現，當初在演這齣戲時，也是先錄音的方式試試，結果也不錯，因為每個學生的特質並不適合在幕前，反而在幕後表現的很精采。如： 老：小朋友，謝謝你喔！ 仙：不客氣！這是應該的！ 老：好心的小朋友，你怎麼會這麼臭？ 仙：我……	20	七、了解自我發展潛能。	轉創作戲劇以體現對文字驚見的擴大。

老：今天晚上，王子要舉辦舞會，你怎麼去？

仙：我……

老：好吧！為了要謝謝你，送你一罐小叮噹給我的「神奇魔術水」和一雙NIKE運動鞋。

仙：哇！太帥了！

老：噴上它，它會讓你變得非常漂亮，但有效期限只到今天晚上八點喔！

仙：喔！

老：到了八點以後，你就會變回原來臭臭的味道了！要記得喔！

　　練習講這些句子就可以呈現學生的口氣需要在哪方面的加強。

　　至於在活動二方面，因為是仿寫作文，本班的作文程度還不算太好，因此我先出簡單的仿寫範文好讓他們發揮。等他們都寫完後再請各組推派幾人上臺發表，唸的好給予讚美。在文章裡面我會問問他們有何修辭，如：大大的眼睛就有類疊修辭，笑的聲音有如打雷一般，響徹雲霄這就是譬喻的修辭。讓短篇文章學習到修辭以及標點符號的運用都可以，而不是仿寫就結束教學。

　　也就是說，作文的教學可以運用在歌舞劇和廣播劇，只要有時間可以多加練習，儘管是短短的一篇小作文，只要時間許可就多寫一點。也可以寫寫童詩創作也是下一個目標。

關於廣播劇部份，進到正式教學時，可以先播放相關教育性的故事及廣播劇如《點蟲蟲》，以引起學生的共鳴與好奇心。接著由教師提問，並請學生分享所聽到的心得。接下來請學生默讀《邋遢灰姑娘》腳本，並掌握腳本的大意。接著由教師講解《邋遢灰姑娘》腳本的大概情節。以問答的方式引導學生說出《邋遢灰姑娘》腳本大意。

當對《邋遢灰姑娘》腳本有了初步的概念後，接著採腦力激盪法將學生分成六組，每組討論五分鐘後，由各組推派一位上臺說明小組所討論出來的腳本大意，以二分鐘為限。各組報告完畢後，再由教師綜合學生的意見補充學生未提到的部分，並給予回饋。進行角色扮演的同時，配音、配樂的加入，可以使該劇《邋遢灰姑娘》更生動精采。倘若有未盡處，則由教師加以補充。

為了讓學生更深刻了解《邋遢灰姑娘》，以廣播劇的方式讓學生演出。請小組同學將腳本的角色作一番討論，並針對廣播劇裡的人物揣摩就進行排練。最後進入令人期待的綜合活動——廣播劇表演。由各組輪流上臺發表廣播劇的演出《邋遢灰姑娘》。演出的同學在擔任演出的角色時，要揣摩所扮演的說話態度表情。未演出的同學要專心聆聽演出的同學的聲音。根據同學的聲音演出，演出者對於自己的演出提出看法，觀賞者也提出對表演者的回饋與建議，針對《邋遢灰姑娘》裡的主要人物（各組同學的表現）表達個人看法。由教師針對《邋遢灰姑娘》的演出進行總結不作評比，給予正面的評價，讓他們有信心，並感覺這樣的語文教學活動是愉快而溫馨的。因為是廣播劇的演出，所以可以省去在舞臺上的布置，而所呈現是聲音的美感。總括來說，選擇一些題材，編織可信的故事，提取感人的細節，精配音樂音響，認真錄製，這就是廣播劇藝術的優勢和它獨特的審美特徵所在。

　　雖然歌舞劇和廣播劇使用相同的劇本，但是學生認為運用方式不同，呈現也是不同。學生如果有他們的創意和想法，老師可在旁鼓勵及指導。兒童戲劇就是讓學生快樂、即興學習的機會。

　　歌舞劇活動彩排（教室）：《仙履奇緣——邋遢灰姑娘》（改編版）

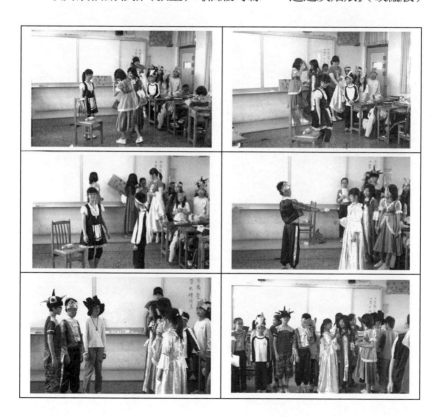

歌舞劇活動展演（視聽教室）:《仙履奇緣──邋遢灰姑娘》（改編版）

圖 7-4-1　《邋遢灰姑娘》歌舞劇教學活動照片（郭祐安攝）

第八章　結論

第一節　整體理論建構的成果及其功用

　　語文學習領域包含了聽、說、讀、寫、作等範疇，把這些領域融合戲劇來教學，讓學生置身其中而呈現語文教學另一種創新、作為。以戲劇作為語文教學「特優」輔助性的教材，可引導學生閱讀理解語文教學文本後，再利用布偶劇、舞臺劇、讀者劇場、故事劇場、相聲、雙簧、歌舞劇、廣播劇等戲劇化的具體作法，也以隨機的教學方式，加以詮釋並讓學生主動參與改編。透過這樣戲劇性教學活動安排，可以讓學生樂於閱讀語文方面的文本並深化語文教材內容，彌補正式課程的缺點而強化語文教學的效果。整體的理論建構成果，分數如下：

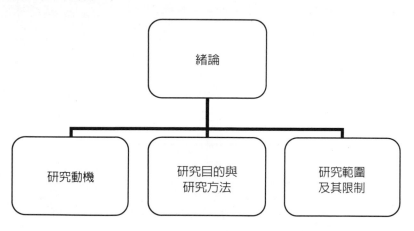

　　研究者的目的，則不外乎要「藉著所解決的問題來遂行權力意志（包括謀取利益、樹立權威和行使教化等）和體現文化理想」。（周慶華，2004a：6）而我作為這次的研究者的目的，也是希望大家能透過我所提示語文和戲劇結合教學的觀念，來提升教學的成效。其次，在聽、說、讀、寫、作等方面也能再強化，並運用於語文戲劇教學上。我期望在這一點上建立一個可供語文教學者參考的模式，喚起大家對語文教學的重視。再次，希望可以提供教學者改進語文教學的借鏡依據，也希望能行使教化、自我回饋，活化精湛語文教學。如此一來，以戲劇化活潑的方式輔助教學並重新建立良好的師生情誼，也就成了我衷心所寄。也因此，在進行此一研究時，希望能透過對「語文教學戲劇化」的探討，有助於大家化解語文教學成效不如預期的不安和疑惑；同時也有助於教育工作者、語文教育者、戲劇推動者開創新的語文教學文化的視野。此外，也期望能將研究產生的一點新知顯現出來，提供有志從事語文教學者參考，進而能夠在語文教學上展現新意、深化美感或昇華道德。

　　本研究主要探討語文戲劇化在語文教學上的應用，屬於理論建構而非實證研究，所採取的方法依需要有現象主義方法、語義學方法、基進教學理論、社會學方法等。當中在文獻探討上，採取的是現象主義方法。

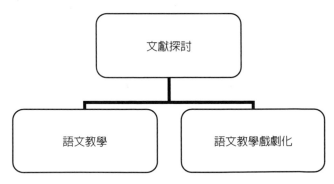

　　有關文獻探討中的語文教學文獻，期刊論文或專書部分因受篇幅限制，語文教學中的各領域探討只點到為止；學位論文部分雖可以著墨較深，但目前的語文教學焦點似乎較集中在課本上的原則性分析。雖然如此，我們還是可以依此了解語文教學在語文教育上有極大的分量和影響，使我們得以藉著別人的論述從不同角度來看語文教學所代表的意義和價值，以啟發我們新的想法和開拓我們的視野；尤其是它們所不及的全面性語文戲劇化教學的理論建構，可以由後繼者如我來接力完成。語文和戲劇是相輔相成，語文又必須融入於戲劇教學當中，運用不易，在文獻和論述的探討中又甚少見到，很多的研究都以行動研究法來研究，則受限於取樣範圍，研究成果難以類化。再者，它們所引用的教材不是現有的限制性教材如國小課本，就是取材較有名氣的作家作單一的探討，很難行使教化。因此，在有限的時間下進行語文戲劇教學時，教師的選材應用就得有所斟酌。接著我就以整體理論建構中的命題演繹作了重點的陳述。

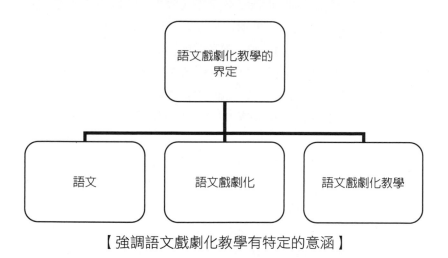

【強調語文戲劇化教學有特定的意涵】

　　語文指的就是語言和文字。語言的形式是聲音，文字的形式是符號，從外在的形式上看它們是很不同的東西；但是就語文的本質看，二者都是傳遞思想和情感的媒介。中國文字就字形結構上說，方塊字的書寫的確有它的困難處。但就詞組的結構上說，中文就比英文簡易多了。各國的語言都有它的規律性，有規律才可以學習，才可以溝通。語法的不同產生不同的意義。例如：「好東西」和「東西好」意義不同，所以語法上有它的邏輯性。學生要掌握語文的規律性，才能使語文成為人們溝通的媒介。然而，人類思維有一定的模式，合於思維的邏輯性，才能聽懂或看懂，否則會失去它作為人類溝通的橋樑功能。（羅秋昭，1999：25～28）

　　語文戲劇化可用於閱讀、聆聽說話、識字與寫字以及作文的教學，而把這些教學具體結合上布偶劇、舞臺劇、讀者劇場、故事劇場、相聲、雙簧、歌舞劇、廣播劇的創新運用會有不錯的效果。而語文教學可以限定它指語文經驗的傳授。這種傳授是一個不對等的發言關係；也就是高階（教師）對低階（學生）的言說的啟導，它的可能性是由那一有形無形的階序所保障的。（周慶華，2007：5）語文教學也可在它的知識經驗、規範經驗、審美經驗中呈現出特有的描述、詮釋和評價。然而，在語文戲劇中或許有少掉的部分，像人物的心理刻畫、背景的描述、氛圍的營造等，這都是語文所擅長的，我們在接受時可以把些許的空白、片段作些填補以「參與」創作。而戲劇在時間的侷限當中，不能有片段、不能有空白點，就不能像接受語文那樣（這是語文戲劇化後所流失掉的）。不過，戲劇因為有許多媒體的運用可以給人多感官的刺激，有具體情境的模擬營造可以讓人「身歷其境」和有演員的演技可以觀摩等為純語文本身所缺乏的成分，所以它的功能仍然相當可觀；如能在語文教學當中引進範例，再引導學習者仿效創新，這一切的好處都可以重歷和

得到轉化利用。換句話說，語文戲劇化一定可以活潑教學和提升成效，這是必要肯定的。

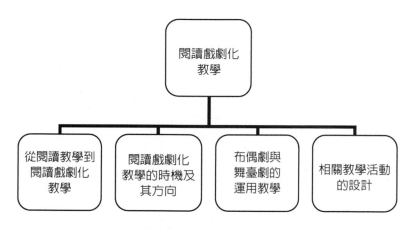

【強調閱讀戲劇化教學有提升成效上的必要性】

　　閱讀教學要在有實質的展演下呈現，那閱讀教學的方法就只是一個如何讓閱讀教學更精實有效的後設反省形式而已。然而，從閱讀教學的另一個層面來探討，也就是以閱讀教學到閱讀的理路來說，應該是以創新的立場來著眼，應該容許、甚至鼓勵奇特或基進的閱讀法，不設一定的規範。這時就是一邊約略的教學；一邊跟學習者一起尋找或發明新的閱讀法。這種從閱讀教學到閱讀理路，不預設閱讀的進程，也不預期閱讀的成效，只要有「創見」從中孳生就可以了。但它在制式教育裡，因為受限於特定的教材、教法和評量方法而難以全面展開；只能在輔助教學中運用。而比較前後兩種理路，後一種理路不妨逐漸提高它的比例，才可望看到文化的更新。（周慶華，2007：49）今日要使臺灣的兒童語文能力提升，就要透過不斷閱讀，唯有閱讀才能產生對話，有了對話才能有所激盪、才能產生火花；學生在對話中才能了解自己的不足而設法將它

補足。在制式的教材當中必須補足這方面的欠缺，可用戲劇化的方式補足原先短少的部分，再者由於戲劇化的表演必須透過肢體、動作和語言的表達方式，利用這種方式延伸出去可使原本語意不明顯的地方再行擴充；學生在閱讀文本後再藉由這樣戲劇化活潑生動演故事的方式，便可擴充文本的經驗。

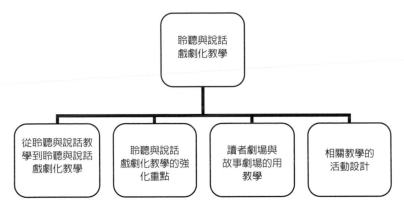

【 強調聆聽與說話戲劇化教學有促進衍展上的必要性 】

聆聽與說話教學的戲劇化教學，所要強調的是語文經驗中的再重組、再生產，並把這經驗再延伸。既然要讓它再重組、再生產，那就必須在聆聽和說話教學的戲劇教學產生極大化的創造，讓制式的教材不再只是永遠在背書、練習，而是把教學方向改變，少了背誦。著重在如何理解運用以及靈活思維能力培養，讓一場聆聽和說話的教學具有戲劇性的變化教學，製造教材的差異，多元化的活潑教學，製造無中生有，也給語文產業作了不錯的行銷。在聆聽和教學戲劇化的教學中，聆聽在理解的本質以及影響理解的因素的研究還是必須在「強化」上著眼。也就是說，聆聽採隨機教學，除了指導學生聽得清楚、掌握要點且能適時的回饋外，還能更上一層可以表演。

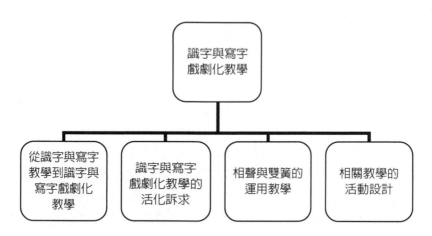

【強調識字與寫字戲劇化教學有改善體質上的必要性】

　　識字與寫字的戲劇化教學，所要強調的是語文的活化學習，並把這經驗再延伸。既然要讓它活化，那就必須在識字和寫字教學產生極大化的創造，讓制式的教材不再只是永遠在死記文字的結構、不斷的重複練習和記憶，而是把教學方向改變，可以從造字法分析入手，輔以生動形象的語言。著重在如何理解運用以及靈活思維能力的培養，讓一場識字和寫字的教學具有戲劇性的受激賞效果；以製造教材的差異，無中生有多元化的活潑教學，給識字和寫字教學有著無限的創造、想像空間。識字教學是一切教育的基礎，識字能力會影響到我們閱讀的理解能力。因為閱讀的理解涵蓋了識字和寫字，而文字辨識的自動化，則有利於閱讀理解，所以識字是開啟閱讀知識的一把鑰匙，也是學生學習階段的重要課程。而為了強化這類的成效，勢必要從一般性的識字與寫字教學過渡到戲劇化的識字與寫字教學，以戲劇活潑化的方式來「深刻」學生的文字認知和運用觀念，從此一改他們死記文字且容易犯錯的習性。

　　識字與寫字教學，必須在教學上有所變化才能引起學生對識字與寫字產生興趣。而在教學的過程中可以找出課文中的詞語，先教詞和字（先部分再整體）；可以一面教課文一面講解詞和字義（同時進行）；可以由學生自己上臺教，老師在旁指導（先自學再指導）；可以先把課文都弄清楚了，再講解詞和字（先整體再部分）；要全課文都清楚了，再講學生複習生字新詞和造句（最後再綜合活動）。也就是說，識字與寫字的過程中必須由詞帶字；說明字音、字義、再講字形；說明字形同時教字的結構、部首部件對字義的關係；要教到會唸、會解、會寫、會用；對字義及原來的詞語完全明白，再去造新的詞語。識字與寫字教學可應用於戲劇上，並能作經驗的延伸。當我們深刻明白體悟出中國文字的特性時，就該了解字和字之間的關連性，也可以在教學上延伸到戲劇的產出。

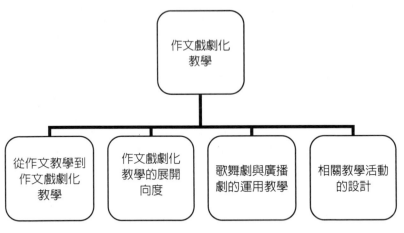

【強調作文戲劇化教學有強化效益上的教學】

　　寫作的過程就是一種創造，倘若將創造視為一種能力，則作文可視為創造力的表現方式之一。此外，語文可說是其他創造的基礎，人們透過語文而得以進行思考，產生創造性表現。而語文本身

也是一個豐富的創造性產品，不論是演說、閱讀、作文等均含有相當豐富而複雜的創造過程。作文的教學要融入於戲劇的教學，就必須讓學生發揮豐富的想像力，把文章內容展演出另一種情境，把「無」變成「有」，從「傳統」延伸至「創意」，讓學生把不可能的作文情境變成戲劇的演出，更能理解閱讀文字成肢體的動態呈現，製造了作文教學的差異性。

在國小的課程中，作文的教學並無固定的教材。因此，教師可以運用非制式的或另類的教材來教學，更可讓學生因為自由的創作而能有更寬廣的想像及創作空間，並增進寫作的能力。也就是說，聽、說、讀、寫、作已融入在閱讀教學的範圍內，相對的作文教學也可以運用戲劇，並結合閱讀教學，將會有不錯的效果。

因為時間的限制，在第四、五、六、七章的戲劇教學及相關的教學設計活動後，我個人據為所進行的教學方式乃採隨機教學，比較沒有足夠的時間作學生的訪談紀錄，改以學生以文字的敘述來寫出對戲劇演出的心得感想來作印證。

【訪談資料結果分析】：

個案一：秋儀〈作文戲劇化教學〉學習經驗

秋儀是班上的模範生，父母是她最尊敬的人，喜愛閱讀各種書籍，成績也是名列前矛，和同學之間的相處極為融洽，熱愛學校社團且是直笛隊的隊員之一。參與班上每一項競賽都能獲得好成績，鋼琴、繪畫及書法是她最拿手的項目。寫作文筆也相當不錯，能以一句成語就使文章簡潔有利、條理順暢，很有自己的見解。

心得分享：

從上個學期至今，老師把國語課做了很大的變化，經常突然來個即興表演，讓同學 hing 翻天，因為實在很有趣。老師自己也很會演，帶動班上氣氛，把我們上國語課會打瞌睡的睡蟲趕走了。如

果有稍微難度的戲劇,老師會利用綜合時間先講解,然後在旁指導各組所要呈現的是什麼。在這次的《邋邋灰姑娘》中,我負責旁白,在整個過程中看到同學賣力的排演,心裡好感動。想不到童話故事經過改編以戲劇的方式取代寫作的模式,是相當新鮮有趣的事,難怪老師要教我們改編《小紅帽》的故事,請各小組表演,讓師生之間打成一片,非常貼心、融洽。好棒!

個案二:祐安〈識字與寫字戲劇化教學〉學習經驗

很會畫畫的祐安,對事情有很好的見解,行事作風低調,卻深得同學的愛戴,還高票當選今年的班長。可見祐安做人處世方面很成功,父母也教的不錯。祐安文筆也不錯,擅長運用成語來表達一件事情,很讓同學刮目相看。

心得分享:

記得上學期老師運用電子白板把六書的文字結構呈現出來,讓我很驚奇也很有趣。老師運用了很多的方法讓我們了解過去文字的由來,怕我們上六書的課程很乏味,還上網抓了有關六書的遊戲融入電子白板,使我們更清楚的看到和體驗到六書的神奇。我們老師花了很長的時間在教我們語文,她不像別班常常小考,她反而丟了好多的知識給我們,讓我們國小畢業後上了國中有不輸人的語文程度。謝謝老師!

個案三:佳佑〈識字與寫字戲劇化教學〉學習經驗

佳佑是一位過動兒,因為父母很配合學校的要求,帶去醫院作鑑定之後,開始服藥治療。目前已停止吃藥,原因是他的行為改變了許多,專心度也改進了不少。其實從我開始教他以來,發現他講話很有他自己在邏輯上特殊的想法,不會說聽不懂但卻可以從實際

行動中表現出來。他很喜歡相聲這個教學活動，如果有興趣的事物他會相當的投入，甚至馬上會背起來，自願上來表演給同學分享。

　　心得分享：

　　我要先感謝老師讓我重拾信心。在臺上繞口令和相聲讓我很有成就感，那種感覺很特別，雖然有一點緊張，不過一開口就不會了。看到同學歡樂的氣氛和拍手鼓掌聲，讓我對學習這件事增加自信心。感謝老師給我機會！

　　從學生我看到感動，我以為他們會很排斥或不喜歡。雖然有聽到抱怨聲說有點累，可是小組的組長都表現不錯，會互相安慰、鼓勵。因為時間真的很有限，所以在戲劇的演出相對的就會有壓力存在，正式的教學課程可能在進度上會落後許多，還好學生都很爭氣，也很願意拚拚看。誰說語文的東西一定得教的死氣沉沉、一點活力也沒有？因此，經由整體理論架構的指引，語文戲劇化教學必定會有它的功用存在：

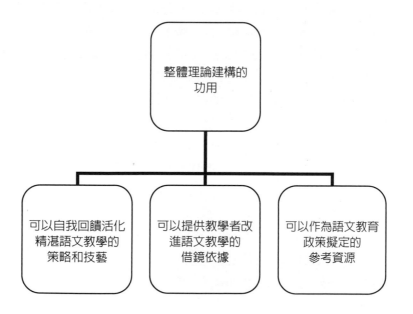

第二節　未來研究的展望

　　由於國小國語教學一向過度依賴坊間的現成教材，以及採取灌輸式的教學方式，以紙筆的練習及枯燥乏味的背誦為主，教師普遍居於主導的地位，較少進行以學生為主的活動，在此深感此種灌輸式的教學方式並不適合學生身心的健全發展。國小教師的角色，應該是幫助學生成為知識的主動建構者，是引導而非灌輸，是為學生搭起學習的鷹架，讓學生自己來攀爬。

　　根據李漢偉（2001：32～36）指出，國語教學旨在培育小學能夠順利獲得語言與文字的駕馭能力，進而充分表達內在的情意。可是多年來，國語教學並未落實上述理想，大家多鄙視語文是工具學科，而且更誤將語文賦予許多的教化與思想。李漢偉指出最大的癥結是主學習的迷失，也就是聽、說、讀、寫、作本身的能力的陶冶鍛鍊的迷失，取而代之的竟然是一些意識形態的灌輸與背誦，諸如倫理道德、愛國思想、民族文化的宏揚。因此，國語教學應回歸加強培養學生聽、說、讀、寫、作的教學目標。

　　語文戲劇教學必須「從做中學」，這樣的過程會較為活潑生動，且以學生為主體。它可以被廣泛的運用在各領域之中。如果融入國語文領域，學生從小組討論、到觀摩和劇本大綱的編寫、表演、課後省思等各種活動，能同時運用到聽、說、讀、寫、作四種能力，又有別於一般上課方式，是一項很好的教學作法。戲劇的教學如何詮釋語文的教學不能只停留在「讀寫」方面，必須全面應用融入在各種戲劇的巨觀視野。利用戲劇化教學的方式強化理解，並由戲劇化結合聽、說、讀、寫、作而使教學擴大效應。

戲劇化教學更好跟語文教學結合的方法有很多。戲劇化的優為選擇，具體的作法有布偶劇、舞臺劇、讀者劇場、故事劇場、相聲、雙簧、歌舞劇、廣播劇等。透過以上的戲劇化具體作法，讓學生主動建構知識、豐富想像空間，以及更深入的鋪陳。再配合語文相關的活動設計的教學實踐檢證，也就是透過實際討論教學中的觀察、隨機訪談（因時間的限制，可以文字敘述於書面上）結果加以驗證，由此對語文戲劇化可以增加語文成效提出更有力的證明。

研究的「限制」，乃伴隨著研究「範圍」而產生。在本研究的架構之外，處理不了的問題，就是研究的限制所在。如在取材上，版本眾多，基於能力、時間與版本的限制，在選擇研究的文本上就不便廣涵。在「語文教學」部分，僅以國小翰林版的聽、說、讀、寫、作為研究的底本，姑且「信以為據」；其他版本的教科書文章，不是論述的重點，所以會略過去，研究可能有失偏頗。

還有在所要解決問題關涉的層面，既然本研究所關注的是戲劇在教學上的應用，那麼「戲劇化」的作法有很多，本研究無法予以全數運用進行檢證，只好擇優隨機的採用教科書文章的其中段落融入在戲劇的具體教學來驗證。至於為何如此作法，乃基於權力意志和可藉為帶出教學成效等因素而難以再「慮及其他」，這也得在此再次予以交代。此外，語文教學對學習者產生的效用，還涉及到學習者的個別差異、閱讀能力、城鄉差距、社會文化差距、教育的環境等因素，但這也是本研究所無法「旁衍兼顧」的，不足之處只能別為寄望，以後有機會再行開啟和彌補。至於有興趣的同好，也可以在我所建構的理論基礎上，再行增衍或別為運用，一起來為語文教學成效的深化而努力。

參考文獻

丹托（2008），《美的濫用》（鄧伯宸譯），臺北：立緒。

王先霈等主編（1999），《文學批評術語詞典》，上海：上海文藝。

王先謙（1983），《荀子集解》，新編諸子集成本，臺北：世界。

王更生（2001），〈語文教學與培養學生思考能力〉，《人文及社會學科教學通訊》，12（4），14～27，臺北。

王振全（1994），《漢霖說唱藝術縱橫談》，臺北：漢霖說唱藝術團。

王國維（1993），《王國維戲曲論文集──宋元戲曲考及其他》，臺北：里仁。

王基西（2005），〈論語文教學的目標〉，《中國語文》，97（3），4～5，臺北。

王淑貞（2001），《不同學習特質學習障礙學童接受字族文教學之歷程研究》，新竹師範學院國民教育研究所碩士論文，未出版，新竹。

王萬清（1997），《國語科教學理論與實際》，臺北：師大書苑。

王夢鷗（1976），《文學概論》，臺北：藝文。

王瓊璜（2001），〈作文教學任我行（九）示現作用〉，《南一新講臺九年一貫版教育雜誌》，6，67，臺南。

古德曼（1998），《談閱讀》（洪月女譯），臺北：心理。

尼采（2000），《悲劇的誕生》（劉崎譯），臺北：志文。

布雷契（1990），《當代詮釋學》（賴曉黎譯），臺北：使者。

田奇玉（1997），〈創作戲劇創造夢〉，《語文教育通訊》，18，55～64，臺北。

田耐青（2007），《閱讀達人是教出來的》，臺北：大好。

朱光潛（1983），《美學》，臺北：前衛。

朱光潛（1987），《悲劇心理學》，臺北：駱駝。

朱美如（2002），《國小一年級看圖說話提升口語表達能力之實踐》，新竹師範學院臺灣語言與語文教育研究所碩士論文，未出版，新竹。

江文明（2005），〈RT 如何教讀者劇場〉，《English works No.23 讀者劇場》，臺北：東西。

江惜美（1996），〈小學語文教育的遊戲化〉，《國語文教育通訊》，13，32
～41，臺北。

江惜美（1997），〈創造性思考與國小作文教學〉，《臺灣區國語文教學學術
研討會論文集》，3，177～187，臺北：市立師範學院。

老志鈞（2000），〈掌握漢字特點的識字教學方法──分析比較〉，《中國語
文通訊》，1～9，臺北。

何三本（1993），《語文教育論集》，臺北：臺東師院語文教育學系。

何三本（1995），《幼兒故事學》，臺北：五南。

何三本（1997），《說話教學研究》，臺北：五南。

何三本（1998），《說話教學技巧》，臺北：五南。

何三本（2001），《九年一貫語文教育理論與實務》，臺北：五南。

伽達瑪（2007），《真理與方法》（洪漢鼎譯），北京：商務。

克羅齊（1987），《美學原理》（正中編委會重譯），臺北：正中。

利奇（1999），《語義學》（李端華等譯），上海：上海外語教育。

吳佳芬（1997），〈生活劇場創作〉，《語文教育通訊》，15，56～59，臺北。

吳美如、吳守立（2004），〈戲劇活動融入國小語文領域教學之行動研究〉，
《國教學報》，16，185～212，臺北。

吳美秀（2008），《應用讀者劇場在幼兒語文教學之行動研究──以口語表
達為例》，臺南大學幼兒教育學系教學碩士班碩士論文，未出版，臺南。

吳敏而（1998），《語文學習百分百》，臺北：小魯。

吳聯科（2001），《網際網路上國語文學習系統之建置與成效研究》，臺南
師範學院資訊教育研究所碩士班碩士論文，未出版，臺南。

呂亞力（1991），《政治學方法論》，臺北：三民。

李汝林（2000），《言語教學論》，上海：上海教育。

李翠玲（2002）《戲劇性活動融入語文領域之研究──以低年級為例》，新
竹師範學院臺灣語言與語文教育研究所碩士論文，未出版，新竹。

李錦芬（2006），《朗讀在國小語文教學上的應用研究》，屏東教育大學語
文教育學系碩士班，未出版，屏東。

沈中偉（2005），《科技與學習》，臺北：心理。

沈添鉦、黃秀文（1997），〈全語教學在國小實施的個案報告〉，《八十六學
年度教育學術研討會》，花蓮：花蓮師範學院。

沈惠芳（2005），〈語文教學新導向──閱讀寫作搶先攻〉，《師友》，455，
　　30～32，臺北。

亞里斯多德（1986），《詩學》（姚一葦譯注），臺北：中華。

周一貫（2001），《閱讀課堂教學設計論》，浙江：寧波。

周漢光（1996），〈角色扮演在中文教學上的應用〉，《教育學報》，24（2），
　　121～146。

周慶華（1999），《語言文化學》，臺北：生智。

周慶華（2002），《故事學》，臺北：五南。

周慶華（2003），《閱讀社會學》，臺北：揚智。

周慶華（2004a），《語文研究法》，臺北：洪葉。

周慶華（2004b），《創造性寫作教學》，臺北：萬卷樓。

周慶華（2004c），《文學理論》，臺北：五南。

周慶華（2007），《語文教學方法》，臺北：里仁。

周慶華（2009），《文學詮釋學》，臺北：里仁。

周慶華（2011），《華語文教學方法論》，臺北：新學林。

帕瑪（1992），《詮釋學》（嚴平譯），臺北：桂冠。

林文瀚（1976），《國語文教學研究》，臺北：商務。

林文寶（1994），《兒童文學故事體寫作論》，臺北：毛毛蟲兒童哲學基金會。

林文寶等（1996），《兒童文學》，臺北：五南。

林正華（1991），《文章與寫作教學》，臺北：富春。

林守為（1988），《兒童文學》，臺北：五南。

林秀兒（2002），《動態閱讀 Go！Go！Go！》，臺北：臺灣外文書訊房。

林武憲（1993），《兒童文學與兒童讀物的探究》，彰化：彰化文教。

林柔蘭（2002），《表演藝術融入語文教學之行動研究》，嘉義大學國民教
　　育研究所碩士論文，未出版，嘉義。

林虹眉（2007），《教室即舞台──讀者劇場融入國小低年級國語文教學之
　　行動研究》，臺南大學幼兒教育學系碩士論文，未出版，臺南。

林國樑等（1983），《語文科教學研究》，臺北：正中。

林筠菁（2006），《運用故事教學發展學童同理心之行動研究》，屏東教育
　　大學教育行政研究所碩士論文，未出版，屏東。

林麗英（1998），《家有學語兒》，臺北：信誼。

林寶山（2000），《教學原理》，臺北：五南。

林艷紅（2006），〈（節選）教學啟示——教師如何引導學生對文本的解讀〉，《柳毅傳》，網址：http://eblog.cersp.com/userlog15/25091/archives/2006/57229.shtml，檢索日期：2011.02.11。

邱楠（1954），〈為第一本廣播劇選集序〉，《廣播雜誌》，88，6。

姚一葦（1993），《審美三論》，臺北：開明。

姚一葦（1997），《戲劇原理》，臺北：書林。

威肯特（1999），《當代意識形態》（羅慎平譯），臺北：五南。

施常花（1986），〈論少年小說欣賞的教育心理療效功能〉，《認識少年小說》，臺北：中華民國兒童文學學會。

施雅慧（2004），〈從心做好——國語文教學紮根工作〉，439，73～76。

柯華葳（1987），《國民小學常用字及生字難度研究——低年級》，板橋：臺灣省國民教師研習會。

柯華葳（2007），《教出閱讀力》，臺北：天下。

洪雪香（2004），《相聲在國小語文輔助教材之研究》，新竹師範學院臺灣語言與語文教育研究所碩士論文，未出版，新竹。

洪錦沛（2004），〈語文領域教學的柔軟操〉，《南投文教》，20，56～57，南投。

洪蘭（2006），《良書亦友》，臺北：遠流。

胡幼慧主編（1996），《質性研究——理論、方法及本土女性研究實例》，臺北：巨流。

胡寶林（1994），《戲劇與行為表現力》，臺北：遠流。

范長華（1991），〈國小國語科教學戲劇化的探討〉，《國教輔導》，5，7600～7604，臺北。

范信賢（1998），〈「學生生活經驗中心」的道德課程編寫與教學〉，《教育部臺灣省國民學校教師研習會》，臺北：教育部。

馬季（1991），《相聲藝術漫談》，廣州：廣東人民

韋恩（2000），《創意教學策略》（呂金燮譯），臺北：洪葉。

倪宝元（1995），《語言學與語文教育》，上海：上海教育。

孫惠柱（2006），《戲劇的結構與解構》，臺北：書林。

徐守濤（1999），〈兒童戲劇與兒童文藝教育的探討〉，《一九九九臺灣現代劇場研討會論文集——兒童劇場》，臺北：師大書苑。

徐守濤（2003），〈國小中年級兒童文學輔助教材課程之設計〉，《語文改革與兒童文學研究——兒童文學與語文教育研討會論文集》，香港：香港教育學院。

徐藝華（2002），〈孩子真的變笨了嗎？張玉成校長談創造思考能力的培養〉，《師友月刊》，426，1～3，臺北。

翁聿煌（2009.3.14），〈讀者劇場——引導學生愛上閱讀〉，《自由時報》E7版，臺北。

高珠容（2004），〈資訊融入國語科教學實務分享〉，《北縣教育》，50，84～87，臺北。

崔小萍（1994），《表演藝術與方法》，臺北：書林。

康雲山（1998），〈審美通感與創意寫作〉，《國小作文教學與文化互動學術研討論文集》，157，花蓮：花蓮師範學院語文教育學系。

康德（1986），《判斷力批判》（宗白華等譯），臺北：滄浪。

張玉燕（1994），《教學媒體》，臺北：五南。

張汝倫（1988），《意義的探究——當代西方釋意學》，臺北：谷風。

張宛靜（2007），〈讀者劇場於英語教學上的應用〉，《網路社會學通訊期刊》，66，網址：ej@mail.nhu.edu.tw，檢索日期：2010.08.29。

張法（2004），《美學導論》，臺北：五南。

張春榮、顏藹珠（2005），〈電影媒體教學〉，《國文天地》，21（6），101～103，臺北。

張清榮（1991），《兒童文學創作論》，臺北：富春。

張清榮（1994），〈把握「國語科」教學的方向〉，《國語文教育通訊》，9，10～15，臺北。

張惠如（2007），《國小高年級閱讀教學研究》，高雄師範大學回流中文碩士班碩士論文，未出版，高雄。

張智惠（2005），《國小聽說教學研究》，臺北市立教育大學應用語言文學研究所碩士論文，未出版，臺北。

張順誠（2007），〈笑話在語文教學的運用〉，《屏縣教育》，30，34～37，屏東。

張新仁（1992），《寫作教學研究》，高雄：復文。

張憲庭（2005），〈兒童戲劇在九年一貫課程中的應用〉，《研習資訊》，22（4），77～82。

張曉華（2003），《創作性戲劇教學原理與實作》，臺北：成長基金會。

張曉華（2004），〈表演藝術戲劇教學在國民教育十大基本能力上的教育功能〉，《臺灣教育》，628，29～38，臺北。

張曉華（2007），《創造性戲劇原理與實作》，臺北：成長文教基金會。

教育部（1995），《重編國語辭典修訂本》，臺北：教育部。

教育部（1998），《國民教育階段九年一貫課程總體綱要》，臺北：教育部。

教育部（2003），《國中小學九年一貫課程綱要：語文學習領域》，臺北：教育部。

教育部（2008），〈97 年國民中小學九年一貫課程綱要〉，網址：http://www.edu.tw/eje/content.aspxsite_content_sn=15326，檢索日期：2010.07.10。

曹明海（2007），《語文教學解釋學》，濟南：山東人民。

梁桂珍（1993），《國語文教學的多元探索》，臺北：文史哲。

莎里斯貝利（1994），《創作性兒童戲劇入門》（林玫君譯），臺北：心理。

荷曼斯（1987），《社會科學的本質》（楊念祖譯），臺北：桂冠。

郭紅伶（2001），《「相似字」與「非相似字」認字教學策略對國小低年級認字困難學生學習生字成效之影響》，臺北市立師範學院國民教育研究所碩士班碩士論文，未出版，臺北。

郭聰貴（2001），《兒童閱讀教育》，臺南：臺南師範學院實習輔導處。

陳仁富（2001），〈故事後的戲劇活動：以白雪公主為例〉，《國教天地》，145，45～50，臺北。

陳弘昌編著（1999），《國小語文科教學研究》，臺北：五南。

陳明興（2005），〈淺談國語文教學新趨勢〉，《南投文教》，23，79～82，南投。

陳杭生主編（1986），《教材戲劇化教學研究——腳本編寫勢力一百篇》，臺北：臺灣省國民學校教師研究會視聽教育館。

陳密桃、黃秀霜、陳新豐、方金雅（2006），〈國小學童詞彙覺識能力多媒體教學之實驗研究〉，《教育學刊》，27，93～121，臺北。

陳意爭（2010），〈什麼都能比〉，臺東大學語文教育研究所主編，《語文教學戲劇化工作坊手冊》，臺東：臺東大學語文教育研究所。

陳鼓應（2004），《莊子今註今譯》，臺北：商務。

陳儀君（2004），《說故事活動對國小五年級學童口語表達能力之實踐》，臺中師範學院語文教育學系碩士班碩士論文，未出版，臺中。

陳韻文（1995），《臺灣廣播劇 1930'S～1960'S》，臺灣大學藝術研究所碩士論文，未出版，臺北。

陳麗慧（2001），〈用戲劇營造語文能力〉，《師友》，409，85～88，臺北。

陶國璋（1993），《開發精確的思考》，臺北：書林。

麥克里蘭（1991），《意識形態》（施忠連譯），臺北：桂冠。

馮翊剛等（2000），《這一本，瓦舍說相聲》，臺北：揚智。

馮翊綱（2000），《相聲世界走透透》，臺北：幼獅。

馮翊綱等（2002），〈相聲瓦舍〉，網址：http://www.ngng.com.tw，檢索日期：2011.02.11。

粘鳳茹（2005），〈走入藝術與人文領域中的創造戲劇活動：以戲胞班為例〉，《教師之友》，46（3），96～102，臺北。

傅大為(1991)，《知識與權力的空間——對文化、學術、教育的基進反省》，臺北：桂冠。

傅大為（1994），《基進筆記》，臺北：桂冠。

揚任淑（2004），《果陀劇場歌舞劇之研究》，成功大學中國文學研究所碩士論文，未出版，臺南。

曾志朗（1991），〈華語文的心理研究，本土化的沉思〉，載於楊中芳、高尚仁編：「中國人，中國心」：發展與教學篇，539～582，臺北：遠流。

曾明祺（2003），《課堂表演在九年一貫語文領域教學之研究》，臺中師範學院語文教育學系碩士班碩士論文，未出版，臺中。

曾瑞譙（2003），〈推行閱讀運動啟發學生的創造力〉，《臺灣教育》，621，50～55，臺北。

曾蕙蘭（2004），〈在教室中實施讀者劇場〉，《翰林文教月刊》，10：3～6，臺北。

渥克（2005），《創意教學系列 10 RT 如何教讀者劇場》（李晏戎譯），臺北：東西。

湯廷池（1981），《語言學與語文教學》，臺北：學生。

黃光雄主編（2000），《教學理論》，高雄：復文。

黃佩榮（2006），《漢字教學的理論與實踐》，臺北：樂樂。

黃建中（1990），《比較倫理學》，臺北：正中。

黃政傑主編（1999），《多元化的教學方法》，臺北：師大書苑。

黃美序（2007），《戲劇的味／道》，臺北：五南。

黃郇媄（2005a），〈來玩遊戲之一：淺談兒童戲劇內涵〉，《英文工廠》，19，
　　13～15，臺北。

黃郇媄（2005a），〈來玩遊戲之二兒童戲劇在學習活動上的運用〉，《英文
　　工廠》，20，54～58，臺北。

黃國倫（2005），《讀者劇場融入國民小學六年級國語文課程教學之研究》，
　　臺南大學戲劇研究所碩士論文，未出版，臺南。

黃雲輝（1979），〈推動國校講故事活動的意義及其方法運用〉，《教育輔導
　　月刊》，12，9～10，臺北。

黃慧英（1988），《後設倫理學之基本問題》，臺北：東大。

黃聲儀、魏金財（2000），〈九年一貫本國語文課程規劃之想法〉，《翰林文
　　教雜誌》，8，10，臺北。

塞爾維爾（1989），《意識形態》（吳永昌譯），臺北：遠流。

楊九俊（1994），《語文教學藝術》，南京：江蘇教育。

楊家興（2000），《自學式教材設計手冊》，臺北：心理。

楊惠元（1996），《漢語聽力說話教學法》，北京：語言文化大學。

葉怡均（2007），《我把相聲變小了：兒童相聲劇本集》，臺北：幼獅。

葛琦霞（2002），《教室 vs.劇場 好戲上場囉！》，臺北：信誼。

廖順約（2006），《表演藝術教材教法》，臺北：心理。

廖曉慧（2004），〈教育的源頭活水：兒童劇〉，《國民教育》，45（2），29
　　～32，臺北。

熊元義（1998），《回到中國悲劇》，北京：華文。

熊勤玉（2006），《讀者劇場應用在國小中年級國語文課程之行動研究》，
　　臺南大學戲劇研究所碩士論文，未出版，臺南。

福勒（1987），《現代西方文學批評術語》（袁德成譯），成都：四川人民。

趙如琳（1991），《戲劇藝術之發展及其原理》，臺北：東大。

趙雅博（1990），《知識論》，臺北：幼獅。

趙鏡中（2000），《情境中的說話教學》，臺北：臺灣省國民學校教師研習會。

齊若蘭（2003），《閱讀～新一代知識革命》，臺北：天下。

樋口裕一（2006），《笨蛋！問題在閱讀！》（鹿谷譯），臺北：世茂。

劉天課等編輯（2002），《國民中小學戲劇教育國際學術研討會論文集》，
　　臺北：藝術館。

劉少朋（2009），〈改變教材呈現方式提高閱讀教學品質〉，網址：http://www.fyeedu.net，檢索日期：2010.08.29。

劉莉芬（2002），《以認知理論探討兒童對幽默笑話觀點之研究》，國立臺灣師範大學華語文教學研究所碩士論文，未出版，臺北。

劉增鍇（2001），《大陸曲藝近五十年在臺灣之發展》，花蓮師院民間文學系碩士論文，未出版，花蓮。

劉燕萍（1996），《愛情與夢幻──唐朝傳奇中的悲劇意識》，臺北：商務。

蔡尚志（1989），《兒童故事原理》，臺北：五南。

蔡雅泰（1995），《國小三年級創造性作文教學實施歷程與結果》，屏東師範學院初等教育研究所碩士論文，未出版，屏東。

蔡雅泰（2006），〈從創作本質談作文教學策略〉，《師友月刊》，5 月號，臺北。

鄭昭明（1993），《認知心理學──理論與實踐》，臺北：桂冠。

鄭貞銘主編（1989），《人類傳播》，臺北：正中。

鄭福海（2003），《國民小學創造思考教學及推動策略之研究》，臺南師院國民教育研究所碩士論文，未出版，臺南。

蕭全政主編（1990），《文化與倫理》，臺北：國家政策研究資料中心。

諾德曼（2000），《閱讀兒童文學的樂趣》（劉鳳芯譯），臺北：小魯。

賴特（1992），《現代劇場藝術》（石光生譯），臺北：書林

賴惠玲、黃秀霜（1999），〈不同識字教學模式對國小學生國字學習成效研究〉，《國立臺南師範學院初等教育學報》，12，1～26，臺南。

錢伯斯（2001），《打造兒童閱讀環境》（許慧貞譯），臺北：天衛。

謝國平（1998），《語言學概論》，臺北：三民。

謝錫金（2000），〈高效識字〉，網址：http://www.chineseedu.hku.hk/，檢索日期：2011.08.29。

簡瑞貞（2003），《低年級閱讀教學探究──以教科書課文內容進行閱讀教學的行動研究》，新竹師範學院臺灣語言與語文教育研究所碩士論文，未出版，新竹。

魏龍豪（1987），《相聲比賽優良腳本專輯》，臺中：教育廳。

羅秋昭（2001），《國小語文科教材教法》，臺北：五南。

龔淑芬（1999），《國民中學「聆聽教學」的探討》，新竹：竹師語教系

龔淑芬（2002），《國民小學聆聽教學教材分析及教學方法之研究》，新竹教育大學語文教育研究所碩士論文，未出版，新竹。

Brad Haseman & John O'Toole（2005），《戲劇實驗室：學與教的實踐》（黃婉萍、陳玉蘭譯），臺北：成長基金會。

Jonothan Needlands & Tone Goode（2005），《建構戲劇：戲劇教學策略70式》（舒志義、李慧心譯），臺北：成長基金會。

J.Neelands（2007）《開始玩劇場11到14歲》（毆怡雯譯），臺北：心理。

Ken Goodman（2001），《談閱讀》（洪月女譯），臺北：心理。

Norah Morgan & Juliana Saxton（1999），《戲劇教學：啟動多彩的心》（鄭黛瓊譯），臺北：心理。

Cox，C.(1996). *Teaching language arts：A student-and response-centered classroom*(2nd ed.). Needham Heights，Mass：Allyn and Bacon..

Crumpler，T & Schneider，J.J.(2002). *Writing With Their Whole Being：a cross study analysis of children's writing from five classrooms using process drama. Research in Drama Education*，7(1)，61-67.s

Goodman，K.(1986).*What's whole in whole language*. Portsmouth，NH：Heinemann.

Latrobe，K.(1996). *Encouraging reading & writing through readers theatre*. Emergence Librarian，23，16-20.

Newman，J.(ED).(1985). *Whole language：Theory in use*. Portsmouth，NH：Heinemann.

Vygotsky，L.S.(1978). *Mind in society：The development of higher psychological processes*. Cambridge：Harvard University Press.

Wagner，B.J.(1988).*Research currents：Does classroom drama affect the arts of language？ Language Arts*，65(1)，46-55.

Wolf，S.(1995). *Language in and around the dramatic curriculum*. *Journal of Curriculum Studies*，27(2)，117-137

附錄：

一、閱讀教學活動、資料：「一元布偶劇團」劇本及學習單

　　年　　　　班　　　　號　　　姓名

演出劇碼：快樂學園

故事大綱：

　　　　藍寶、趣兒是同班同學，有一天藍寶和妹妹露比他們發現趣兒最近的表現非常異常，常常無精打采還會欺負其他的小朋友，而且吵著不來上學。後來才發現原來趣兒的家裡有一個可怕的秘密，他們決定要幫助趣兒來解決這一個問題。下課後在放學的途中，露比又遇見「裝好人」又「假裝受傷」想要騙小朋友的撒野狼，會發生什麼事情？隔壁鄰居的猴大叔跟大家都很熟，但是他居然對藍寶作出奇怪的舉動。他們是否有辦法渡過重重的難關？

　　看完戲劇演出『快樂學園』之後，請小朋友回答下列問題：（答案可以重複選）

（　　）下面有哪些是不好的行為？請選出來。
　　　　(1)暴力行為。(2)隨便打人。(3)說謊話欺騙老師。
　　　　(4)幫助同學。

（　　）如果同學中有人家庭暴力的問題，我們可以怎樣做？
　　　　(1)告訴其他同學，不要跟他一起玩。(2)對他不理不睬。
　　　　(3)私下告訴老師，請老師幫助他。
　　　　(4)安慰他，他幫助他，鼓勵他。

（　　）如果在學校發現同學有暴力行為時，應該怎麼辦？
　　　　(1)裝作沒有看見。(2)學起來自己也來暴力一下。
　　　　(3)自己挺身而出阻止他。(4)告訴老師。

(　) 如果不小心碰到『撒野狼』或有人要傷害我的時候，我可
以怎樣做？
(1)忍氣吞聲忍耐一下就好了。(2)大聲哭泣求饒。
(3)冷靜想辦法躲開或逃走。
(4)大叫救命或失火啦！引起別人注請求協助。

(　) 婦幼保護專線是幾號？
(1)110。(2)113。(3)119。(4)117。

(　) 如果在路上有陌生人向你問路並且要你帶他去,我們可以
怎樣做？
(1)儘可能告訴他　幫助他。(2)要提高警覺小心謹慎。
(3)請他去找其他大人協助。(4)建議他去附近商店詢問。

(　) 你知道怎樣的人容易遭受到性侵害？
(1)只有小女生，男生不會。(2)落單小孩。
(3)夜晚還留在外面玩的人。(4)大小或小孩都是有可能。

(　) 如果不小心遭受別人侵害受傷了，要怎麼辦？
(1)要小心隱瞞不讓別人知道(2)告訴父母或學校的老師。
(3)自己信任的大人。(4)撥打 113 電話。

　　有些地方是我們身體的隱私處，別人不能隨便碰，請問哪裡是
身體的隱私處呢？

答案：

寫下（或畫下）你今天看完表演的心得吧！

二、「語文學戲劇」課後學習單〈放生的故事〉

＊這次的表演，我們這組所演的是課文第（　　　）幕。

＊主要的內容是：

_____

_____

_____

我覺得我們這組表演的優點是：

_____

_____

_____

需要改進的地方是：

_____

_____

＊今天的最佳演員獎，我想推選（　　　　　　　　　　）。

　因為，_____

_____

_____

_____

上了今天的「語文學戲劇」我的感想：

_____

_____

_____

_____

_____

_____

三、聆聽與說話教學資料參考

電影《不能說的秘密》歌詞

不能說的秘密（電影《不能說的祕密》主題曲）
作詞：方文山　作曲：周杰倫　編曲：Michael Lee
冷咖啡離開了杯墊　我忍住的情緒在很後面
拼命想挽回的從前　在我臉上依舊清晰可見
最美的不是下雨天　是曾與你躲過雨的屋簷
回憶的畫面　在盪著鞦韆　夢開始不甜
你說把愛漸漸　放下會走更遠　又何必去改變　已錯過的時間
你用你的指尖　阻止我說再見　想像你在身邊　在完全失去之前
你說把愛漸漸　放下會走更遠　或許命運的籤　只讓我們遇見
只讓我們相戀　這一季的秋天　飄落後才發現　這幸福的碎片
要我怎麼撿

四、讀者劇場資料參考

英文讀者劇場劇本
Jesus' Christmas Party

Costumes & props：bed, cradle, shooting star, sheep, 2 blankets
Characters：
Narrator：
Innkeeper：
Joseph and Mary：
3 shepherds：
3 kings：
3 angels：
Baby (shooting star, sheep)：

（歌舞出場：3 shepherds, 3 kings, 3 angels）

Narrator　　　　：It was a very cold night in December. There was a special event happened in this small inn.

（Innkeeper 打了一個哈欠，準備上床睡覺。）

Innkeeper　　　：（打呵欠）Oh～ I am so tired!（往床上躺）
Narrator　　　　：There was nothing the innkeeper liked more than a good night's sleep.
Narrator　　　　：But that night there was a knock at the door.

（Joseph and Mary 在門外敲起門來。）
（Innkeeper 不耐煩的起床，走到門口，打開門。）

Innkeeper	: No room.
Joseph and Mary	: But we are tired and have travelled through night and day.
Innkeeper	: There's only the stable round the back. Here's two blankets. Sign the register.

（Mary and Joseph 簽名。）

Narrator	: Then he shut the door（innkeeper 大力關門）, climbed the stairs, got into bed and went to sleep.（Innkeeper 不高興的走回房間。）
Narrator	: But then, later, there was another knock at the door.

（Joseph 敲門）

Innkeeper	: OH NO!!!（Innkeeper 不高興的走到門口開門）
Joseph	: Excuse me. I wonder you could lend us another, smaller blanket?
Innkeeper	: There. One smaller blanket.
Narrator	: Then he shut the door（innkeeper 大力關門）, climbed the stairs, got into bed, and went to sleep.（Innkeeper 不高興的走回房間。）

（流星墜落，娃娃哭叫聲）

Innkeeper	: （爬起身）Oh my god!! That's ALL I need!（躺下，蒙住頭）
Narrator	: But then there was another knock at the door.

（Innkeeper 非常不爽的起身走到門口開門。）

3 shepherds	: We are three shepherds.
Sheep	: BAAAAA～～

Innkeeper	:	Well, what's the matter? Lost your sheep?
3 shepherds	:	We've come to see Mary and Joseph.
Sheep	:	BAAAAA～
Innkeeper	:	ROUND THE BACK.
Narrator	:	Then he shut the door（innkeeper 大力關門）, climbed the stairs, got into bed, and went to sleep. （Innkeeper 不高興的走回房間。）

Narrator	:	But then there was yet another knock at the door.
3 kings	:	Hello? Is anyone here?
Innkeeper	:	AHHHHHHHHHHHHHHH!!!（跳起來走到門口，開門）
3 kings	:	Ho! Ho! Ho! We are three kings from the East. We've come……
Innkeeper	:	（不耐煩）ROUND THE BACK.
3 kings	:	Huh? What did you say??
Innkeeper	:	（大叫）ROUND THE BACK!!!!!

（3 kings 被嚇得跳起來。）

Narrator	:	Then he slammed the door（innkeeper 大力關門）, climbed the stairs, got into bed, and went to sleep. （Innkeeper 不高興的走回房間。）

Narrator	:	But then a chorus of singing woke him up.
3 angels	:	Hallelujah～ hallelujah～ hallelujah! hallelujah! hallelujah～
Innkeeper	:	（跳起來）RIGHT – THAT DOES IT!

Narrator	:	So he got out of the bed,（Innkeeper 跳下床） stomped down the stairs, threw open the door,（大力開門）went round the back, stormed into the stable, and was just about to speak……
Innkeeper	:	What the hell……

Everybody (Joseph & Mary, 3 shepherds, 3 kings, and 3 angels)　:
　　　　　　　　　SSSHHHHH! You'll wake the baby!（Baby 正在
　　　　　　　　　睡覺。）

Innkeeper　　: BABY?
3 angels　　: Yes, a baby has this night been born.
Innkeeper　　: Oh?（看一眼 Baby。）
Joseph & Mary　: His name is Jesus.
Narrator　　: And just at that moment, suddenly, amazingly, his
　　　　　　　anger seemed to fly away.
Innkeeper　　: Oh! Isn't he lovely!

Narrator　　　: In fact, he thought he was special… He held him
　　　　　　　in his arm.（轉圈）
3 kings and 3 shepherds　:　（緊張狀）Be careful!
Innkeeper　　: （唱起歌）Silent night, Holy night!
Everybody　　: （接著唱）All is calm, all is bright.
　　　　　　　Round yon Virgin, Mother and Child.
　　　　　　　Holy infant so tender and mild,
　　　　　　　Sleep in heavenly peace,
　　　　　　　Sleep in heavenly peace.

（接歌舞秀準備謝幕）

Everybody　　: Merry Christmas!!!（謝幕）

五、讀者劇場〈國王的新衣〉劇本資料參考

國王的新衣

人物：國王、士兵（4）、騙子（4）、大臣、小男孩、一群觀眾、
　　　旁白。

旁白：從前，有一個很愛漂亮的國王，一天到晚命令王宮裡的裁縫
　　　師，替他做不同式樣的新衣裳。雖然裁縫師們很認真的工
　　　作，但是誰也想不出更多新花樣，每天做不同的漂亮衣裳。
　　　有一天，王宮裡來了幾位騙子，接下來會發生什麼有趣的事
　　　呢？請大家猜猜看～～

（一小段出場音樂）

騙子2：大家好，我是 Do Re Mi，他們都是 La Si Do，喔！不不
　　　不，他們都是我的好兄弟。

騙子1（用力拍打騙子2的頭）：誰是你的兄弟呀！我是你的大
　　　哥，叫"老大"。

全部騙子：是！老大好。

騙子1：嗯～～這還差不多。

騙子3：老大，我的肚子好餓，已經好幾天沒吃飯了。

騙子4：對呀！再不吃東西我就要餓昏了。（假裝要昏倒的樣子～
　　　～）

騙子3：喂！我聽說這個國家的國王很喜歡穿新衣服。不如我們想
　　　個辦法和國王開個玩笑。怎麼樣？

騙子4：開玩笑又不能當飯吃，怎麼填飽肚子呢？

騙子3：唉呀～～想辦法從國王那裡弄幾袋黃金來花花，不就有飯
　　　吃了嗎？

騙子 2：好好好！！手上弄些錢，我們兄弟幾個（此時壞人們左右看看同伴）也好辦事。

騙子全部：哈哈哈！（此時壞人全部大聲邪惡的奸笑～～）

騙子 2：Let's go!

全部騙子：好！出發囉！！！（此時壞人全部退下）

（串場音樂）國王出場，士兵出場分站兩邊。

士兵齊聲說：國王駕到。（國王緩慢的走出並坐在椅子上）

大　臣：啟稟國王，外面有幾位新來的裁縫師求見，他們在外面等很久了。

國　王：好吧！請他們進來吧！

（音樂）四位騙子一起走進場。

國　王：你們是誰啊？晉見我有什麼事嗎？

騙子 2（拍拍胸脯、信心十足的說）：我們是全世界最棒的裁縫師，我們會一種魔法，可以做出世界上最神奇、最最最……漂亮的衣服。

國　王（非常高興，急忙問）：那是什麼樣的款式，什麼花色？為什麼是世界上最神奇的衣服？有什麼特別的呢？

騙子 1：它的顏色比花朵鮮艷、質料比雲彩輕柔，而且款式獨一無二，最特別的是，只有"聰明"人才看得見它。

國　王（驚訝的瞪圓眼睛說）：啊～那麼，愚笨的人就看不見這衣服囉？真是神奇呀！！

全部騙子（一齊大聲的說）：嗯～～這件衣服只有聰明的人才看得見喔！

國　王（高興的說）：太好了！只要我穿上那件衣服，就可以分辨
　　　　我的臣子，那個是聰明人，那個是不可信賴的笨蛋。

騙子2：我們會在織布房裡，日夜不停努力的工作，直到完成您的
　　　　新衣裳為止。

國　王：那你們需要什麼材料？

騙子1：我們需要一點點的黃金和金幣來打造您的金扣子。

國　王：我給你一袋金幣。（此時，士兵拿出一大袋金幣）

騙子3：我們需要全世界最亮麗的絲線和最豪華的布料。

國　王（大方的說）：我再給你二袋金幣。（此時，士兵又拿出一大
　　　　袋金幣）

騙子4：我將會縫製最漂亮的手工給國王穿。

國　王：我再給你一袋金幣，這樣應該夠了吧！（國王怒氣沖沖的
　　　　退下）

全部騙子（異口同聲的說）：夠夠夠多了。（偷笑）

大　臣：我告訴你們，好好的做，別耍花樣，否則要你們好看，限
　　　　你們三天之內做好。

全部騙子：是！

（全體士兵、大臣退下）

（串場音樂）所有騙子開始假裝忙著織布。接著國王和大臣進織布房。

大　臣（語氣堅定，緩慢的走進織布房大聲說）：幾位裁縫師，工
　　　　作進行得如何了？國王急著想穿神奇的新衣呢！

騙子2（笑嘻嘻的說）：我們日夜趕工，終於織好了，您看，這布
　　　　料的顏色和花紋多麼美麗鮮艷啊！

騙子1（得意洋洋的說）：大人，您看，是不是很漂亮啊？我想國
　　　　王一定會滿意的，您說是不是呢？

大　臣（睜大眼睛，吞吞吐吐大聲的說）：太……太漂亮了，我都
　　　看傻了眼，不知該怎麼讚美了。

騙子3（跪在國王面前）：國王，您看這件衣服多麼漂亮，穿在您
　　　的身上一定更顯高貴與莊嚴。

騙子4：現在請國王脫下您的衣服換上這件全世界最漂亮最有質
　　　感的衣服吧～～

國　王（裝出滿意的笑容，笑呵呵的說）：哈哈哈，這塊布料真是
　　　漂亮極了，你們大家說是不是？

全部士兵（讚美的說）：是呀，是呀！這件衣服真是好亮，好光滑，
　　　從來沒有看過這麼高貴的布料，你們瞧，那紋路多細緻、
　　　多精巧呀！

（國王聽完所有人的話，就把身上的衣服，一件件的脫下來，最後
只剩下一條內褲。）

騙子2（比畫著說）：國王，請把手伸進衣袖裡。嗯～～剛好合身，
　　　不大也不小。

國　王（站在穿衣鏡前面，左看右瞧，一直誇讚說）：嗯，這件像
　　　羽毛一樣輕盈，穿起來真涼爽，你們的手藝的確高超，我
　　　一定要好好賞賜你們。

國　王（召喚大臣來，問大家說）：來來來！怎麼樣，我這件衣服
　　　是不是真的很好看？

大　臣（楞了一下，表情怪怪的，大聲讚美的說）：哇！好高貴的
　　　衣服，國王您穿起來真是太美了。

士　兵（齊聲說）：水水水！（台語）

國　王：來人哪！

士　兵：在！

國　王：現在我要穿著這件漂亮的衣服，去秀給我的子民看！

士　兵：是！

騙子 1：啟稟國王，我們還有事，我們先走了。

國　王：去領賞吧！（所有騙子快步離開）

（音樂）國王和大臣、士兵一同在街上遊行，一群觀眾站在街道旁。

小男孩（從人群中跑出來，指著國王哈哈大笑說）：哈哈哈！國王沒穿衣服，羞羞臉！（接著他指著國王的肚子說）哇！你的肚子好大哦，你不穿衣服，不怕感冒嗎？

國　王：糟了，我上當了，根本沒有新衣嘛！真是太丟臉了。

國　王（拉著小男孩的手並且誇讚他說）：你是個誠實的孩子，全國只有你對我說實話，讓我明白自己是個被人愚弄的傻瓜國王。

小男孩：國王～您也別再難過了。好好改過自新、振作起來吧！

國　王：其實我也有錯，我只求外表華麗，不顧內在充實，才讓騙子有機可乘，經過這次教訓，以後我一定會盡力為國家做事，你們說好不好？

全體演員（大聲說）：好！！！

（故事結束音樂）

旁　白：國王經過這次教訓以後，決心做個勤政愛民的好國王，不再愛穿漂亮的新衣了。謝謝大家～～

（所有演員鞠躬向台下觀眾謝幕～～）

六、故事劇場〈空城七號〉劇本

空城七號

旁　白：話說，三國孔明聰明絕頂，如今司馬懿將軍率領十五萬大
　　　　軍將要攻城，而城中只剩兩千老弱殘兵，諸葛孔明該如何
　　　　化解此危機呢？請大家拭目以待吧～～

第一幕

人　物：哨兵甲、哨兵乙
地　點：城樓外
哨兵甲：「唉！到底到了沒？」
哨兵乙：「別抱怨了，司馬懿將軍要進攻蜀國，派咱們先來探個
　　　　路，就快到了咩！」
哨兵甲：「咦？前面有座城！該不會就是⋯⋯」
哨兵乙：「快看看城門上寫什麼。」（兩人抬頭一看，發現城門旁
　　　　寫著一個牌子。）
哨兵甲：「上面寫著⋯⋯空城七號。」
哨兵乙：「空城七號？那就對了！這是諸葛亮守的城，快回去稟報
　　　　司馬懿將軍，準備攻城！」

第二幕

人　物：探子、孔明、士兵甲、乙、丙
地　點：城樓上（幕啟時，孔明坐在城樓上喝茶看書。）

士兵甲、乙、丙齊聲說（腳步急促）：「丞相！丞相！大事不妙了！」
孔　明（沉穩地說）：「別急，別急，慢慢兒說，到底是什麼大事呀？」

士兵甲（口氣焦急）：「報告丞相，司馬懿率領大軍殺過來了！就在
　　　　　　西邊十五里外了！」

孔　明（起身遠望）：「哦！讓我仔細瞧瞧。」（向左看、向右看）
　　　　　　（音樂）

孔　明（望向遠方）：「糟糕！遠處黃沙滾滾，萬馬奔騰！好個司馬
　　　　　　懿啊！我豬哥亮，喔～不不不是諸葛亮倒是沒料到你用兵
　　　　　　竟然如此神速！」

士兵乙（驚慌失措急切的說）：「那……那該怎麼辦？」

（孔明在場中央來回踱步，沈默不語。）

士兵甲（語調慌張）：「慘了慘了！我們的士兵大部分都放假了。」

士兵乙（顫抖的說）：「怎麼辦，城裡只剩下兩千人而已！司馬懿則
　　　　　　有十萬大軍啊！」

士兵丙（邊哭邊說）：「我們完蛋了！嗚嗚……我還想活著回家啊！」

孔　明（忽然站住，比出停止的姿勢大聲說）：「大家別慌！兵來將
　　　　　　擋，水來土掩，我胸中自有百萬雄兵！」

士兵甲、乙、丙（往前走面向孔明，齊聲說）：「我們絕對相信丞相
　　　　　　自有妙計！」

孔　明（對士兵甲）：「好！傳令下去，把城門都打開！」

士兵乙（驚訝）：「這……把城門都打開怎麼行？」

孔　明（對士兵乙丙）：「你們立刻去挑選一些年老的士兵，叫他們
　　　　　　換上老百姓的衣服，帶著掃把到城門去掃地，不可以有任
　　　　　　何防禦動作！」

士兵乙（語帶懷疑的說）：「可……是，如果敵人真的攻進來了，怎
　　　　　　麼辦？」

孔　明：「你們一定要裝出若無其事的樣子繼續掃地，不得違令！」

士兵甲、乙、丙（瞪大眼睛、齊聲說）：「什麼？」

孔　明（語　氣堅決的說）：「退下吧！我要彈琴了。你們照著做就
　　　　是了！下去！」

眾士兵（齊聲）：「是！」（眾士兵退下，台上只剩下孔明一人）

孔　明（看著遠方，手中搖著扇子，凝視遠方，自言自語）：「真真
　　　　假假，假假真真；虛虛實實，實實虛虛……這司馬懿向來
　　　　行事謹慎，料他必定算不到我諸葛亮敢這樣做！」

（孔明坐下，開始悠悠哉哉地彈琴）

第三幕

人　物：司馬懿、司馬昭、哨兵甲、哨兵乙、孔明、士兵甲、乙、
　　　　丙、掃地兵五人

地　點：劇台分成兩部份，一半是司馬懿的軍營；另一半是孔明所
　　　　在的城樓

司馬懿（摸著鬍子仰天大笑）：「哈哈哈哈！孔明看到我們的十五萬
　　　　大軍，現在應該嚇得臉色發白了吧！哈哈哈哈！」

司馬昭：「父親大人，您真是太厲害了，推算出孔明的城裡沒剩多
　　　　少士兵，這次我們一定可以把孔明抓住！」

司馬懿：「咦？哨兵回來了，快告訴我，孔明他現在是不是嚇壞
　　　　了？哈哈哈哈！」

哨兵甲、乙衝到台前（齊聲說）：「報告將軍，孔明大開城門，還在
　　　　城上彈琴。」（琴聲悠揚）

司馬懿（驚訝）：「什麼？真的嗎？你們有沒有看錯？」

哨兵甲：「是的，孔明正氣定神閒的在城門上彈琴呢！。」

司馬昭（皺眉）：「你可別亂報啊！亂報可是要殺頭的！」

哨兵乙：「報告將軍，千真萬確！我絕對沒有看錯！」

司馬懿（生氣地說）：「哼！我不鄉信，我一定要親眼看看！」

（司馬懿、司馬昭躲在大樹後面偷偷張望，哨兵跟隨在後偷看）

司馬昭（左右張望）：「父親大人，這是什麼音樂啊？」

司馬懿（抓頭，滿臉困惑）：「我……我不知道，這是什麼東西啊？我們不是在打仗嗎？怎麼會忽然冒出音樂？」

司馬懿（不可置信，摀著往回走）：「這……這怎麼可能？他們不但不緊張，居然還悠悠哉哉地在彈琴，城門邊還有幾個悠閒掃地的人……到底是怎麼回事？」

司馬昭（拱手）：「父親大人，他可能是故佈疑陣吧！」

司馬懿：「其中必定有詐，我們還是謹慎一點才是！」

司馬昭（拱手）：「父親大人，我們好不容易才攻到這裡……」

司馬懿（揮手制止）：「別說了，快走吧！天下沒有人比我更了解這隻老狐狸，快退！快退！別中了他的埋伏！」

哨兵甲、乙（一邊退場一邊大叫）：「趕快退兵啊！別中了埋伏啊！」

（司馬懿的眾士兵急急忙忙地退下）

士兵丙：「咦？敵人退兵了耶！太好了！太好了！」

（眾人高興地跳來跳去）

士兵甲（走到孔明前）：「報告丞相，敵人退兵了！」

士兵乙：「丞相果然有先見之明，真是神機妙算啊！」

士兵丙：「哈哈哈！空城也可以嚇跑敵人，先生真是高明啊！」

孔　明（摸　著鬍子）：「很好！很好！但那司馬懿也不是省油的
　　　　　燈，他一定會發現真相的。走吧！此地不宜久留！大家注
　　　　　意！」

眾士兵（齊聲）：「是！」

孔　明：「立──即──開──拔！」

眾士兵（齊聲）：「遵命！」（集體踏步退場）

旁　白：諸葛亮臨危不亂，不但穩住了軍心，安撫了士兵，當司馬
　　　　　懿攻到城下時，還能處變不驚，冷靜沈著的解決困境，真
　　　　　是太值得大家佩服了，謝謝大家的觀賞～～（所有演員下
　　　　　台一鞠躬～～謝謝大家）

七、識字教學資料參考

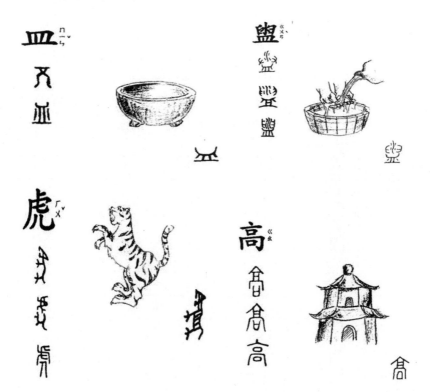

用造字原理加強識字能力

八、識字教學活動學習單──部首識字教學

　　＊請把下面左邊是「才」部的字，與框內塗滿顏色後你發現了什麼？再把它填入下面○裡的左邊。

玩	到	干	推	呵	不	仁
草	投	摸	找	握	抄	家
答	頭	雲	拉	好	地	盆
追	因	父	扣	打	桌	幼
包	危	扶	抓	汪	忙	胡
去	招	的	把	兒	文	特
銀	魚	抱	揮	快	氣	冰

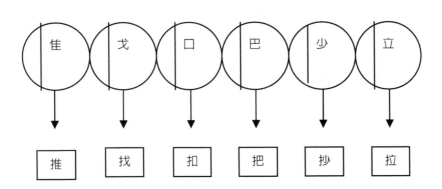

九、識字教學活動學習單──部件教學

先讀一讀左邊的部件,再和右邊的「帛」拼起來,變成什麼字?最後再填入 □ 裡。

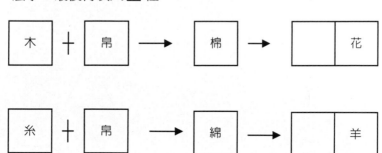

十、識字教學活動學習單——基本字帶字教學

△裡要填上什麼？才能和 □ 裡的「隹」字拼成 ◯ 裡的字。

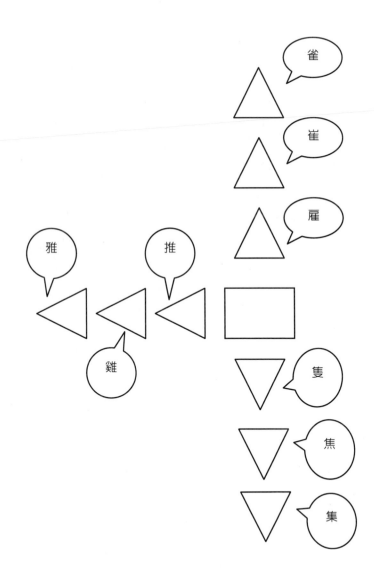

十一、附件9 陳意爭〈什麼都能比〉（字形類似）

（甲乙兩人上台，各拿一本作業簿認真寫，沒注意對方而碰在一起）

甲：唉唷！你撞著我了！

乙：哎唷！你害我把字寫醜了！

甲：那又怎樣，擦掉重寫不就得了。

乙：重寫！這個字很難寫呢！

甲：難？怎麼難，也沒我寫的這個字難吧？

乙：怎麼可能，我這個字是天下第一難。

甲：我這個字是舉世無雙難！

乙：你能見著我這個字是你三生有幸！

甲：你得了吧！待會是不是還要來個四通八達、五福臨門、六六大順的？

乙：嗟！你說到哪了？

甲：不如讓觀眾朋友來幫我評評理，看誰的字難吧！

乙：也好！不過為了增加一點兒趣味性，咱別一次就把字給現出來，而是依照書寫的順序，把各部件一一展示，順便也讓觀眾朋友猜猜看是什麼字，你意下如何？

甲：這有趣！那就一起來吧！

（一同展示第一個部件「虍」）

乙：耶！是一樣的！這算平手了！

乙：成，那再來第二個是……

（甲展示「豆」，乙展示「鬲」）

乙：哈哈！我贏了！光看筆畫數就知道，我的「ㄌㄧˋ」字贏過你的「ㄉㄡˋ」。

甲：你別得意，我的「豆」字除了是豆類植物的泛稱，在古代是用來裝食物的器具，在商周時代還是祭祀用的禮器呢！（說完洋溢著得意的表情）

乙：ㄟ～我的「鬲」雖然是個炊煮食物的器具，而且……喪禮會用到，也算是禮器吧！

甲：好吧！好吧！咱們來看看第三個部件。

（甲展示「戈」，乙展示「犬」）

乙：嘿嘿！看我的「狗」咬住你的……

甲：「兵器」嗎？嘿！我這唸做「戲」，演戲的戲。

乙：哼！我看你就是愛演戲，逢場作戲，讓大家矮子看戲！

甲：你才愛現。

乙：對！我這字唸「獻」……

甲：（接著說）就知道野人獻曝、借花獻佛、成歡獻媚……

乙：好——停！我有一個新點子來獻可替否，你聽聽。

甲：嗯！

乙：咱們再找另一個字來比比！

甲：還比啊！

（陳意爭，2010）

十二、《邋邋灰姑娘》劇本

前言

　　童話故事，一直是我們的最愛，陪著我們幻想、滿足我們的好奇、也使我們變得更機智而勇敢，今天讓我們試著以另一種情節，來詮釋這世紀不老的童話故事──《現代仙履奇緣──邋邋灰姑娘》（兒童版）

人物

　　仙度邋邋（仙）、大姐（大）、二姐（二）、小老鼠（小）、老闆娘（老）、顧客（顧）、侍衛（侍）、王子（王）、旁白（旁）

第一幕

場景：仙度邋邋的家裡

　　仙度邋邋正斜躺在沙發上，看完一大疊的《海綿寶寶》……

背景音樂：〈海綿寶寶〉

仙：唉！週休二日真煩惱，讀書容易老……（空中突然飛來一件衣服）

大：仙度邋邋，快把衣服洗一洗，房間收一收。

仙：那又不是我的衣服，幹麼叫我洗？

大：拜託，那是你借去穿的，你不洗，誰洗？

仙：大姐，大姐別生氣，氣死沒人替……用用 SKII，頂不錯的耶！

（這時二姐衝進來）

二：仙度邋遢，誰叫你動我的化妝品？居然把它們搞得像調色盤！你賠我！

大：看你這麼邋遢，又那麼臭，簡直就是灰姑娘！

二：對！就是灰姑娘！

旁：從此灰姑娘這個名字，成為全世界小女生的最愛。

大：二妹，別理她，我們趕快打扮，才來得及參加王子的舞會。

二：對……仙度邋遢，那你只好去求仙女和南瓜吧！

旁：大姐和二姐打扮後終於離去，仙度邋遢無聊的打電動，這時有一隻小老鼠……

小：仙度邋遢，怎麼還在打電動？你那麼會跳舞，難道不想去嗎？

仙：誰說的？我當然想去。可是……

小：可是太久沒去洗衣服了，所以找不到漂亮的衣服？

仙：嗯！真奇怪。誰規定參加舞會要穿新衣服？

小：這樣王子才會和你跳舞啊！

仙：不管啦！求求你幫幫我，現在邋遢的女孩太多了，仙女一定很忙，抽不出空來幫我。

小：好吧……（背景音樂：〈暖心〉）看在你平常那麼邋遢的份上，才能讓我們一家人吃得飽、住得暖。

仙：不客氣！這是應該的。

小：那就讓我們全家一起為你想一想辦法吧……有了！

第二幕

場景：文具店

　　　文具店的老闆娘在幫客人包裝東西，仙度邋遢正好經過……

背景音樂：〈愛我恨我〉

老：小姐，你要買什麼東西告訴我，我幫你拿，碰壞了要賠的喔！

顧：老闆娘，我想買這個紋身貼紙，多少錢？會不會很貴？

老：是不是要去參加王子的舞會用的？

顧：嗯！

老：你有帶卡來嗎？

顧：有，我有帶老師給我的獎勵卡。

老：我還炫風卡來……我是說貴賓卡－VIP 卡，懂不懂！我才能算你便宜一點！

（這時，一群大大小小胖胖瘦瘦的老鼠跑進來……到處唧唧叫……）

老：啊！天吶！是老鼠……

（這時，老板娘站到桌上，仙度邊邊趕緊跑進來趕老鼠……）

仙：該死的老鼠，還不趕快出去，撞壞東西，是要賠的耶！

（老鼠終於出去了……）

老：小朋友，謝謝你喔！

仙：不客氣！這是應該的！

老：好心的小朋友，你怎麼會這麼臭？

仙：我……

老：今天晚上，王子要舉辦舞會，你怎麼去？

仙：我……

老：好吧！為了要謝謝你，送你一罐小叮噹給我的「神奇魔術水」
　　和一雙 NIKE 運動鞋。

仙：哇！太帥了！

老：噴上它，它會讓你變得非常漂亮，但有效期限只到今天晚上八
　　點喔！

仙：喔！

老：到了八點以後，你就會變回原來臭臭的味道了！要記得喔！

（仙度邐邐走出文具店後，和小老鼠抱在一起，樂得哈哈大笑……）

仙：小老鼠，謝謝你，你真的太聰明了！

第三幕

場景：王子的舞會

　　　穿著漂亮衣服的大姐和二姐在舞會裏，正興奮的討論著……

背景音樂：〈嗶嗶嗶〉

大：王子好帥喔！真像羅志祥！

二：才不是，像李奧納多！

大：也蠻像我們班長啊！（郭佑安出場比勝利手勢）

二：喔！戀愛！

大：才沒有！（漂亮的仙度邐邐突然出現）

大、二：哇！這是誰？（這時，王子非常高興的，慢動作跑過來）

王：漂亮的小姐，請你和我一起跳舞吧！我有很多李奧納多的簽名
　　照喔！

仙：好啊！跳一首要兩張給我！

王：沒問題！來 MUSIC……（背景音樂：〈猜拳歌〉）

仙：王子，不行，不行，手拉手就是在結婚。

王：才不是。

仙：拜託，換另外一首嘛！

王：好吧！來 MUSIC……（背景音樂：〈新式健康操〉）

仙：王子，這是在學校跳的耶！拜託你，再換另外一首嘛！

王：好吧！來 MUSIC……（背景音樂：〈鋼管舞〉加舞群三位）

旁：噹！噹！噹！八點了！

仙：王子我一定要回家了！

王：你跳得好棒，不要走嘛！

（王子一直拉著仙度邋遢，仙度邋遢只好脫下鞋子，把王子打昏……）
（王子醒過來後，拿起仙度邋遢的鞋子……）

王：沒有關係，憑著這麼帥的鞋子，還有這邋遢的味道，我一定可以找到她！

第四幕

場景：仙度邋遢得家裏

仙度邋遢又斜躺在沙發上，看完一大疊的《小偵探——柯南》……

背景音樂：〈小偵探－柯南〉

侍：王子，我們還要再找嗎？

王：還要繼續找，找到她，我的人生才是彩色的；找不到她，我的人生是黑白的！

侍：可是這雙鞋子又不是玻璃鞋，已經被一千多個人穿過，都快被穿爛了！

王：少囉嗦，去敲門！

侍：喔……（丂！丂！）

仙：誰啊！今天週休二日，我不要去上安親班啦！

大、二：是誰啊……（大姐、二姐正在試穿新衣服和畫口紅）哇！是王子耶！

侍：小姐們，對不起，我們找一位能穿上這雙鞋得漂亮女生！

大、二：是我！是我……（大姐和二姐輕輕的穿，居然都能穿進去）

王：來，我來鑑定看看！

（王子用自然老師教的方法，輕輕的搧動手掌聞大姐、二姐腳的味道）

侍：王子，是嗎？

王：不是！

大、二：哼！誰稀罕！

（大姐、二姐想到：叫小妹出來，臭死這個討厭的王子）

大、二：我們家有個小妹，王子要不要聞聞看！

王：好哇！

（仙度邁邁試穿鞋子之後，舉起腳給王子聞，結果王子居然……）

王：對，就是這個！味道美極了！

侍：哇！太棒了！

王：無論如何，還是要謝謝你們兩位姐姐。

大、二：啊！那ㄟ安ㄟ？（怎麼會這樣？）

王：這些李奧納多和羅志祥的簽名照，通通送給你們！

大、二、仙：啊！啊……好棒喔！

旁：從此，大姐和二姐再也不會欺負仙度邋邊，大家都過著幸福快樂的日子。

背景音樂：〈touch my heart〉……演員謝幕……

（參考資料：侯美玲等，1998：3～6）

社會科學類　PF0085　東大學術 39

語文戲劇化教學

作　　者 / 許瓔玲
責任編輯 / 黃姣潔
圖文排版 / 王思敏
封面設計 / 蔡瑋中

發 行 人 / 宋政坤
法律顧問 / 毛國樑　律師
印製出版 / 秀威資訊科技股份有限公司
　　　　　114 台北市內湖區瑞光路 76 巷 65 號 1 樓
　　　　　電話：+886-2-2796-3638　傳真：+886-2-2796-1377
　　　　　http://www.showwe.com.tw
劃撥帳號 / 19563868　戶名：秀威資訊科技股份有限公司
　　　　　讀者服務信箱：service@showwe.com.tw
展售門市 / 國家書店（松江門市）
　　　　　104 台北市中山區松江路 209 號 1 樓
　　　　　電話：+886-2-2518-0207　傳真：+886-2-2518-0778
網路訂購 / 秀威網路書店：http://www.bodbooks.com.tw
　　　　　國家網路書店：http://www.govbooks.com.tw
圖書經銷 / 紅螞蟻圖書有限公司
　　　　　114 台北市內湖區舊宗路二段 121 巷 28、32 號 4 樓
　　　　　電話：+886-2-2795-3656　傳真：+886-2-2795-4100

2012 年 4 月 BOD 一版
定價：420 元

國家圖書館出版品預行編目

語文戲劇化教學 / 許瓊玲著. -- 一版. -- 臺北市：秀威資
　訊科技, 2012.04
　　　面；　公分. -- (社會科學類；PF0085) (東大學術；
39)
　　BOD 版
　　ISBN 978-986-221-942-3(平裝)

1. 語文教學　2. 教學活動設計　3. 小學教學

523.31　　　　　　　　　　　　　　　　　　101004373

讀者回函卡

感謝您購買本書，為提升服務品質，請填妥以下資料，將讀者回函卡直接寄回或傳真本公司，收到您的寶貴意見後，我們會收藏記錄及檢討，謝謝！
如您需要了解本公司最新出版書目、購書優惠或企劃活動，歡迎您上網查詢或下載相關資料：http:// www.showwe.com.tw

您購買的書名：＿＿＿＿＿＿＿＿＿＿＿＿＿＿＿＿＿＿＿＿＿＿＿

出生日期：＿＿＿＿＿年＿＿＿＿＿月＿＿＿＿＿日

學歷：□高中 (含) 以下　　□大專　　□研究所 (含) 以上

職業：□製造業　□金融業　□資訊業　□軍警　□傳播業　□自由業
　　　□服務業　□公務員　□教職　　□學生　□家管　　□其它＿＿＿

購書地點：□網路書店　□實體書店　□書展　□郵購　□贈閱　□其他

您從何得知本書的消息？

　□網路書店　□實體書店　□網路搜尋　□電子報　□書訊　□雜誌
　□傳播媒體　□親友推薦　□網站推薦　□部落格　□其他＿＿＿＿＿

您對本書的評價：（請填代號　1.非常滿意　2.滿意　3.尚可　4.再改進）

　封面設計＿＿　版面編排＿＿　內容＿＿　文／譯筆＿＿　價格＿＿

讀完書後您覺得：

　□很有收穫　□有收穫　□收穫不多　□沒收穫

對我們的建議：＿＿＿＿＿＿＿＿＿＿＿＿＿＿＿＿＿＿＿＿＿＿＿

＿＿＿＿＿＿＿＿＿＿＿＿＿＿＿＿＿＿＿＿＿＿＿＿＿＿＿＿＿＿＿

＿＿＿＿＿＿＿＿＿＿＿＿＿＿＿＿＿＿＿＿＿＿＿＿＿＿＿＿＿＿＿

＿＿＿＿＿＿＿＿＿＿＿＿＿＿＿＿＿＿＿＿＿＿＿＿＿＿＿＿＿＿＿

11466
台北市內湖區瑞光路 76 巷 65 號 1 樓

秀威資訊科技股份有限公司 　　收

BOD 數位出版事業部

....

（請沿線對折寄回，謝謝！）

姓　　名：＿＿＿＿＿＿＿＿　　年齡：＿＿＿＿　　性別：□女　□男

郵遞區號：□□□□□

地　　址：＿＿＿＿＿＿＿＿＿＿＿＿＿＿＿＿＿＿＿＿＿＿＿＿

聯絡電話：(日) ＿＿＿＿＿＿＿＿＿＿＿　(夜) ＿＿＿＿＿＿＿＿＿＿＿

E - m a i l：＿＿＿＿＿＿＿＿＿＿＿＿＿＿＿＿＿＿＿＿＿＿＿＿